Minha Vida Pelo Seu Perdão

Minha Vida pelo Seu Perdão

pelo Espírito IRMÃ VITÓRIA

Romance psicografado por

BERENICE GERMANO

vivaluz
editora

VIVALUZ EDITORA ESPÍRITA LTDA.
Rua Emídio Fazzio, 114 — Alvinópolis
PABX: (11)4412-1209 — Fax: (11)4412-8750
CEP: 12942-420 — Atibaia — SP
vivaluz@vivaluz.com.br
www.vivaluz.com.br

Dados Internacionais de Catalogação na Publicação (CIP)
(Câmara Brasileira do Livro, SP, Brasil)

Vitória, Irmã (Espírito).
Minha vida pelo seu perdão / pelo espírito Irmã Vitória ; psicografado por Berenice Germano. -- 1. ed. -- Atibaia, SP : Vivaluz Editora Espírita Ltda, 2010.

ISBN 978-85-89202-08-4

1. Espiritismo 2. Psicografia 3. Romance espírita I. Germano, Berenice. II. Título.

10-02187 CDD-133.9

Índices para catálogo sistemático:

1. Romance espírita : Espiritismo 133.9

1ª edição — Abril 2010
13.000 exemplares

Revisão de texto	Maria Helena de Mola
Capa e projeto gráfico	SGuerra Design
Coordenação editorial	Alexandre Marques
Impressão	Lis Gráfica e Editora

Agradecimento

Quero dedicar essas páginas a um homem que viveu sua vida para a Doutrina Espírita. Durante muitos anos foi presidente da Casa do Caminho, no bairro do Tatuapé. Por toda a sua trajetória de luz, sempre fiel à tarefa que abraçou.

Senhor Orlando Pallotta, trabalhador incansável, amigo e companheiro de ideal. Rogamos a Deus que continue iluminando seu caminho na outra esfera da vida.

Prefácio

Bilhões de espíritos pululam à volta do orbe que habitamos. O intercâmbio de encarnados e desencarnados é fator de progresso e faz parte das leis naturais que regem o Universo. A Terra é um mundo de expiações e provas, mas é também escola de bendito aprendizado. Há intensa comunicação entre os dois planos da vida, apesar de na vasta maioria os "vivos" não terem consciência dela e não perceberem a influência que sofrem dos "mortos".

Porque em nosso orbe ainda predomina o mal, a grande doença que assola a humanidade terrena é a obsessão espiritual. Perseguidor "invisível", o obsessor atua na invisibilidade levando o obsediado ao desequilíbrio físico e psíquico. Uma vez que se processa de mente a mente, a obsessão existe não apenas do desencarnado em relação ao encarnado, como de desencarnado para desencarnado, de encarnado para desencarnado e de encarnado para encarnado.

A Doutrina Espírita tem a terapia adequada para ajudar obsediado e obsessor no esclarecimento que conduz à cura da enfermidade. Para que esse objetivo seja atingido é necessário que haja, acima de tudo, o perdão e a afeição mútua.

O nosso personagem principal trava uma árdua luta pessoal, segundo os ditames da lei de causa e efeito. Por ser um espírito valoroso e aguerrido, vai vencendo todas as etapas e conquistando um a um os desafetos que o rodeiam, tanto encarnados como desencarnados.

Cada prova o ajuda a amadurecer, de forma a que aos poucos possa surgir um homem novo, livre de culpas, que no sofrimento descobre o valor do amor e a necessidade da prática da caridade.

A história é verídica, a trajetória do personagem central é maravilhosa e um belo exemplo de vida. Por ser uma história atual, os nomes dos personagens são fictícios e alguns fatos foram romanceados. Em meio a todos os encontros e desencontros, o que fica de mais importante é a prova de que onde há amor se planta luz e nunca as trevas conseguem vencer.

Irmã Vitória

ÍNDICE

Capítulo

1

Laços de amizade

A garoa fina que caía atrapalhava bastante o tráfego da cidade do Rio de Janeiro. A despeito do dia cinzento, ela continuava linda, com suas paisagens exuberantes. Os prédios luxuosos, situados junto à orla marítima, contrastavam com a pobreza das favelas penduradas nos morros, como a se debruçar sobre a cidade maravilhosa.

O táxi de Mané Português continuava estacionado, sem receber nenhum passageiro. Por causa da chuva, ele nem descia para bater papo com os amigos, como era de costume. Parecia aborrecido, os olhos tristes vagavam pela paisagem. A chuva deu uma parada e Mané saiu do táxi, buscando abrigo embaixo das árvores. Outro motorista, de nome Francisco, fez a mesma coisa.

— O que você tem hoje, Mané? Está chateado?

O português inclinou a cabeça em sinal afirmativo.

— Não sei o que tenho, levantei-me com um aperto cá dentro. Acho que é o dia chuvoso, a falta de fregueses, e também a ausência do Joãozinho. Por acaso notou que faz dias que ele não aparece?

— É, vê-se que o garoto conquistou seu coração — falou o colega, sorrindo. — Joãozinho não tem aparecido, realmente. Será que está doente? Vive sempre tão mal alimentado, pobrezinho, tem tantos problemas!

— Pois é, Francisco, eu preciso descobrir onde mora aquele menino, para saber o que está acontecendo; só assim terei sossego.

Francisco coçou a cabeça.

— Está aí uma séria dificuldade: a favela da Rocinha é enorme, do tamanho de uma cidade... Como irá encontrá-lo?

— Como Joãozinho tem o hábito de comentar comigo sobre o lugar onde mora, possuo algumas indicações para procurá-lo. Conheço amigos dele que também engraxam sapatos aqui perto, e tenho quase certeza de que poderão levar-me até lá.

Francisco se mostrou preocupado:

— Mané, entrar numa favela em que não se conhece ninguém é perigoso, não sei se vale a pena arriscar.

— Pode deixar comigo, pretendo ir agora cedo; alguma coisa aqui dentro me diz que aquele pobre coitado deve estar com um problema grave.

Mané retornou ao carro, deu várias voltas, à procura de algum amigo de Joãozinho que pudesse acompanhá-lo, e não demorou a avistar Pedro na beira da praia. Levando o garoto animado em ir para casa de carro, o motorista pegou o caminho do morro da Rocinha, onde morava o pequeno João.

Manuel havia chegado ao Brasil ainda bem jovem, junto com o irmão mais velho. Trabalhara duro até conseguir comprar o próprio táxi. Aparentava cerca de trinta anos, tinha estatura média, cabelos castanhos e olhos da mesma cor — cujo brilho especial, aliado ao sorriso franco, davalhe uma expressão simpática e honesta. Seu jeito falante e sempre alegre lhe proporcionava muitas amizades. Popular na redondeza pelo apelido Mané Português, era um homem com grande disposição para o trabalho.

Conhecera João na praça onde ficava seu ponto de táxi e se afeiçoara ao garoto, que engraxava seus sapatos todos os dias. Logo percebera ser Joãozinho uma criança diferente: sensível e muito dedicado, inteligente e precoce, apesar de todas as adversidades que enfrentava. Por todos esses motivos, estava muito preocupado com o futuro do menino, e se não fosse pela oposição da esposa e das filhas já o teria acolhido em sua casa. Sentia por ele um amor paternal.

O português levou quarenta minutos para chegar à favela; subiu a pé pelas vielas estreitas tantas vezes descritas pelo garoto. Com a orientação do amiguinho Pedro, depois de muito andar estava diante da porta de um barraco pintado de verde. Pedro parou.

— Senhor Mané, é aqui que mora meu amigo Joãozinho.

O garoto estendeu a mão à espera de algum trocado. O taxista tirou uma nota, que lhe entregou; Pedro fez cara de insatisfeito e foi saindo.

Manuel bateu, mas não houve resposta. Chamou pelo garoto, sem nenhum resultado. Por fim, resolveu forçar a porta, e viu que estava apenas encostada. No interior às escuras, sentiu dificuldade em localizar os objetos. À medida que a vista se acostumava, notou no fundo do cômodo exíguo uma cama, na qual seu pequeno amigo parecia dormir. Aproximou-se devagar, não queria assustá-lo.

Joãozinho, embora tivesse nove anos, aparentava seis, de tão magro e desnutrido. Os grandes olhos pretos lhe davam um ar de inteligência e superioridade; seus dentes alvos e bem alinhados contrastavam com o negro da pele. O português notou de imediato que seu amiguinho, visivelmente mais magro, estava doente. Falou baixinho:

— Joãozinho, meu rapaz, o que você tem?

O garoto abriu os olhos, que brilharam de felicidade ao ver o amigo. Estendeu os braços magros na sua direção para um afetuoso abraço.

— Estou doente, senhor Mané, sinto-me muito fraco.

O português ficou com os olhos marejados de lágrimas.

— Mas o que tem, meu pequeno amigo?

O menino, já sentado, explicou:

— Tenho um nó aqui na barriga, não consigo comer, vomito e vou ao banheiro a toda hora.

— Meu amiguinho, há quanto tempo está assim?

O menino respondeu com voz débil:

— Acho que há mais de três dias.

O português fez um ar de preocupação.

— Onde está sua mãe, meu rapaz?

— Não sei, faz uma semana que saiu; disse que ia trazer algum alimento, e não mais apareceu.

Mané coçou a cabeça.

— Ai, minha Nossa Senhora, que infelicidade! Deixar este pobre garoto assim, doente e sozinho... Vamos, eu o ajudarei; levante-se, lave-se um pouco e troque de roupa. Iremos ao pronto-socorro; ou, da maneira que está, acaba morrendo.

O português ainda o ajudou a procurar uma roupa limpa, numa caixa num canto do quarto, mas tal era a fraqueza de Joãozinho que ele teve de carregá-lo por um bom pedaço até o táxi.

No pronto-socorro, eram tantas as pessoas aguardando para serem atendidas que somente no final da tarde o garoto conseguiu passar pelo médico. Estava desidratado e ficaria em observação.

Daí em diante Manuel cuidou de todas as providências necessárias ao bem-estar do menino. Foi a uma loja para lhe comprar pijamas e visitou-o no hospital diariamente, no horário permitido, acompanhando com a mãe — que conseguira localizar — a sua recuperação. Quando João teve alta, levou-o para casa, deu-lhe os remédios que comprara, bem como alimentos para que a mãe lhe preparasse uma sopa nutritiva. Deixou algum dinheiro para que a mulher o alimentasse adequadamente.

A partir desses fatos a amizade entre os dois se fortaleceu. Manuel tinha piedade pela vida difícil do garoto, sentia-se como responsável por sua paternidade. O abandono em que ele vivia calava fundo na sua alma e os laços que os uniam ficaram mais estreitos. Todos os dias, na praça onde o português tinha seu ponto de táxi, os dois amigos se encontravam, trocavam muitas ideias, Mané oferecia ao pequeno um prato de comida e muitos conselhos.

João, inteligente, procurava aproveitar ao máximo todas as conversas que tinha com o amigo. Depois de um dia inteiro de trabalho, de engraxar muitos sapatos, quantas vezes ficava ali parado no calçadão, a caminho de casa, olhando o mar... Sentia o coração apertado e lágrimas caíam em profusão dos seus grandes olhos. A cada dia que passava, mais o português admirava aquele menino.

— Por que chora, meu rapaz? — perguntou certa vez. — Por acaso está com fome?

— Não, senhor, apenas tenho saudade.

— Saudade de quê? — o homem sorria. — Ainda é tão pequeno... Esse sentimento é para gente adulta como eu, que deixei muitos parentes em uma terra distante. E ainda perdi o único irmão que possuía aqui no Brasil.

— Sinto saudade não sei do quê — ele falou, enxugando as lágrimas. — Acho que é do que está atrás do mar.

Mané continuou sorrindo.

— Lá atrás do mar fica outra terra, que nem você nem eu conhecemos.

O menino virou o rosto, olhando com curiosidade.

— E que lugar é esse, como se chama?

— Chama-se África, é de lá que vieram seus avós.

— Por que minha mãe nunca me contou? Já lhe falei que sinto saudade para trás do mar, e ela disse que isso é tonteira da minha cabeça. Que atrás do mar só existe mar.

— Sua mãe trabalha muito e não tem tempo para explicar; ou talvez, como é uma história muito triste, ela não sinta vontade de tocar no assunto. No entanto, atravessando-se o mar nessa direção há muita terra; é a África.

— Senhor Mané, foi de lá que o senhor também veio?

Mané passou a mão na cabeça do garoto.

— Não, sou de Portugal; minha terra fica do outro lado do mar, porém mais para cima.

— Portugal, parece ser um grande lugar! — ele arregalara os olhos. –Gostei desse nome, deve ser muito bonito.

O português achou que o garoto só queria lhe agradar.

— É um pequeno país que fica no continente europeu. Contudo, acho que esta conversa é muito complicada para que você entenda. Vamos falar de outras coisas.

— Senhor Mané — o garoto insistiu –, quero saber mais sobre o que existe do outro lado do mar.

— Vamos fazer o seguinte trato: trarei algumas revistas para que conheça minha terra, assim matará essa curiosidade.

O menino ficou contente.

— Acho que então vou conseguir apagar essa saudade que sinto no peito.

Mané soltou uma gargalhada.

— Olhe, eu não acredito que alguém possa sentir saudade de coisas que nunca viu e que nem conhece. Como diz a sua mãe, isso é caraminhola da sua cabeça de menino.

Joãozinho fixou no homem os olhos inteligentes.

— Quero saber de muitas coisas que existem aqui na minha cabeça, e acho que o senhor pode me ajudar.

— Está bem, meu amigo — disse Mané, levantando-se. — Agora tenho de ir, minha esposa está a me esperar; e você deve voltar para sua casa, acho muito perigoso ficar pelas ruas durante a noite.

O menino baixou a cabeça.

— Eu vou, mesmo sem ter ninguém para me esperar; minha mãe trabalha e não tem hora para chegar.

Manuel sentiu o coração comprimido.

— Eu sei, meu pequeno amigo, o quanto sua vida é difícil. Mas um dia irá melhorar, com a graça de Deus. Sabe que é para mim como um filho, e se não tivesse esposa e filhas eu o levaria para morar comigo.

O menino afastou duas lágrimas teimosas.

— Eu sei, senhor; gostaria muito de morar na sua casa.

Manuel fez um carinho na cabeça do garoto, deu alguns passos, entrou no táxi e foi embora. Joãozinho ficou ali até o carro sumir na curva; então pegou sua caixa de engraxate e caminhou. A jornada era muito longa. Estava triste e não conseguia tirar da cabeça a história do mar e das terras que ficavam do outro lado; a saudade no peito parecia aumentar, lembranças que era impossível trazer à tona continuavam a maltratá-lo.

Já no barraco, olhou pela janela: o sol começava a se pôr, num espetáculo de brilho e cor. O garoto, olhos perdidos no horizonte, observava o mar; por mais que esticasse a vista, só conseguia enxergar muita água. E falou sozinho:

— Como serão essas terras que ficam do outro lado? Pela saudade que sinto, devem ser mais bonitas do que estas.

Sentou-se na cama suja, pegou um pedaço de pão e um copo de água, comeu chorando. Nem ele sabia por que chorava. Acabou por adormecer.

O dia amanhecera esplêndido, sob a luz intensa do sol. Joãozinho levantou-se, abrindo a janela para mais um dia de trabalho; pegou sua caixa e desceu o morro assobiando.

Encontrou Pedro, seu melhor amigo. Nas horas vagas brincavam com bolinhas de gude, empinavam pipa e jogavam futebol com os outros meninos da favela.

Pedro era diferente de João. Filho de nordestinos vindos do estado da Paraíba, tinha os cabelos claros, a pele morena, o rosto arredondado; morava com os pais e mais cinco irmãos num cômodo de tábuas. O pai bebia muito e a mãe fazia bicos para sustentar a família. Pedro não tinha responsabilidades familiares, como Joãozinho, e por isso não procurava ganhar nenhum dinheiro. Preenchia seus dias com brincadeiras próprias da idade, ia à escola só quando lhe dava vontade. Era grande sua dificuldade para aprender. Também, não recebia qualquer estímulo... A mãe, preocupada em manter a casa, não tinha tempo nem condições emocionais para dar atenção ao desempenho dos filhos na escola. Muitas noites Pedro passava fora, dormindo sempre perto da praia.

João ficou contente ao ver o amigo.

— Oi, Pedro, gostaria de combinar uma partida de futebol no campinho para domingo.

— Tá feito, domingo às nove toda a turma tá lá.

Eles se despediram e depois de uma boa caminhada João alcançou a praça onde ficava o ponto do táxi de Manuel. Não encontrou o motorista, que estava fazendo uma corrida. Engraxou alguns pares de sapatos, ansioso. Esperava que o amigo lhe trouxesse as revistas que prometera na tarde anterior.

As horas passavam e nada de o português aparecer. Finalmente, já no meio da tarde, João viu o carro encostar e correu, entusiasmado:

— Senhor Mané, como demorou!

O homem desceu sorridente.

— Hoje estou com sorte, tive várias corridas; descia um passageiro, entrava outro.

O menino olhou curioso para ver o que havia no carro.

— O senhor trouxe o que me prometeu?

— Esse rapaz é mesmo muito apressado! Nem me cumprimentou e já quer saber das revistas. É claro que eu as trouxe! Nunca vi alguém tão curioso e interessado.

Abriu o porta-malas e tirou várias revistas. O garoto parecia entrar em delírio de tanto contentamento. Esticou os braços magros para segurar o que achava ser o maior presente de sua vida. Manuel caminhou até o banco e lhe entregou as revistas; João mal conseguia falar de tão emocionado.

— Meu rapaz — disse o português –, não imaginava que nossa conversa tivesse tanta importância! Agora percebo o que diz sentir no peito.

Sentou-se no banco com o garoto ao lado. Abriu a primeira, exibindo fotos da cidade de Lisboa, das praias, das paisagens, dos museus. João levantou os olhos nublados de lágrimas e disse com voz embargada:

— Senhor Mané, é de Portugal que sinto saudade... É essa terra que meus olhos buscam além do mar.

O homem ficou comovido.

— Não pode ter saudade de uma terra que não conhece, e de onde nem os seus antepassados vieram. Acho que é a sua estima por minha pessoa que o leva a pensar assim.

Joãozinho não sabia explicar seus sentimentos, o porquê das emoções que vinham como enxurrada, fazendo brotar muitas lágrimas dos seus olhos. Manuel, confuso com a reação daquele garoto franzino, continuou a mostrar todas as revistas.

— Olhe, rapaz, poderemos conversar muito sobre minha terra, já que tanto interesse lhe despertou. Quem sabe um dia poderá ir lá conhecê-la?

Os olhos do pequeno brilharam.

— Será que o senhor pode me levar?

Manuel riu da sua ingenuidade.

— Fica longe demais, e precisará de muito dinheiro; vai-se de navio ou de avião. Até hoje, com o dinheiro que ganho no táxi, ainda não pude voltar.

— Imagine eu, um menino pobre... — o ar de João era de desconsolo.

Manuel pousou a mão na sua cabeça.

— Acho que deve frequentar a escola, aprender muitas coisas, obter um diploma, arrumar um bom emprego, e então terá dinheiro para conhecer Portugal.

— Como vou estudar? — indagou com tristeza. — Além de engraxar, tenho de vender balas no farol. Não dá tempo para ir à escola. Preciso levar dinheiro para casa. Minha mãe está desempregada e vivemos do que eu ganho.

Manuel ficou pensativo. A cada dia mais admirava aquele garoto, tão pequeno e com encargos tão pesados. Baixou os olhos e não pôde dizer uma única palavra em resposta. Aí tentou disfarçar:

— Vamos, garoto, engraxe meus sapatos, muito bem engraxados. Hoje vou pagar em dobro.

O menino abriu seu sorriso de dentes perfeitos e colocou a caixa no chão, tirando as graxas.

— Pode ter a certeza, senhor português, de que vou caprichar.

Naquela noite Manuel não conseguia dormir. Sentia um aperto no peito quando se lembrava do seu amiguinho e de suas graves responsabilidades, de todas as privações que sofria e de lhe ser negado até mesmo o direito de ir à escola. Seu coração ficou dolorido, lágrimas lhe vieram aos olhos sem querer.

No dia seguinte levantou-se abatido, reflexo da noite maldormida.

— O que você tem, Manuel? Está pálido... — falou a esposa, Maria de Fátima.

— Não me sinto bem hoje, estou indisposto; acho que não vou trabalhar na parte da manhã. Tenho uma tristeza no peito que não me deixa.

— Aconteceu alguma coisa que não sei? — a mulher se preocupou.

— Não, nada que você não saiba. Deve ser saudade de meus pais, faz tantos anos que não os vejo... Já estão ficando velhos. Infelizmente, não consigo juntar um dinheiro para visitá-los e matar a saudade.

Fátima ficou pensativa.

— Meu querido, já lhe disse muitas vezes: parcele o valor das passagens, a gente se aperta um pouquinho.

— A vida não está fácil. As meninas estão em uma idade de muitas necessidades: são roupas, material escolar e outras coisas; não quero privá-las de nada, quero que tenham todas as oportunidades do mundo.

— Você é um excelente pai, por isso agradeço todos os dias.

Manuel levantou-se e deu um beijo na esposa.

— Acho que sou eu que devo agradecer pela família que tenho. Estou melhor, a indisposição passou; vou trabalhar.

Capítulo 2

Josefa

Para Josefa, mãe de João, a vida sempre fora difícil. Nascera em Duque de Caxias, na Baixada Fluminense; filha mais velha de pai alcoólatra, desde cedo ajudara a mãe a criar os irmãos menores. Conhecera o primeiro marido muito jovem. Quando do nascimento do filho, Argemiro, tinham juntado o bastante para construir um barraco na favela da Rocinha. Com o menino ainda pequeno ficara viúva; o marido morrera num acidente na construção do prédio onde trabalhava.

Já com o pai de João tivera apenas um relacionamento passageiro. Enfrentara uma gravidez complicada, sentia-se sozinha e desamparada. Transferira para o filho mais velho todo o amor que nutria pelo marido. Para ela, João era o intruso que viera ao mundo embaraçar mais a sua vida. A morte prematura do filho preferido fora um abalo irrecuperável; Zefa não conseguia ligar-se por laços afetivos ao filho caçula e praticamente o abandonara. Incapaz de amá-lo, seus sentimentos eram confusos e chegava a culpá-lo por todos os acontecimentos negativos que a atingiam.

Zefa ficou alguns dias fora, e quando voltou trouxe novidades.

— João, meu filho, arrumei um emprego de doméstica numa casa de gente rica. Só que terei de ficar a semana toda dormindo no emprego, com folga aos domingos.

O menino não teve nenhuma reação à notícia; estava acostumado a passar muitos dias sozinho, mendigando um prato de comida. Também os vizinhos, tão pobres quanto eles, dificilmente tinham o que comer.

— Tudo bem, mãe, pode deixar que eu me viro — respondeu, girando a bolinha de gude que tinha na mão.

Zefa olhou o filho. Agachado no chão, parecia ainda mais franzino e desamparado. Era a primeira vez que ela experimentava esse tipo de sentimento.

— Meu filho, agora você não vai precisar trabalhar tanto; vou ter um salário e uma ajuda com alimentos, não vamos mais passar tanta necessidade.

O menino ergueu o olhar inteligente, fixando-o na mãe.

— Isso é muito bom. Então acho que vou poder ir para uma escola de manhã e à tarde trabalhar; quero muito aprender a ler e escrever.

Zefa ficou pensativa e em seguida respondeu com secura:

— Eu já disse a você que leitura não enche barriga e nós sempre seremos pobres e discriminados. Somos negros e favelados.

O menino fez cara de choro.

— Mãe, apenas quero aprender a ler e saber o que está escrito nas revistas, nos letreiros dos ônibus...

Zefa deu uma gargalhada antes de retrucar:

— Meu filho, pare de sonhar. Desde quando pobre tem revista para ler?

O menino enfiou a mão sob o colchão e tirou as revistas que ganhara do português.

— Veja, mãe, um amigo me deu; tem muitas histórias aqui que quero saber.

A mulher segurou as revistas fazendo ar de enfado:

— Você é um tolo, meu filho, mas vou pensar. Ainda faltam alguns meses para acabar o ano; vamos ver se gosto do emprego, aí pensaremos no assunto.

Joãozinho pegou de volta seu precioso presente, guardando-o debaixo do colchão velho. Foi até o canto e apanhou sua caixa de engraxate.

Zefa deu-lhe um beijo e ficou ali de cabeça baixa, pensando. Joãozinho era mais afetuoso que Argemiro, o filho que Deus levara. Pena que tivesse morrido na flor da idade, com apenas dezessete anos... Até hoje a polícia não descobrira quem o matara, diziam ter sido uma bala perdida. Argemiro era seu filho favorito; o sentimento que lhe dedicava diferia muito do que tinha por João. Apesar da doçura do garoto, sentia por ele uma espécie de aversão, uma necessidade enorme de puni-lo, de ser dura e até cruel. Joãozinho nunca lhe retribuía os maus-tratos com rebeldia; era sempre amoroso, o que a deixava ainda mais furiosa. Muitas vezes não suportava sua companhia, seu jeito alegre, não obstante a vida sofrida que levava — vida que ela jamais procurava facilitar; dava-lhe o mínimo de atenção e nenhum carinho.

A mãe falou sem encarar o garoto, para que não percebesse o que lhe ia na alma:

— Meu filho, só volto no domingo. Cuide-se, não deixe malandro entrar no nosso barraco; e não faça nenhum serviço para eles.

João desceu o morro assobiando. A perspectiva de entrar na escola o deixara tão feliz que não sobrava espaço para preocupações.

Quando chegou na praia sentou-se frente ao mar, com a brisa fresca a lhe bater no rosto; o sol já ia alto e o ar estava quente. A felicidade dava outro colorido ao mar que ele tanto amava, tornava-o mais azul, e no horizonte João tinha a sensação de avistar Portugal. Os seus sonhos pareciam tão perto que era como se os pudesse tocar.

Caminhou até a praça. Encontrando o amigo português, abriu um sorriso perfeito que iluminou todo o seu rosto. Manuel logo percebeu a alegria do menino.

— Meu pequeno amigo, está tão feliz hoje que parece que viu passarinho verde.

Joãozinho abriu os braços magros para um abraço.

— Hoje é o dia mais feliz da minha vida! Minha mãe arrumou um emprego e talvez me deixe ir para a escola; não mais terei de trabalhar o dia todo.

Manuel emocionou-se.

— Que boa notícia me dá, rapaz! Se for preciso irei conversar com a senhora sua mãe.

— O senhor seria capaz de subir o morro por mim?

— Ora, meu amiguinho, não fui quando estava doente? Ou já esqueceu? Vamos, chega de conversa, engraxe meus sapatos antes que apareça algum passageiro!

O tempo passou e Zefa não se decidia quanto à escola para João. Sabia ser seu grande sonho e sentia um forte desejo de impedir que se realizasse. Finalmente chegou a semana das matrículas e ela precisava tomar uma decisão.

— Meu filho, acho que não vai dar para mandá-lo à escola. Não tenho como comprar o material, a mochila, e estou sem tempo para ir fazer a matrícula; por esse motivo não quero mais tocar no assunto.

Olhou para o semblante triste do menino e lembrou-se do filho Argemiro. Quanto esforço fizera para que ele aprendesse a ler e escrever... Porém, o garoto só queria brincadeiras, nada com a escola. Zefa se perguntava: "Por que Deus levou meu Argemiro, meu filho predileto? Por que a vida é tão difícil? Se tivesse levado Joãozinho, meu coração não ia doer tanto".

João tentava descobrir o que havia naquele coração que parecia de pedra, sem encontrar resposta. Ela era sempre tão fria e distante... Nem a pouca idade o impedia de perceber a falta de amor e até a indiferença da mãe.

No dia seguinte, quando Zefa saiu para sua semana de trabalho, Joãozinho foi até o barraco do amigo Pedro. Sabia que naquele dia a mãe dele iria à escola da favela para fazer sua matrícula.

O menino chegou de manso, sondando o ambiente.

— Dona Tiana, hoje a senhora vai matricular o Pedro?

— Sim, o Pedro e as meninas. A Sandrinha já passou para o terceiro ano e é a que mais gosta de estudar.

— Sabe, dona Tiana? Se minha mãe faltar ao trabalho, pode perder o emprego, por isso lhe pediu um favor. A senhora faria minha matrícula no primeiro ano?

A mulher ficou pensativa e considerou:

— Não sei se posso; teria de ser responsável por você como se fosse meu filho, e precisaria do seu documento.

O menino tirou do bolso um papel amarrotado.

— É este, o Pedro já olhou pra mim. Se a senhora falar que se responsabiliza, na segunda-feira minha mãe avisa a patroa e vai à escola.

Tiana tirou o documento da mão do garoto, tentando deixá-lo menos amassado.

— Não sei se aceitarão que eu faça a matrícula pela sua mãe, mas vamos tentar. Pedro tem dito o quanto você quer aprender a ler e escrever.

Tiana, Pedro e João desceram o morro a caminho da escola modesta. Quando chegaram, a perspectiva de estudar ali levou João a sentir-se importante. Observava as carteiras, a lousa, imaginava-se sentado ouvindo a professora, escrevendo a lição no caderno.

Pedro, o amigo, todo orgulhoso, descrevia as proezas que costumava realizar na escola, falava dos amigos que possuía. A conversa entusiasmou ainda mais o garoto, aumentando o seu desejo de estudar.

Dona Tiana explicou à moça encarregada das matrículas que a mãe de João não poderia comparecer. Ela aceitou o menino, sob a condição de Tiana ficar responsável por ele. A mulher concordou por ver tanta alegria no rosto do garoto.

João não conseguiu dormir naquela noite, imaginando quanta coisa faria quando aprendesse a ler e escrever. Teria como conhecer tudo sobre Portugal, sem precisar pedir a ninguém.

Finalmente amanheceu o dia. João abriu a pequena janela que dava para o mar distante, falou bom dia para o sol e fixou os olhos no mar. Era a primeira vez que se sentia importante, iria realizar seu primeiro sonho. Desceu o morro assobiando, com a caixa de engraxate nas costas. Na praça, avistou o amigo.

— Senhor Mané, agora é pra valer, no ano que vem vou para a escola. Minha vizinha me matriculou, vou aprender a ler e escrever.

O português se emocionou:

— Venha aqui ganhar um abraço, sinto que terá um grande futuro.

O menino confessou:

— Minha mãe ainda não sabe. Como passa a semana fora, quando descobrir já estarei escrevendo e lendo; só terei de arrumar o material. Se for preciso irei pedir de casa em casa. Trabalharia dia e noite para conseguir comprar o material escolar.

Manuel foi dizendo:

— Não será necessário, traga-me a lista que eu lhe darei o material. Tenho dito que você é para mim como um filho, então devo ajudá-lo neste momento especial.

O menino deixou que lágrimas lhe descessem pelo rosto.

— Acho que nunca esquecerei isso. O senhor é a pessoa mais importante da minha vida, a que mais amo neste mundo.

O tempo passou e chegou o grande dia para o pequeno João. Como prometera, Manuel comprou os livros, os cadernos, todo o material, até uma roupa nova e o primeiro par de sapatos da vida do menino.

Sentado no meio das outras crianças, ele se sentia no paraíso. Prestava atenção em tudo o que Alice, a professora, ensinava. Esta logo notou que o menino era especial; aprendia com rapidez e demonstrava muito interesse.

Apesar de estar praticamente abandonado, sem nenhuma orientação, João conseguia entender e se adaptar às regras com a maior facilidade. Como resultado, foi alfabetizado muito antes das outras crianças.

— Joãozinho — disse um dia a professora –, estou orgulhosa de você. É o meu aluno mais aplicado, já está alfabetizado; por isso gostaria muito de conhecer a sua mãe.

O menino baixou a cabeça ao falar:

— Minha mãe trabalha numa casa de família e dorme no emprego, não pode vir. Mas a senhora não vai mandar-me embora por causa disso, vai?

— É lógico que não, você é meu melhor aluno. Gostaria de cumprimentá-la por ter um filho tão inteligente e esforçado.

— Minha mãe não liga para essas coisas. Não queria que eu frequentasse a escola, pensa ser perda de tempo; só que eu não vejo assim. Ela também não sabe ler e escrever, por isso não consegue dar valor; mas ainda vou ensinar-lhe, para que possa descobrir a vida.

A professora sentiu-se emocionada com o garoto.

— Como é um ótimo aluno, quero dar-lhe um presente — disse. — E se sua mãe tem essa opinião, cabe a você mudar a maneira de ela ver o mundo. Deve estudar muito, sair da favela e se tornar alguém importante.

Ela caminhou até o armário, do qual tirou alguns livros usados.

— Olhe, Joãozinho, separei estes livros de histórias; são um prêmio para quem aprendeu a ler.

O menino pegou os livros, orgulhoso.

— Acho que é o melhor presente que eu poderia ganhar.

Seus dias passaram a se dividir entre o trabalho de engraxate, as aulas e a leitura dos livros que ganhara. Manuel estava surpreendido com o progresso do amiguinho. Reconhecia que nunca fizera tão bom investimento como na compra do material para a escola de Joãozinho. Muitas vezes comentava com a esposa o esforço que o garoto, praticamente abandonado, estava realizando.

O tempo foi correndo e João era invariavelmente o melhor aluno da pequena escola. Era alvo de comentários e elogios constantes das professoras, e até a diretora se interessava pelo menino-prodígio.

A mãe, sempre alheia, não percebia o progresso que o filho vinha fazendo.

CAPÍTULO

3

Convivência em família

João chegara aos catorze anos; seguia com a escola na parte da manhã, porém trabalhava até a noite para melhorar o ganho.

Manuel continuava a lhe dar o apoio de que necessitava. Preocupado, pensava em arrumar um emprego para seu protegido. De tanto ver seu entusiasmo em relação ao rapaz, a esposa permitia que ele o trouxesse para os almoços de domingo. Sempre educado, Joãozinho conquistara a simpatia de Maria de Fátima e das filhas. Aqueles almoços eram a única alegria do garoto, provocando nele uma enorme vontade de ter uma família igual. Todas as vezes que terminava de comer, comentava com a dona da casa:

— Dona Maria de Fátima, quando eu crescer quero ter uma família como a sua, e ser um bom pai como o senhor Mané.

A mulher se emocionava com as palavras do menino, que embora vivesse praticamente sozinho conseguia ter bons objetivos.

Manuel nunca deixava de comprar seu material escolar, conforme prometera. E algumas vezes lhe dava roupas e calçados. Como toda a família ia à igreja aos domingos, João começou também a assistir à missa perto da casa do taxista. Num desses dias o amigo comentou:

— Rapaz, acho que você não é batizado. Eu e minha esposa tivemos uma grande ideia, mas antes de falar com o padre devo perguntar: quer ser batizado e ganhar um padrinho como eu?

João reagiu com emoção:

— Será que assim vamos ficar como pai e filho?

O português abraçou o garoto.

— Sim, o padrinho substitui o pai quando ele está ausente; penso que está precisando de um pai-padrinho.

Depois de dois meses João era afilhado de Manuel, o que vinha reforçar mais os laços que os uniam.

— Agora, padrinho — dizia o garoto –, sou o filho que o senhor não tem, e ainda vou lhe dar orgulho.

— Já sinto muito orgulho, você é especial. Mesmo vivendo uma vida adversa, tem conseguido tudo. Não conheço ninguém neste mundo com tanta garra e determinação.

— É porque tenho um padrinho como o senhor, um anjo a velar por mim, que acredita muito no que tenho de bom.

João acalentava sonhos de ter um bom emprego, sair das ruas, conquistar um futuro melhor, construir a família que nunca tivera, e um dia finalmente conhecer Portugal, que amava do fundo do coração sem saber o porquê.

O amigo Pedro, apesar de terem a mesma idade, não mais queria sua amizade; ligara-se a más companhias e se envolvera com drogas. Os traficantes começavam a dominar o morro e aterrorizavam os moradores, na maioria gente honesta e trabalhadora. A droga parecia praga a se alastrar entre os jovens. O marginal Paulinho Boca Larga aliciava para o tráfico adolescentes que por algum dinheiro se sujeitavam a lhe prestar serviços.

Dona Tiana, mãe de Pedro, não demorou a perceber o rumo que ele estava dando à própria vida, e pedia para Joãozinho dar conselhos ao filho, que acabou por abandonar a escola. Mal sabia ler e escrever.

João se esforçava para mudar a cabeça do amigo:

— Pedro, pare de andar com esse Paulinho, volte para a escola; isso só pode ter dois finais: cadeia ou cemitério.

O rapaz, que se distanciara muito de João por ter outro tipo de companhia, deu um sorriso morno com ar de enfado.

— Sai dessa, moleque, você tem ideias caretas. Quero que prove, dê uma cheiradinha, depois venha dar conselhos. Além do mais, o único meio que temos de ganhar algum é vender droga pros bacanas da cidade; eles pagam qualquer coisa pelo vício, até sobem o morro atrás da droga. Isso tá se espalhando feito praga, a gente fica com a impressão de que tá todo mundo nessa. É você que tá por fora. Ficar engraxando sapato, vendendo bala no sinal? Já era. No tráfico é muito mais fácil ganhar grana. Se quiser, arrumo uma boca pra você entregar na zona sul, no Leblon; o Paulinho quer um garoto esperto como você, que conhece bem o bairro. Só que já falei pra ele que você é um tremendo careta.

João olhou sério para o amigo.

— Estou fora dessa, nem sei como pode citar o meu nome. Tenho outros objetivos; não acho que ganhar dinheiro dessa forma seja uma boa.

— Moleque, você é burro, tô oferecendo a oportunidade da sua vida e você dá uma dessa?

João baixou a cabeça.

— Acho que não adianta conversar; sua mãe tem razão, você está perdido.

Pedro deu uma risada.

— Bem que ela gosta do dinheiro que levo pra matar a fome dela e dos meus irmãos.

Foi a última conversa que os dois amigos de infância tiveram. João passou a evitar encontrar Pedro. Algumas vezes Paulinho tentara aliciá-lo, supondo que seria fácil convencer alguém como ele, um garoto praticamente abandonado, sem ninguém que o orientasse.

Os anos passavam. João terminara a oitava série, enquanto Pedro assumira o comando do tráfico no lugar de Paulinho Boca Larga, que morrera em confronto com outros traficantes. O horror parecia espalhado pelo morro, onde Pedro e seus comparsas tinham o domínio de tudo.

João arranjara emprego em uma lanchonete, acreditando ser o início de uma nova vida. O trabalho era puxado, ia das seis da manhã até as sete da noite; no entanto, fora a única oportunidade que lhe aparecera para sair das ruas.

O salário era pequeno e do emprego ia direto para a escola; estava fazendo um curso profissionalizante, no ramo da marcenaria, arrumado pelo padrinho Mané. Nos domingos de folga, jamais deixava de ir à missa e em seguida ao almoço em família, como ele chamava.

A família de Manuel era formada por ele, a esposa Maria de Fátima e três filhas: Clara, a mais velha, da idade de Joãozinho; Glória, a do meio, com dezesseis anos; e Joana, a caçula, de dez. Todas aprenderam a gostar do rapaz, que, assim como acontecera ao português, conquistou-as por suas várias qualidades: simpatia, inteligência, boa conduta, além do esforço pessoal.

João se tornara parte da família e se não aparecesse para o almoço fazia falta. O rapaz frequentava a casa desde os onze anos, participava das brincadeiras das meninas, e logo compreendeu como devia se conduzir para agradar. Foram crescendo como irmãos.

Clara tinha estatura baixa, cabelos ruivos e sardas como a mãe; enérgica e responsável, logo sentiu que poderia ajudar e incentivar o garoto nos estudos, e em muitas tardes de domingo auxiliava o amigo nas lições da escola. Glória era delicada e sensível, sonhadora e romântica, vivia lendo romances; de estatura média, cabelos castanhos e lisos, olhos da mesma cor, era a mais bonita das três. Joana era travessa, tinha muitas sardas no rosto e vivia no colo do pai, que costumava mimá-la por ser a sua caçula, sempre achando muita graça nas travessuras da filha.

Clara foi a primeira a perceber a troca de olhares entre João e Glória; observou que os dois sempre davam um jeito de ficar sozinhos. Um dia, sem a presença dos pais, chamou a irmã para uma conversa.

— Glória, não acho justo você e Joãozinho namorarem escondido. Afinal, nossos pais têm depositado muita confiança em nós; amamos o João como um irmão e o acolhemos como se fosse da família; penso que não é certo esse namoro.

Glória não esperava que a irmã tivesse notado.

— Eu e João nos gostamos desde que éramos crianças. Ele é uma pessoa excelente e não tem nada demais o nosso namoro; é pobre, mas o próprio papai costuma dizer que as pessoas valem pelo que são. Não contamos ainda porque achamos que é cedo. João quer arrumar um emprego melhor, sair da favela, assim não poderá haver nenhuma objeção por parte de ninguém. Nós estamos decididos a enfrentar o mundo para ficarmos juntos.

Clara, surpresa com a posição tomada pela irmã, entendeu que realmente seria melhor aguardar os dois tomarem a iniciativa de contar aos pais.

— Concordo, João é de fato uma ótima pessoa, e não duvido que, apesar dos problemas que tem, papai e mamãe, por conhecê-lo tão bem, não irão se opor. Eu só não sabia que a minha irmãzinha tinha crescido e amadurecido para tomar decisões na vida.

As duas irmãs riram e se abraçaram.

— A maior certeza que eu tenho neste mundo é quanto ao sentimento que me une a João. Ele vai ter a família que nunca teve, que vai amá-lo como merece.

Clara enxugou as lágrimas que não pudera evitar.

— Gostei do que ouvi. João merece muitas coisas boas, pela luta que tem travado para alcançar uma vida melhor.

Os dois jovens continuavam a se encontrar às escondidas. João parecia ter descoberto a felicidade; terminara o curso de marcenaria e logo arrumara outro emprego nessa área. Ganharia quase o mesmo que na lanchonete, mas com possibilidade de progredir. Resolvera prosseguir os estudos. Tinha um grande sonho: cursar o segundo grau e depois a faculdade de direito; queria ser doutor de paletó e gravata. Admitia que o esforço seria imenso; contudo, valeria a pena; conhecia o seu potencial, sabia que tinha garra e perseverança para isso. Iria encher de flores o caminho da sua princesa, como a chamava carinhosamente.

Manuel estava feliz com o progresso do afilhado. O dono da marcenaria só tinha elogios para o rapaz, que aprendia o serviço com grane facilidade.

João continuava a subir o morro todas as noites, após as aulas Era uma caminhada perigosa, Pedro e seus comparsas vigiavam tudo. Uma noite o rapaz ia para casa já perto da meia-noite quando, num beco escuro, deparou com Pedro.

— Ora, ora, quem eu encontro! Joãozinho, que parece ter virado pé-de-vento de tão rápido que sobe o morro! E aí, malandro?

João manteve os olhos baixos para não deixar o ex-amigo captar o que sentia.

— Estou voltando da escola. Trabalhei o dia inteiro, estou muito cansado!

Pedro soltou uma gargalhada.

— Quer dizer que o negrinho pretende virar doutor? Não adianta, mano velho, quem nasce como nós sempre vai ser um pobre coitado desrespeitado!

João permanecia com os olhos no chão.

— Engano seu, meu amigo, somos nós que temos de conquistar o nosso espaço. Eu sei que para nós é muito mais difícil, exige maior empenho e luta; mas de qualquer forma vale a pena.

Pedro ficou irado.

— Você é que pensa! Com muito esforço e luta não vai chegar a lugar nenhum e vai ter sempre alguém querendo puxar o seu tapete. Olhe para a cidade lá embaixo: tá aqui na minha mão. Os bacanas sobem o morro pra saciar o vício que os devora, o morro inteiro tá na minha mão, sou o rei do pedaço. Tenho às minhas ordens mais de setenta homens. Sou eu que mando. Tenho o poder, o domínio invejado por muita gente. Tenho muito dinheiro e se quiser largo tudo pra viver como bacana lá na beira do mar, sem trabalhar pelo resto da minha vida!

João levantou a cabeça:

— Eu já lhe disse, Pedro, no seu caso só há duas saídas possíveis: o cemitério ou a cadeia; ou alguém que quer o seu poder o mata ou a policia vem, mais cedo ou mais tarde, e acaba com seu império do pó.

Pedro virou o rosto para que o antigo amigo não lhe notasse o rasgo de emoção.

— João, não existe outra maneira de sobreviver para garotos como nós. Ou nos contentamos com a miséria em que nascemos e crescemos ou nos metemos no crime para ter dinheiro e poder. Venha ser o meu braço direito; juntos podemos ganhar ainda mais grana, depois fugimos com os bolsos cheios. Você é a única pessoa em que confio neste mundo. Apesar de todos esses anos de luta, olhe pra você: continua um pobre coitado.

João não afastava o olhar do ex-amigo.

— Ainda que nossas vidas tenham tomado rumos diferentes, serei sempre grato a você e à sua mãe por terem me levado para a escola. É uma dívida eterna, mas tenho outros sonhos que estou a caminho de realizar. Quero plantar em terra firme e colher os frutos doces que ela me dará.

Pedro deu uma gargalhada e esticou a mão em direção a João.

— Eis aqui um sonhador e plantador de ilusões, um grande imbecil que acredita nos homens e no mundo. Então você fica com o seu mundo de sonhos e eu com o meu mundo de pó, que é real e traz muito dinheiro.

Ele passou pelo outro sem o olhar no rosto. Nunca mais os dois se falaram. Pedro, quando percebia que João se aproximava, procurava mudar o caminho para não ter de cruzar com o ex-amigo.

Capítulo

4

Um novo lar

João permanecia no emprego na marcenaria, onde passara de meio-oficial a oficial. Trabalhava com móveis finos e executava um serviço requintado. Tinha carteira assinada, o que lhe dava muito orgulho.

Cursava o último ano do segundo grau e vinha estudando muito para prestar vestibular. Sabia o quanto o curso de direito era concorrido, porém não lhe faltava determinação para vencer o desafio. Ele e Glória acharam que era hora de conversar com os pais a respeito do namoro dos dois.

João não estava bem namorando escondido; sentia-se um traidor.

O dono da marcenaria oferecera a casa dos fundos para ele e a mãe irem morar pois o chefe da oficina estava se aposentando e voltando para o nordeste, onde viviam seus parentes. Finalmente João via a possibilidade de ter um endereço, ficar mais perto do trabalho e da escola, possuir um banheiro com chuveiro dentro de casa. Era uma casa modesta: um quarto, uma pequena sala, cozinha e banheiro.

Severino, o chefe da oficina, lhe venderia o fogão e a geladeira que estavam quase novos. João compraria o restante da mobília numa loja de móveis usados que havia na mesma rua. Estava tudo acertado. Em poucos meses poderia levar os amigos e os futuros sogros à sua nova casa. Quando a mãe chegou, no sábado à noite, nem pôde esperá-la descansar para contar a novidade.

— Mãe, finalmente teremos um endereço, uma casa de tijolos com direito a banheiro e chuveiro dentro. Depois de tantos anos vamos ter um teto digno.

Zefa ficou admirada e o filho contou tudo sobre a nova moradia.

— Estou feliz por você. Acho que é merecedor de muito mais, e tenho grande orgulho de ter um filho assim. Praticamente se criou sozinho e chegou onde muitos filhinhos de bacanas não conseguem. Talvez eu possa ir todos os dias para casa, já que vai ficar muito mais próximo do meu emprego... Vou também poder conhecer minha futura nora e seus tão falados pais. A princípio não aprovei suas atitudes, mas estava errada, meu filho.

João abraçou a mãe.

— Ainda seremos muito felizes. Quando ganhar o suficiente, não quero que a senhora trabalhe tanto. Um dia vou lhe dar uma casa que seja nossa, depois vou conhecer a terra dos meus sonhos, Portugal.

— Você não mudou de sonhos — ela falou rindo –, continua com saudade no peito.

João baixou os olhos ao afirmar:

— São essa saudade e esses sonhos que me motivam a seguir em frente. Voltar para Portugal é o meu sonho primeiro.

Zefa passou a mão nos cabelos do filho.

— Como voltar, João, se jamais esteve lá? Você nunca saiu daqui do Rio.

— Eu digo voltar porque é como se tivesse nascido lá — seu olhar estava distante. — Algum dia, ainda vou conhecer aquela terra! Quantas vezes fecho os olhos e vejo os campos de alecrim, sinto o seu cheiro, vejo o mar batendo nas pedras e os navios ao longe, sinto o vento morno tocando meu rosto... Daí a saudade aperta o meu peito.

— Não sei o que falar, estou confusa; não posso entender suas palavras.

— Deixe-me com os meus sonhos, que hei de realizar; quero levar minha Glória para conhecer a terra de seu pai.

— Minha patroa está de boca aberta. O filho dela tem tudo e não terminou o colégio, enquanto o meu, um pobre coitado, quer ser doutor, coisa que me deixa orgulhosa demais quando falo pra todo mundo.

— Mudando de assunto, mãe: na próxima semana já estaremos de casa nova, pode ir se despedindo do pessoal!

Zefa e João não teriam saudade da vida que levavam no morro; só sentiriam a ausência de alguns amigos que haviam feito ali. Estavam deixando para trás muitos dias de fome, miséria, de uma vida de opressão, não apenas pela falta de dinheiro. Levaram os poucos pertences, e João ficou de retornar no sábado seguinte para pegar o que sobrara. A irmã de uma vizinha que chegara recentemente da Bahia com os filhos ia alugar o barraco.

João se sentia recompensado por todo o seu esforço. Nos primeiros dias, a mudança trazia ao jovem a sensação de estar vivendo no paraíso, mesmo sendo a nova casa tão modesta. Trabalhava mais animado, ia para a escola à noite e nem sentia cansaço. Enfim poderia, no sábado, contar ao padrinho que pretendia casar-se com sua filha Glória. Agora tinha endereço, emprego e o propósito de ingressar em uma universidade.

Chegou o grande dia. João vestiu sua melhor roupa, calçou os sapatos mais novos, olhou-se no espelho, conferindo como estava a aparência. Pegou um ônibus que o levou até a casa de Glória.

A moça o aguardava no portão, ansiosa, e o recebeu com um sorriso:

— Joãozinho, papai não está. Já tive o cuidado de preparar mamãe quanto ao objetivo de sua visita.

O rapaz se mostrou preocupado:

— Sempre achei mais difícil enfrentar a madrinha que meu padrinho. Ela tem conceitos enraizados e fica difícil chamá-la para um dialogo.

A moça falou com ar sério:

— É por conhecer bem minha mãe que achei melhor preveni-la. Se fosse pega de surpresa poderia fazer uma cena, criando uma forte oposição que nem o papai seria capaz de romper. E eu quero sair daqui sem entrar em choque com eles.

Ainda inquieto, o rapaz considerou:

— É justamente por esse motivo que estamos demorando tanto a comunicar nosso namoro. Agora que estou com a vida organizada, dona Fátima não vai poder colocar nenhum obstáculo à nossa união.

— Vamos entrar e enfrentar a fera. Contar a papai vai ser mais fácil; só a estima sincera que tem por você vale tudo.

Os dois jovens entraram pela sala. Fátima estava sentada vendo televisão. Com a fisionomia fechada, não respondeu ao cumprimento do rapaz.

— Madrinha, parece que hoje a senhora não está bem...

— Estou me sentindo traída pelos dois — ela respondeu com aspereza. — Debaixo do meu nariz, dentro da minha casa, vocês vêm mantendo um namoro. Tenho a certeza de que meu marido vai sentir o mesmo.

Tínhamos tanta confiança em você, João! Sempre o tratamos com a um filho, e agora você me apronta esta! Quantas vezes eu avisei ao Mané para não colocar favelado, menino de rua, dentro da nossa casa... Ele não me ouviu, e deu no que deu: uma punhalada nas nossas costas.

João ficou muito magoado com a maneira rude e preconceituosa da mulher. Ele sentia que o que realmente se manifestava ali era o preconceito contra sua cor e principalmente sua situação social.

— Dona Fátima, não quero que a senhora se sinta traída. O que existe entre mim e sua filha é um grande amor. Tenho muito respeito por ela, pela senhora, pelo meu padrinho, a quem devo tudo.

A mulher reagiu indignada:

— Se vocês têm tão grande respeito, por que não soubemos durante esse tempo todo? Ficaram namorando às escondidas. Em nome de tudo que diz dever ao meu marido, não deveria sequer pôr os olhos em cima da minha filha! Eu gostaria muito desse respeito! Sou contra esse namoro; vocês são muito diferentes, pertencem a mundos distintos. Ainda que não sejamos ricos, minha filha estudou em boas escolas, é uma moça bonita e merece um partido melhor. Não quero que você se ofenda, só estou sendo sincera. O que pode oferecer a ela, morando numa favela?

Para João era como se o chão se abrisse, parecia que tudo desmoronava!

— Eu não sou mais favelado, hoje tenho uma casa e um endereço. Amo sua filha e me empenharei em fazê-la feliz.

Maria de Fátima falou com jeito irônico:

— Sonhos nunca encheram barriga nem pagaram conta de ninguém. Você precisa se enxergar. Onde pensa que vai conseguir chegar?

Nesse momento entrou Manuel, que ouviu as últimas palavras da esposa.

— O que está acontecendo aqui? Fátima, por que está exaltada, falando nesse tom com o nosso afilhado?

A mulher virou o rosto para olhar o marido à porta.

— Fique sabendo, senhor meu marido, que seu querido afilhado nos traiu sob o nosso teto; anda namorando nossa filha Glória às escondidas, sabe Deus há quanto tempo.

Ele não conseguia entender a história. Glória, colocando-se entre o pai e João, tentou explicar:

— João veio aqui hoje pedir seu consentimento para namorarmos em casa. Nós não estamos traindo ninguém, apenas esperávamos o momento certo para contar que nos amamos e que um dia pretendemos nos casar.

Mané olhava para a filha sem dizer uma palavra.

— Pai, quantas vezes você garantiu que não conhecia ninguém mais esforçado que o João? Ele é a pessoa mais digna que conheço. É trabalhador, honesto, saiu do nada tentando ser alguém... Por que não merece ser o meu namorado? Eu quero uma razão, que não seja preconceituosa, para ele não ser aceito nesta casa.

O português caminhou até o sofá e sentou-se, como se precisasse digerir a notícia. A filha esperava pela sua posição.

— Só existe um motivo para duas pessoas ficarem juntas: o amor. Se ele for sincero, nada pode separá-las. Se vocês se amam, minha filha, eu não tenho nada contra, só posso desejar que sejam felizes. João é como um filho querido que não tive, só me cabe acolhê-lo como tal; estou certo de que não medirá esforços para fazê-la feliz.

Frente à atitude do marido, Fátima levantou-se, saindo da sala sem olhar para ninguém.

Manuel pediu que João se sentasse a seu lado.

— Meu rapaz, não se preocupe com a sua madrinha. Com ela eu me entendo. Vocês têm o meu consentimento para namorar aqui em casa. Somente quero ver sua vida totalmente organizada até chegar o casamento. Sei de todo o seu esforço, da sua luta que acompanho há muitos anos; entretanto, é preciso terminar os estudos, ter um emprego melhor para pensar em casamento.

— Padrinho, não o decepcionarei, eu lhe asseguro — disse João, comovido. — O senhor vai ter um genro doutor, pode ter a certeza!

Manuel bateu as mãos no ombro do rapaz.

— Deus o ouça. E seja feita a vontade dele.

Clara e Joana, as irmãs de Glória, juntaram-se ao grupo para parabenizar a irmã e o futuro cunhado. Depois de toda a confusão, o ambiente adquiriu clima de festa.

João voltou para casa contente. Sua felicidade só não era completa por causa da futura sogra. Todavia, ele acreditava que Mané mudaria a maneira de dona Fátima pensar. Fora tão difícil convencê-la a permitir que, quando garoto, ele frequentasse a casa, e ela acabara cedendo... Confiava que o padrinho conseguiria novamente dobrar a sua vontade. Era boa pessoa, só que teimosa, cheia de dengos e muitos preconceitos.

Foi nesse estado de espírito que encontrou a mãe sentada na pequena sala, vendo televisão.

— Meu filho — confessou ela –, estou morta de sono, e ao mesmo tempo morrendo de curiosidade para saber como foram as coisas na casa do seu padrinho.

João se sentou, tirando a jaqueta.

— Tudo bem. Podia ser melhor se a madrinha não tivesse ficado contra.

— Não acredito, meu filho. Depois de tantos anos de convivência, ela sabe a pessoa que você é!

— Sou pobre, mãe, é isso que sou, e dificilmente deixarei de ser. Vamos dar a ela netos mulatos, que vão carregar o seu sangue misturado com o de negro. Fica muito complicado, para quem tem preconceito, aceitar essa situação. Pode-se receber um garoto negro em casa, dar-lhe um pouco de atenção, deixar que participe dos almoços. Já acolhê-lo na família, ter descendentes de pele escura, sangue de seu sangue, é bem mais complexo.

Zefa baixou a cabeça e chorou.

— Não chore, mãe, eu não ligo pra isso; aprendi a lidar com essas situações. O que mais importa é que a Glória e eu nos amamos e não existe preconceito que nos possa barrar. A mãe dela vai acabar aceitando, porque ama a filha e logo vai perceber que não adianta se opor. A Glória não vai desistir, e todos os outros naquela casa estão a meu favor. A senhora ainda vai ver dona Maria de Fátima toda feliz esperando a filha no altar.

Zefa esforçou-se por sorrir e disse:

— Deus o ouça, meu filho, e abençoe essa cabeça maravilhosa que lhe deu.

Os dois riram.

CAPÍTULO

5

O DESPONTAR DA MEDIUNIDADE

João deitou-se cansado de tantas emoções que tivera naquele dia. Lembrou-se de quando conhecera o português, da primeira ida à sua casa, das suas conversas com o amigo que considerava um pai. Sentiu um leve torpor, como se deixasse o corpo. Viu-se estendido na própria cama, observou curioso a mãe deitada na outra. De repente notou que uma força estranha o levava para o mar, sentiu-se navegando no balanço das ondas, o que lhe proporcionava uma sensação agradável. Essa força continuava a empurrá-lo mar adentro. Logo avistou terra. A princípio achou ser uma ilha, e em seguida começou a identificar um continente; ficou atento, a saudade parecendo apertar o peito, as ondas batendo com força na praia.

Ele não tinha dúvida, não era o Rio. Aquelas paisagens eram tão marcantes, e ele se aproximava mais e mais... De súbito veio a convicção: era Portugal, terra querida que vivia em sua mente desde que era apenas uma criança. As lágrimas lhe correram pela face. Queria aproximar-se, mas a força que o conduzia não permitiu. Escutou uma voz que parecia ecoar penosamente dentro de sua cabeça.

— João, eis aí a terra que o abrigou muitas vezes como filho e da qual, hoje distante, morre de saudade.

Ele sentiu que voltava. Contra sua vontade, aquela força invisível o obrigava a regressar. Estava novamente no seu quarto, ao lado da mãe. Passado o torpor, retomou a veste física e sentiu que o rosto ainda estava úmido das lágrimas abundantes. Sentou-se na cama em pranto incontido, que acabou acordando Zefa.

— João, o que tem você, meu filho? Não se sente bem?

— Tive uma espécie de sonho, muito estranho — falou o rapaz com emoção. — Tenho a certeza de que estive em Portugal, e a visão daquelas paisagens me deixou muito triste. Sinto aqui no peito uma angústia que é impossível entender.

— Filho, fazia tanto tempo que você não tocava nesse assunto que pensei que o tivesse esquecido! Você vive com esses pensamentos. Isso virou ideia fixa, que o levou a sonhar.

— É tão certo eu ter estado lá como estar aqui agora, mesmo que todos achem que é loucura minha.

— Acho que você precisa procurar um pai de santo. Ele deve conseguir afastar todo esse pesar do seu peito. Para mim é inveja!

O rapaz, exausto, tornou a se deitar e dormiu profundamente. Levantou-se no dia seguinte com ar abatido.

O padrinho Manuel prosseguia em sua rotina. Todas as manhãs saía com seu táxi; se não pegava passageiro no caminho, ia até a praça onde tinha seu ponto. No fim da tarde, depois de doze horas de trabalho, voltava para casa. A esposa Maria de Fátima continuava carrancuda, por causa do consentimento que ele dera ao namoro de Joãozinho e Glória. Não falava com ninguém. A filha, para evitar confronto, não mais tocara no assunto nem levara João à sua casa.

Após um longo tempo, era o primeiro domingo em que João não comparecera para o almoço. O ambiente estava tão hostil que Manuel acabara almoçando sozinho à mesa. O português esperava o momento adequado para tocar no assunto com a esposa; sabia que com o passar dos dias seu coração iria amolecendo e ela terminaria por ceder.

Maria de Fátima não se conformava. Sonhara com um casamento cheio de luxo para a filha, com alguém de posses, estudo e posição definida na vida. Ficava recordando o sacrifício que ela e o marido haviam feito uma vida inteira para dar boas escolas às meninas. Quantas privações... Nunca tinham voltado a Portugal, só pensando no conforto das filhas. E agora um zé-ninguém queria casar com sua menina sempre cercada de mimos. Eles eram tão diferentes, não poderia dar certo!

Quando o marido chegou ela estava preparando o jantar na cozinha, com os olhos vermelhos de chorar. Manuel aproximou-se, notando o estado emocional da esposa.

— Minha querida, tantas lágrimas derrubadas por nada?

A mulher se pôs a chorar ainda mais.

— Como por nada? Nós criamos essa menina com tanto amor e empenho para depois vê-la ir embora para uma favela com um zé-ninguém?

Manuel puxou uma cadeira, sentando-se.

— Você está exagerando. Glória não vai sair para morar em nenhuma favela, ela tem um pai competente para não deixar que isso aconteça. Além disso, Joãozinho é uma ótima pessoa, está estudando, e eu lhe digo: teremos um genro doutor. Estou convencido de que dará muito valor à família que irão constituir. Se for esse o problema, dona Maria de Fátima, está resolvido. Vamos parar com cara feia!

A mulher enxugou algumas lágrimas que teimavam em cair.

— Mané, você já pensou? João não tem nome de pai na carteira de identidade, é filho de ninguém. Teremos netos de ninguém, mulatos sem nome, sem antecedentes, com enormes dificuldades para frequentar certos ambientes. O preconceito está aí em todos os lugares, os coitadinhos vão se sentir rejeitados.

Manuel abriu um sorriso.

— O preconceito está dentro de nós mesmos, todos o enfrentamos: por ser de outro país, ou por ser gordo, feio, velho, ou até por ser mulher. O mundo define o que é correto, e quem está fora desse padrão sofre preconceito. Não vamos admitir que ele faça morada dentro da nossa casa. João é digno de nossa confiança, e esse detalhe de não ter o nome de um pai não faz diferença; nossos netos vão ser mulatos maravilhosos, mistura de duas raças. É desta maneira que devemos encarar as coisas, libertando nossos corações de amarras tolas que impedem nossa felicidade. Quando não temos esses preconceitos no coração, não sofremos se os outros são preconceituosos conosco.

O português fez uma breve pausa e por fim enfatizou:

— Fátima, quero que voltemos a ser uma família feliz; portanto, faça as pazes com nossa filha, aceite o caminho que ela escolheu.

A mulher virou o rosto, secando as últimas lágrimas.

— Acho que você tem razão, devo colocar tudo nas mãos de Deus. Vou falar com Glória e pedir a ela que traga João. Quero me desculpar por minhas palavras.

Manuel levantou-se, dando um abraço na esposa.

— Agora reconheço a mulher com quem um dia me casei. Minha velha, eles não pensam em se casar agora, vão dar um tempo. João quer se formar antes, e nós vamos nos preparar para auxiliá-los. Graças a Deus tenho saúde e disposição para trabalhar.

Maria de Fátima procurou conformar-se e acomodar-se à situação. Parecia que tudo voltava ao normal.

João saiu cedo, sabia que seu padrinho já estava na praça com o táxi; pegou um ônibus e foi ao seu encontro. Já haviam transcorrido vários dias e não tinha nenhuma notícia, temia que as coisas não estivessem a seu favor.

Saltou do ônibus num ponto próximo e logo avistou o carro, que identificou pela placa. Aproximou-se cauteloso.

Manuel, vendo o rapaz, desceu estendendo os braços para um abraço fraterno.

— Joãozinho, meu filho, já estava com saudade.

— Eu também, padrinho, por isso vim até aqui. O senhor tem alguma notícia para mim?

Fitando o rapaz nos olhos, ele anunciou:

— É claro: sua futura sogra o espera para o habitual almoço de domingo. Sentimos muito a sua falta, parecia que a casa estava de luto.

— Isso quer dizer que ela concorda com o nosso namoro?

Manuel lhe deu um tapinha nas costas.

— Lógico que sim, não tem motivos para ficar contra. Não temos dúvida de que você ama sinceramente nossa filha, e só o amor pode fazer as pessoas felizes.

— Padrinho — falou o rapaz, sorrindo –, vou procurar sempre corresponder a toda a confiança que o senhor deposita em mim. Não existe no mundo ninguém melhor, acho que Deus colocou um anjo português no meu caminho.

Os dois soltaram uma gargalhada pelas palavras do rapaz.

— Anjo, eu? Se eu for anjo o céu deve estar cheio de diabinhos; tenho consideração porque você a merece. Agora preciso trabalhar, está vindo um passageiro.

João pegou seu ônibus de volta, também tinha de trabalhar. Estava feliz, parecia que sua vida começava a caminhar. Viu pela janela que o sol já fulgurava nas águas do mar, e foi tomado de grande emoção. Lembrou-se do sonho estranho que tivera e um arrepio percorreu-lhe o corpo magro. Ficou pensando na atração que sentia pelo mar e na tristeza que o assaltava toda vez que se via frente a ele. Era uma forte atração e ao mesmo tempo uma repulsa instintiva.

Sem perceber, de tão mergulhado em seus pensamentos, o ônibus já chegara perto do ponto onde deveria saltar; deu sinal e desceu. Andou alguns passos até a fábrica onde trabalhava. Consultou o relógio: ainda estava uns minutos adiantado.

Quando bateu o cartão, a maioria dos funcionários já ocupava os respectivos lugares; correu para vestir seu macacão. Agenor, que trabalhava numa máquina próxima à sua, indagou:

— João, conseguiu encontrar o seu padrinho hoje na praça?

Ele abriu um sorriso.

— Encontrei, e você já pode adivinhar: está tudo certo. Dona Maria de Fátima concordou com meu namoro, vou poder frequentar sua casa e no futuro casar com a minha Gloria, com o consentimento dela e de todos.

— Parabéns, meu amigo, você merece ser feliz. Quero ser convidado para esse casamento.

— Claro, e para ser meu padrinho, afinal você é meu melhor amigo — lógico que depois do meu padrinho Mané, que na verdade é o pai que nunca tive. Sabe, Agenor? Quando eu era menino, ele queria me adotar e colocar o seu nome nos meus documentos, mas dona Fátima e minha mãe não aceitaram. Já pensou? Como eu iria casar com a Glória, tendo o mesmo nome de pai?

Os dois riram.

— É, meu amigo, Deus faz as coisas certas. Quem sabe você pode unir o sobrenome dele ao seu, quando se casar?

— Agenor, você tem cada ideia maluca! Eu nunca soube que o noivo pudesse ter o nome da noiva, é a primeira vez que ouço isso.

Agenor tinha a mesma idade de João. Era alto, de cabelos e olhos claros, e se fizera seu melhor amigo dentro da fabrica. Espírita fervoroso, sempre tinha uma palavra de amizade e de incentivo para todos, especialmente para o amigo João.

A sirene tocou e as máquinas começaram a funcionar para mais um dia de trabalho.

Capítulo

6

Cobranças de ontem

João foi do trabalho para a escola, só voltando para casa depois das onze da noite. A mãe já estava dormindo. Tomou um banho rápido e deitou-se, estava muito cansado. Sentiu-se pesado, mas de repente parecia flutuar no quarto. Logo estava em frente ao mar, as ondas alcançavam seus pés; sentia-se flutuar sobre as águas, ouvia um murmúrio de vozes e novamente se viu em terras portuguesas. A saudade lhe apertava o peito. Caminhava e sentia o chão macio e fresco, a brisa batia em seu rosto.

Viu-se diante de uma casa feita de pedras; tentava lembrar, pois tinha a impressão de lhe ser muito familiar. Procurou caminhar até ela, porém as pernas não lhe obedeciam, era como se estivesse chumbado ao solo. Então ouviu uma forte gargalhada ao redor, que o atemorizou, fazendo-o retornar bruscamente ao corpo físico. Acordou assustado, o suor banhava-lhe o rosto. No quarto escuro, percebeu a mãe ao seu lado, chamando:

— Filho, acorde! Filho, acorde!

Joãozinho estava muito assustado, quase incapaz de falar.

— Mãe, acho que tive um pesadelo!

Relatou todos os acontecimentos do sonho. Com ar preocupado, Zefa insistiu:

— Eu estou achando essa história muito esquisita, já disse para você procurar um pai de santo.

João ficou irritado.

— Penso que estou trabalhando e estudando demais, por isso tenho pesadelos. Vamos voltar a dormir, amanhã tenho um dia cheio.

Contudo, João não conseguiu mais adormecer pelo resto da noite. Toda vez que fechava os olhos via a casa de pedra e ouvia a voz sinistra gargalhando. Levantou-se abatido e cansado, arrumou-se para o trabalho. Agenor logo notou que o amigo não estava bem. Esperou a hora do almoço para uma conversa.

— Joãozinho, o que há com você hoje? Está abatido e parece preocupado.

O rapaz narrou o ocorrido.

— Agenor, parece que até agora escuto aquela voz sinistra ecoando dentro da minha cabeça. Hoje não estou com nenhuma disposição para o trabalho, não sei o que fazer se esses sonhos se repetirem.

Apreensivo, Agenor comentou:

— Você sabe que sou espírita há muitos anos. Frequento um centro espírita, que tem como fundamento a codificação de Allan Kardec — você já deve ter ouvido falar. O que lhe está acontecendo é perfeitamente explicável. Você tem muita sensibilidade, e acho que deveria ir comigo até o centro, para entender melhor tudo o que tem sentido. Durante o sono seu espírito se emancipa de seu corpo físico, e você pode estar tendo lembranças de uma encarnação passada que ocorreu em Portugal; isso explicaria o seu interesse, desde menino, por essa terra distante.

Joãozinho, não obstante o ar incrédulo, interessou-se pelo assunto.

— Isso quer dizer que já posso ter sido português?

— Lógico que isso é possível! — disse Agenor com um sorriso. — Jesus já dizia há dois mil anos: a carne procede da carne, sabemos de onde vem e para onde vai; mas o espírito não se sabe de onde vem nem para onde vai. Nós nascemos onde estão nossas necessidades evolutivas, ricos ou pobres, negros, brancos ou amarelos. Se somos brancos numa encarnação, podemos ter raça diferente em outra. São tão sábias as leis de Deus que quem as conhece não pode ter preconceitos. Como filhos do Pai supremo, somos todos iguais perante suas leis sábias e perfeitas.

Joãozinho estava impressionado com as palavras do amigo. Na verdade, sempre tivera na mente a magnitude de Deus, mas nunca conseguira avaliá-la como o fazia nesse momento.

— Agenor, meu amigo, acho que você me deu a chave de muitos enigmas que me têm atormentado. Sempre me considerei inferior, em condições subalternas, e acreditei que tudo era fruto de um destino cheio de adversidades. Às vezes, desanimado, não sabia se deveria seguir em frente ou me deixar vencer pelos obstáculos. Havia ocasiões em que me parecia que o mundo e até mesmo Deus estavam contra mim. Meu coração se revoltava com tanto sofrimento, fome, frio, solidão, descaso do mundo; sentia-me um abandonado de pai e mãe. Meu padrinho Mané foi o único que me ajudou a me sentir gente, e foi graças a essa força que não afundei.

O desabafo do rapaz comoveu Agenor, que prosseguiu em suas elucidações:

— Ao aquilatar todo o sofrimento da sua vida, posso afirmar que você é um vencedor. Entretanto, meu amigo, colhemos o que plantamos no passado. Para seu espírito valoroso é necessário que tenha tantas provações. Não estamos aqui neste mundo em férias. Temos de fazer a duras penas nossa caminhada evolutiva. No fim de uma batalha aparecem os vencedores. Precisamos ter fé e coragem para seguir em frente na luta que abraçamos para nosso avanço espiritual. Meu amigo, vamos até o centro espírita no sábado; você verá que muitas perguntas que vagueiam na sua mente inteligente serão respondidas!

Terminado o horário de almoço, tiveram de encerrar a conversa para ir cumprir as tarefas da tarde. João considerava lógicos os conceitos novos que ouvira do amigo; contudo, as dúvidas continuavam a confundir sua cabeça. O rapaz estava tão esgotado naquela noite que resolveu não ir à escola. E concluiu que talvez fosse interessante visitar o centro espírita no sábado.

Em casa, logo procurou o leito para repousar. De novo sentiu que flutuava no quarto. Em segundos estava diante do mar, sentindo a brisa fresca bater em seu rosto. O corpo, leve, parecia flutuar sobre as águas. Repentinamente, um vento forte soprou e outra vez Joãozinho estava diante da casa de pedra; e, por mais que quisesse caminhar e entrar, não conseguia sair do lugar. A mesma gargalhada sinistra ecoava por todos os cantos.

Apavorado, acordou. Estava molhado de suor, tinha taquicardia, o corpo doía. Levantou-se e preparou um chá, na tentativa de se acalmar. "Meu Deus! — pensava. Devo estar doente; sinto-me estremecer, minha cabeça dói, Acho que tenho trabalhado e estudado demais."

Voltou para a cama, com medo de dormir e retornar àquele lugar misterioso e ouvir aquela voz que mais parecia de filme de terror. Aos pouco foi relaxando e conseguiu adormecer, embora num sono agitado. No dia seguinte despertou indisposto e pediu à mãe que avisasse ao patrão que não iria trabalhar.

— Filho, você está abatido. Acho realmente melhor não ir trabalhar. Vá ao posto de saúde consultar um médico; isso deve ser esgotamento!

— Pode deixar, mãe, eu vou ao médico; agora, só quero ficar algum tempo deitado.

— Vou lhe trazer um chá, que o ajudará a dormir mais um pouquinho; depois tenho de ir para meu emprego.

Zefa deixou o filho na cama. Joãozinho tinha a fisionomia transtornada. O sorriso descontraído desaparecera do rosto jovem, estava tão desanimado que não tinha coragem de se erguer da cama. Parecia apavorado, o som da gargalhada não lhe saía da mente confusa. A alegria que experimentara ao ver as terras portuguesas pela primeira vez foi substituída por um verdadeiro terror diante da expectativa de rever a casa de pedra e encontrar-se com a criatura da horrenda gargalhada.

O sol já se elevara quando João deixou o leito. Teve uma leve tontura, procurou alimentar-se, tomou um banho e foi para a fábrica de móveis. Os companheiros de trabalho logo notaram a fisionomia abatida do rapaz, mas houve alegria geral quando ele chegou. Agenor ficou muito preocupado ao ver seu estado e de imediato pressentiu o que estava ocorrendo. Recolheu-se, em silêncio, para vibrar em prece pelo amigo doente.

João deu início a suas atividades, depois de se justificar com o patrão. Encerrado o expediente, Agenor acercou-se dele para uma conversa. João contou com todos os detalhes a experiência da noite, fato que já era do conhecimento do amigo.

— Vamos, Joãozinho, irei com você até sua casa.

Os dois percorreram o caminho calados. Agenor sentou-se na cozinha, junto da mesa, e pediu que o rapaz fizesse a mesma coisa. Tirou de uma bolsa "O Evangelho segundo o Espiritismo", colocando-o sobre a mesa. E falou pausadamente:

— Meu amigo, devemos orar. Já sabe que vivemos várias vidas em corpos diferentes, precisamos reencarnar para evoluir. Cometemos muitos deslizes, arrumamos inimigos, e, para nosso reajuste, com frequência eles voltam para nos cobrar débitos. Presos ao corpo físico, não os vemos, e é comum eles conseguirem agir livremente, aproveitando o sentimento de culpa que está no nosso inconsciente. Por isso, meu amigo, creio que você possa estar sendo influenciado por um espírito com desejo de vingança por seus atos praticados em um passado longínquo. Devemos orar por ele e por você, para que se perdoem mutuamente. Só assim ambos poderão ter paz.

Joãozinho parecia ter, por intuição, consciência das palavras do amigo. Agenor abriu o Evangelho e começou a ler.

"Bem-aventurados os que choram, porque serão consolados. Bem-aventurados os que têm fome e sede de justiça, porque serão saciados. Bem-aventurados os que sofrem perseguição por amor da justiça, porque deles é o reino dos céus. (Mateus,V:5,6,10).

Bem-aventurados vós, os pobres, porque vosso é o reino dos céus. Bem-aventurados vós, os que agora tendes fome, porque sereis saciados. Bem-aventurados vós, que agora chorais, porque rireis (Lucas,VI:20,2l)."

João mantinha os olhos no chão, sem expressão; o amigo percebia todo o sofrimento que atormentava sua alma.

Antes que Agenor iniciasse a leitura, três entidades escuras esgueiraram-se para um canto da cozinha. O mais violento, que parecia ser o chefe, gritava nomes obscenos e gesticulava com muita agressividade contra os dois.

— Malditos, mil vezes malditos! Eu só quero saber de onde apareceu essa criatura com esse maldito livro.

Quem falou foi a entidade que se mostrava mais assustada:

— Dom Avelino, o senhor não reparou quando acompanhamos Joãozinho na fábrica? Esse rapaz estava trabalhando lá.

A entidade de nome Avelino ficou ainda mais furiosa:

— Esse maldito é bem capaz de tirar João das nossas garras, agora que estamos conseguindo agir com algum sucesso.

Argemiro parecia continuar assustado.

— Senhor, acho melhor ficarmos aqui escondidos.

Avelino soltou uma gargalhada.

— Seu idiota, eles não podem nos ver. E se esse Agenor entrar no nosso caminho, acabamos com ele. Vocês já perceberam do que sou capaz. João não se livrará do nosso ódio, vamos persegui-lo para sempre, mesmo que continue mudando e se escondendo em outro corpo.

Argemiro murmurou algumas palavras, mesmo com medo:

— Nós já estamos há tanto tempo punindo-o, sempre lhe atrapalhando a vida, sempre movidos por ódio... Senhor Avelino, estou cansado de tanta perseguição.

Avelino ouviu o murmúrio com uma expressão furiosa. Pressionou Argemiro entre as mãos como se fosse esmagá-lo.

— Seu idiota, você pode ter esquecido tudo o que passamos nas mãos dele, mas eu nunca esquecerei. Já esqueceu que o tirei daquele buraco escuro em que estava aprisionado por Luando? Caso você queira, eu o levarei de volta.

Argemiro quase desfaleceu ao ouvir aquele nome. Lembrou-se de todas as torturas que a criatura maligna lhe impusera, mantendo-o em cativeiro, junto com muitos outros. Avelino o queria para ajudá-lo na vingança contra o inimigo comum, João. De certa forma, Argemiro lhe era grato, porém não estava convicto da necessidade de se vingar. De qualquer modo, estava preso a Avelino por uma espécie de pacto.

Agenor acabou a leitura, fez algumas preces, pediu ajuda aos mentores para alívio dos sofrimentos do amigo. O ambiente se iluminou. João sentia-se mais leve, a paz parecia voltar ao seu coração. Agenor, que registrara a presença das três entidades sombrias no canto, percebeu que na verdade as orações haviam afugentado as criaturas. Comprovou-se assim que toda prece deve ser feita pelo coração, e não somente pelos lábios. Deus, Pai misericordioso, jamais ignora a voz sincera que implora por sua misericórdia, para aliviar padecimentos.

Agenor encarou o amigo com ternura.

— Joãozinho, sabe que o tenho como um irmão muito querido, por isso desejo o melhor para você nesta vida. Nossa mente é como a casa em que moramos; devemos conservá-la limpa e arejada. Temos de zelar sempre pela casa mental, com oração e com obediência a bons princípios; assim não abrimos brechas para sermos assaltados por inimigos. Jesus disse: "orai e vigiai"; é preciso estarmos atentos à nossa casa interior para mantermos a saúde mental e espiritual. Eleve seu pensamento a Deus misericordioso a cada momento do seu dia, e a paz não lhe faltará.

João agradeceu ao amigo e se despediram com um abraço fraternal.

Agenor saiu cabisbaixo. Havia surpreendido através da vidência as três criaturas sombrias, sentira o ódio que delas emanava e estava ciente de que talvez não fosse fácil afastá-las do amigo. Seria importante conscientizar Joãozinho para que compreendesse sua situação; entretanto, sua libertação total só seria possível se os espíritos perversos renunciassem a seus maus desígnios, mediante o perdão a quem julgavam ser seu inimigo.

Joãozinho, exausto, deitou-se e dormiu rapidamente. Avelino e seus dois comandados aproximaram-se do leito, observando. Ouviram um barulho na porta; era Zefa que vinha do trabalho. Argemiro correu até a cozinha e alegrou-se ao ver a mulher. Aconchegou-se ao seu lado. Sabia que Zefa também se sentia bem em sua companhia. Quando o rapaz disse algumas palavras carinhosas ao seu ouvido, ela pareceu captar e retribuir as expressões do filho. Sentou-se para jantar. Nunca pensara tanto em Argemiro como nos últimos meses; muitas vezes tinha a impressão de que o rapaz voltara para sua companhia.

Avelino assistia à cena sem falar nada. Chamou Antônio, a outra entidade que também assediava Joãozinho, para irem até o quintal. Sempre carrancudo, extravasando ódio, comentou:

— Não sei se você percebeu que Zefa, que era nossa aliada, parece ter esquecido o motivo que a trouxe para junto de João, isto é, o mesmo ódio que nos move à vingança. Ela e Argemiro estão afinados demais um com o outro.

Antônio, que também tinha a aparência de um jovem de uns vinte anos, respondeu:

— É, dom Avelino, tenho notado que os dois parecem afrouxar. Talvez devêssemos devolvê-lo ao Luando; o senhor fez tanto esforço para tirá-lo de lá, e é isso que ele merece. Mas se o senhor o pressionar, vai seguir as suas ordens; ele morre de medo só de ouvir falar no Luando.

— Quero que você trabalhe mais junto de Zefa, não podemos deixar seu coração amolecer. Ela é nossa parceira importante; vamos esperar seu corpo físico adormecer e teremos uma conversa muito séria.

— É assim que se fala, chefe; precisamos ter total domínio da situação. Além disso, temos de acabar com o controle de Agenor sobre Joãozinho; se não, vamos perdê-lo.

As duas entidades escuras riram.

— Antônio, o que mais admiro em você é a sua inteligência.

Zefa deitou-se e não tardou a adormecer, afrouxando os laços fluídicos que uniam sua alma ao corpo físico. Argemiro, que ansioso aguardava a mãe, logo lhe deu um abraço.

— Meu filho querido, estou tão contente por você ter voltado para nossa casa!

— Eu também, minha mãe.

Avelino interferiu imediatamente:

— Zefa, preciso ter uma conversa com você e Argemiro. Nós firmamos um pacto de vingança, e você vinha muito bem; aceitava nossas sugestões e cumpria sua parte no acordo. Agora parece que resolveu mudar de lado, chega até a nos atrapalhar.

Zefa baixou os olhos para ter coragem de expor seus sentimentos.

— Senhor Avelino, sei do pacto de ódio que fizemos, não quero que meu filho volte para aquele lugar horrível e sei que João o fez sofrer muito. No entanto, as criaturas mudam. Joãozinho é um filho exemplar e só tem me retribuído o mal com o bem. Com o passar dos anos o ódio que eu sentia foi diminuindo. Acho que devemos dar-lhe uma chance, que precisamos perdoar. Ele se esforça por superar seus defeitos, suporta com resignação o peso do nosso ódio, todo o nosso poder de destruição. Dom Avelino, Deus deve existir em algum lugar, e os punidos um dia seremos nós.

Avelino ficou possesso. Seus olhos brilharam de raiva, a boca espumava como se estivesse em convulsão. Zefa, Argemiro e Antônio ficaram aterrorizados diante da reação do chefe.

— Nós fomos pisados, massacrados, exterminados, e você vem me falar que seremos punidos? Somos nós que temos o direito de punir, de fazer justiça, de massacrar com o nosso ódio, que deve ser eterno! Meu coração sangra até hoje, tudo ainda está vivo na minha memória como se tivesse acontecido ontem. Não, mesmo que esse maldito sofra com a resignação que você diz que ele tem, mesmo que sofra todas as penas do inferno, a minha dor não vai diminuir. Ele tem de sofrer, mil vezes mais do que sofremos; devemos somar toda a nossa dor e fazê-lo pagar por isso.

Em face do acesso de cólera da entidade, Zefa se deu conta de que não adiantaria argumentar; o ódio cega as criaturas.

— Zefa, se você não fizer o que lhe ordenamos, levaremos Argemiro para o lugar da onde o tiramos. Você sabe muito bem onde é o inferno; cansou de pedir que o retirássemos de lá e nos deu muito trabalho, o que envolveu alguns amigos meus. Tivemos de fazer barganhas por seu filho, agora exijo retribuição.

Zefa não conteve as lágrimas.

— Por favor, dom Avelino, não mande meu filho de volta! Eu sei o quanto sofreu. Vou fazer tudo o que me pedir, tudo! Argemiro é o que tenho de mais caro, faço qualquer coisa por ele.

Avelino abriu um sorriso maldoso.

— Agora estamos todos falando a mesma língua. Tenho alguns planos, vamos juntos acabar com João.

Argemiro fora o filho mais velho, que recebera de Zefa muito amor e atenção, ao contrário de Joãozinho. A mãe se desdobrava para dar a ele um pouco de conforto. Argemiro contava quatro anos quando o pai morrera num acidente no trabalho. Quatro anos depois a mãe engravidara de Joãozinho, cujo pai se recusara a assumir a paternidade. Zefa não suportava a criança que gerava no ventre, tendo feito várias tentativas para expulsá-la. Ao nascer o belo garoto, pensou em dá-lo para adoção; não encontrou ninguém que o quisesse e sua consciência não permitiu que o abandonasse em alguma instituição.

O primeiro filho fora criado com muitas diferenças do irmão. Nunca tivera de trabalhar para ajudar Zefa, a despeito da vida difícil que levavam. Indolente por natureza, aos doze anos já estava envolvido com más companhias e começara a se drogar. Em pouco tempo passara a fazer pequenos furtos e a distribuir a droga para manter o vício. Tornara-se agressivo, muitas vezes exigia um dinheiro que a mãe não possuía, quebrava as poucas coisas que tinham dentro do cômodo, batia nela e no irmão. A vida de Zefa ficara ainda mais penosa. O pequeno João, amedrontado, escondia-se embaixo da cama. Argemiro, quando não encontrava droga, bebia muito, e acabava totalmente alcoolizado. Em pouco tempo virara um farrapo humano, sempre bêbado ou drogado. Uma noite, em confronto com a policia, ele e outros rapazes puxaram as armas e morreram todos.

Um bando de entidades inferiores que sempre acompanhava o grupo se uniu a ele mais estreitamente, procurando usufruir a energia vital que se desprendia daqueles corpos jovens. Os infelizes recém-desencarnados foram levados para outro lugar na espiritualidade e lá aprisionados, sofrendo cruéis torturas.

Zefa, que compartilhava o sentimento de ódio contra o filho caçula, tinha afinidade com Avelino, que se aproveitara da sua ligação com Argemiro para tentar localizá-lo e assim poder manter os dois sob suas ordens. Zefa sentia que o filho não estava bem espiritualmente. Avelino, com algum conhecimento, conseguiu descobrir onde ele estava e fazer uma troca pelo rapaz.

Luando, entidade maléfica, tinha algumas centenas de comandados e muitas criaturas aprisionadas e escravizadas. Na maioria essas entidades haviam sido viciadas, quando encarnadas, em drogas ou álcool. Luando, o senhor das trevas, como gostava de se intitular, cedera Argemiro para que Avelino desse continuidade aos seus planos. Este, tendo-o sob as ordens, procurava aumentar seus comandados para melhor satisfazer seu ódio e sua sede de vingança.

Na manhã seguinte, mãe e filho se levantaram cedo para o trabalho. João parecia bem disposto, mais animado; as orações do amigo lhe tinham feito muito bem. Zefa, ao contrário, sentia-se cansada e contrariada. Acordou de mau humor, não fez café como era de costume, não foi buscar o pão na padaria. Não tinha vontade de manter nenhuma conversa com o filho. Joãozinho, descontraído, logo foi brincando com a mãe:

— Mãe, parece que hoje se levantou com o pé esquerdo. Não está passando bem?

Zefa respondeu de forma agressiva:

— Engano seu, levantei-me com o pé direito; o que me faz ficar de mau humor é a sua cara feia.

Joãozinho abriu um sorriso.

— Ei, neguinha do meu coração, não fique assim de beiço esticado que não lhe cai bem. Eu sou o neguinho mais bonito do pedaço porque sou a sua cara.

O rapaz pulou na frente da mãe e fez uma careta engraçada, exibindo os belos dentes.

— Vamos lá, mãe, me dê um sorriso, um bom-dia para que eu fique feliz.

Tentou abraçar a mãe, que o empurrou. Seu coração queria o abraço, mas de repente a lembrança de Argemiro ficou marcante, parecia ver o outro filho com os braços estendidos a lhe pedir ajuda. Zefa recuou, virou as costas para João e saiu para trabalhar.

O rapaz estranhou sua atitude. Fazia algum tempo que a mãe estava menos agressiva, até se mostrava carinhosa com ele. João percebia que vinha conquistando um amor que nunca fora seu; ao contrário, sempre sentira da parte de Zefa certa animosidade.

Joãozinho esqueceu o assunto, vestiu-se e foi trabalhar. Aquele dia parecia especial: sentia-se bem, animado, com a impressão de ter conseguido superar a fase difícil. Lembrou-se da namorada com saudade. Já era sexta-feira, no dia seguinte iria ver a sua princesa. Estava igualmente com saudade do padrinho, passara por dias conturbados sem poder trocar algumas palavras com seu pai do coração.

Pensar em Manuel lhe fazia bem. Os melhores momentos de sua vida haviam sido proporcionados por ele. A figura paternal do português lhe trazia paz, afastava tudo de ruim que vinha aparecendo em sua vida.

Agenor o esperava na frente da fábrica.

— Olá, meu camarada, está com uma cara muito melhor hoje!

Joãozinho abriu um sorriso.

— Acho que suas orações realizaram um milagre; parece que voltei a ser o velho e alegre João.

— Meu amigo, lembre-se de que a nossa casa deve receber sol todos os dias, e também muita limpeza. Vamos ao centro espírita, o culto do Evangelho e os passes são às segundas-feiras à noite.

Joãozinho falou ainda a sorrir:

— Vou pensar, amigo. Tenho aulas e não posso perder, já faltei esta semana. Lembre-se de que tenho vestibular no fim do ano.

Agenor fez um ar triste.

— Meu amigo, tratar da saúde da alma é mais importante e nos leva a outras conquistas.

A sirene da fábrica tocou, anunciando o início das atividades do dia. Os amigos entraram, assumindo suas tarefas.

Capítulo 7

Vencendo barreiras

No sábado radiante, o astro-rei espalhava sua luz pela cidade e os cariocas, animados, buscavam as praias logo cedo para a prática de seus esportes favoritos, ou simplesmente para um banho de mar. João trabalhou até as treze horas, despediu-se dos amigos e foi para casa almoçar. Não encontrou a mãe, que não via desde a manhã anterior. Preparou alguma coisa para comer, tomou um banho e dirigiu-se ao cursinho; era imperioso aproveitar todo o tempo disponível para estudar. Ao final das aulas, pegou um ônibus para a casa de Manuel.

O ponto ficava próximo. Ainda do ônibus, João avistou Glória que o esperava à porta, ansiosa. A jovem correu até o ponto para abraçar e beijar o namorado.

— Oi, meu amor, estava morrendo de saudade!

Joãozinho a beijou carinhosamente.

— E eu, minha princesa? Não via a hora de chegar o sábado.

Os dois caminharam de mãos dadas até o portão.

A noite estava quente. Manuel, sentado numa rede no terraço da frente, observava o casal. João entrou com Glória e deu nele um forte abraço.

— Boa noite, padrinho, estimo vê-lo bem.

— Eu também, meu filho, vamos entrar! A sua madrinha preparou um lanche e uns refrescos para nós; a mesa está posta, só aguardávamos sua chegada.

O grupo atravessou a sala, em direção à cozinha. Fátima, que preparava refrescos na pia, virou-se para cumprimentar o afilhado. O grupo sentou-se para lanchar; todos pareciam descontraídos. Depois do lanche retornaram à sala, mantendo uma conversa animada.

Avelino e seus comparsas vinham acompanhando João desde a saída de sua casa. Antônio, sabedor das posições preconceituosas e antagônicas de Fátima, colocou-se ao seu lado, tentando influenciá-la. A princípio a mulher parecia querer repelir as sugestões que lhe chegavam à mente; todavia, como muitos conceitos lhe eram comuns, acomodou-se a elas.

Antônio habilmente lhe insinuava:

— Veja, Fátima, você tem uma filha tão bonita, inteligente, branquinha! Compare com o namorado que arrumou, um negro feio, pobre, desajeitado, sem nome de pai nos documentos, que não tem onde cair morto e tem a pretensão de querer ficar com a sua linda menina!

Todas aquelas palavras perturbaram Fátima, que procurava modificar os pensamentos que tanto a incomodavam.

— Sua filha vai ser rejeitada, seus netos mais ainda! Que escola de bom nível irá aceitá-los? Pretos feito carvão!

Fátima levantou-se, contrariada, foi até a cozinha beber água. Sentou-se junto à mesa com o rosto entre as mãos. Sentia-se como em fogo, as ideias conturbadas continuavam povoando-lhe a mente.

— Como alguém cria uma filha com tanto carinho, cheia de mimo, e vem um pé-rapado, um zé-ninguém, para levar sua princesa?

Fátima queria parar de pensar, aquela influência lhe fazia mal. Sentia-se desconfortável, o coração batia descompassado. Achava que a causa dessa sensação desagradável era o calor excessivo. E as sugestões prosseguiam:

— Você, Fátima, é a mãe e tem todo o direto de interferir, impedindo esse namoro absurdo. Os dois são de mundos diferentes. Vá lá e desabafe, fale tudo que está pensando, ponha aquele atrevido fora de sua casa. Afinal, ele desrespeitou sua amizade e a de seu marido.

Antônio não dava espaço para que Fátima pudesse raciocinar. Enquanto isso, Avelino procurou envolver Glória em hostilidade contra a mãe. A moça notara seu olhar estranho ao sair da sala e, com a ajuda da entidade, logo se viu tomada por ideias contraditórias.

O ambiente perdera toda a harmonia. Manuel atribuiu ao calor o desconforto que sentia. Glória não seguiu a orientação de Avelino; levantou-se e convidou o namorado para dar uma volta, queria sair antes do retorno da mãe. A moça pressentiu que estava para vir muita confusão. O rapaz levantou-se e saiu atrás da namorada, pedindo licença ao padrinho.

Argemiro, a mando de Avelino, aproximou-se de Manuel tentando influenciá-lo. O português sentiu um forte arrepio e uma sensação desagradável percorreu-lhe todo o corpo, mal-estar que foi percebido por aquele que o provocara. Manuel começou a transpirar, o ritmo do coração se acelerou e o rosto ficou pálido. Quando Fátima entrou na sala em companhia de Antônio, viu que o marido estava passando mal e correu para o seu lado, desligando-se da ação daquele que a influenciava.

— O que você tem, Mané? Está tão pálido e ofegante!

Ele respondeu com dificuldade:

— Não me sinto bem, deve ser o calor.

A esposa correu até a cozinha, trazendo um copo de água.

— Vamos, Mané, beba tudo. Tire a camisa para se refrescar melhor.

Ele obedeceu, e deitou-se no sofá.

Argemiro se divertia com todo o mal que era capaz de causar pela simples aproximação. Manuel, deitado no sofá, continuava sentindo a influência perniciosa. Desesperada, Fátima o abanava, tentando diminuir o calor.

— Acho que vou chamar nosso vizinho, o senhor Nelson, para levá-lo até o pronto-socorro. Você está muito pálido.

— Estou melhorando, parece que o aperto no peito e na garganta já diminuiu. Meu Jesus, minha Nossa Senhora de Fátima, me ajudem. Sinto como se a morte me envolvesse com seu manto escuro.

— Ai, meu Deus! — gritou Fátima. — Não fale assim que me desespera. Vou chamar nossos vizinhos.

A mulher saiu para chamar Nelson e sua esposa, Marlene. Os dois atenderam rapidamente ao apelo. Entraram na sala, correndo para Manuel.

— O que tem, meu amigo?

— Estou me sentindo tonto, com muitos arrepios pelo corpo. Uma mão de ferro parece apertar-me a garganta e o peito. É muita dor, que corre do peito para o braço.

Nelson procurava trazer tranquilidade ao ambiente. Ergueu Mané do sofá, caminhando com ele para a porta.

— Vamos ao pronto-socorro. É bom verificarmos o que está acontecendo.

Os quatro entraram no carro e foram para o hospital. Manuel, assustado, pedia mentalmente o amparo de Jesus, e a força de seus pensamentos foi aos poucos acalmando-o. Argemiro não suportou ficar perto dele e, com medo de ser apanhado, voltou para a casa. Manuel sentiu a mão desprender-se de seu pescoço, cessaram os arrepios e o mal-estar, normalizou-se o compasso do coração e o rosto recobrou a cor. Quando chegou na porta do hospital era outro homem.

— Acho que não vou precisar de médico, sinto-me ótimo. Olhe, Nelson, não estou mais suando.

Todos olharam e perceberam que de fato ele estava bem.

— A razão de tudo foi o calor excessivo. Vamos voltar! Quero pedir desculpas pelo transtorno que causei.

— Meu amigo, agora que estamos aqui, devemos entrar e consultar o médico; ele poderá dizer se você realmente está recuperado!

Fátima endossou a ideia do vizinho, porém a resposta de Manuel foi firme e veio seguida de sonora gargalhada.

— Não, um dia desses marco com o cardiologista e passo por uma consulta, para tirar a dúvida. Mas tenho uma saúde de ferro. Como dizem, vaso ruim não quebra fácil!

— É, não tenho dúvida de que meu marido melhorou. Retomou a velha forma!

A esposa pegou no braço de Manuel e concluiu:

— Vamos fazer de conta que foi um belo passeio e voltar para casa!

Nelson e Marlene concordaram com um sorriso.

Avelino, que ficara a par da história por Antônio, não gostou nada.

— Argemiro está passando dos limites. Eu queria provocar uma briga para expulsar João, e não para que a família ficasse assim dispersa. Aquele cabeça-oca é capaz de ainda me dar muito trabalho... Ele que não abuse, ou mando-o de volta para o Luando.

Glória e João estranharam não achar ninguém em casa, quando terminaram o passeio pelo quarteirão. Logo que o carro chegou e ficaram sabendo da história, arrependeram-se de ter saído.

— Pai, por que o senhor não disse que não se sentia bem? Não teríamos saído.

— Foi muito de repente, filha. E assim como veio foi embora, estou novo em folha.

— Padrinho, o senhor tem certeza de que está bem? Se não, voltamos para o pronto-socorro.

— Sinto-me em plena forma, estou até com fome. Acho que esse passeio me abriu o apetite.

Glória foi acompanhar Joãozinho ao portão.

— Minha princesa, não poderei vir para o almoço amanhã. Ou estudo com afinco, ou perco a vaga na Federal. Você sabe que não tenho dinheiro para pagar faculdade particular, e mesmo sem pagar vai ser muito difícil!

Glória falou com ar afetuoso:

— Tudo bem, vale o sacrifício! Você é muito inteligente, mas precisa estudar. Aposto que vai conseguir uma vaga, tenho muita fé.

Os dois jovens riram.

— Por isso você é minha garota favorita, minha princesa, a garota mais linda deste mundo.

Glória passou os braços no pescoço do namorado e lhe deu um beijo carinhoso.

— Não precisa exagerar, eu me contento em ser a sua garota. Você é o meu príncipe, meu diamante, uma pedra rara que encontrei.

João ficou sem graça.

— Agora quem está exagerando é você. E se vamos ficar um pouco longe um do outro, é pelo nosso futuro.

Joãozinho despediu-se da amada com tristeza nos olhos. Glória ficou no ponto de ônibus até o seu embarque, acenando.

Voltou pensativa. Amava aquele rapaz simples de todo o coração, e nada ou ninguém, nem mesmo sua mãe, poderia separá-los. Nem a mãe nem o mundo.

No outro plano, Avelino, sem ser percebido pela jovem, acompanhou-a até sua casa. Aquele amor estava atrapalhando os seus planos; ele e seus comparsas não conseguiam influenciar Glória contra João. Ela e o pai eram a maior oposição.

Avelino voltou para a casa de Zefa e lá encontrou Antônio e Argemiro. Se João pudesse ver a cena sinistra que se passava em seu quarto, talvez sentisse medo, sem conseguir compreender o que ocorria. Argemiro, o irmão que fora drogado, apresentava-se magro, com as vestes rotas, manchas arroxeadas no rosto, contorcido em espasmos que o deformavam, dando a impressão de ser uma horrível máscara. Antônio, assim como Avelino, usava vestimentas da época das entradas e bandeiras, em que homens saíam da vila de São Paulo para caçar índios e pedras preciosas pelo interior do país. Sujos e esfarrapados, pareciam ter parado no tempo. Cada um tinha um grande chapéu na cabeça e um facão na cintura.

Embora aparentasse estar no século XVIII, Avelino tinha consciência de que muitos anos haviam se passado e o seu perseguido mudara muitas vezes de armadura, como ele mesmo dizia referindo-se às sucessivas reencarnações. Todavia, entorpecido pelo ódio e pela ânsia de vingança que cegam tantos encarnados e desencarnados, era movido e alimentado por esses sentimentos. Sem o empecilho do corpo físico, estava à vontade para realizar sua vingança, que achava ser muito justa e necessária.

Quando Zefa chegou, Argemiro logo se achegou como a pedir proteção, temeroso das ameaças de Avelino. A mulher se sentiu angustiada, um arrepio lhe passou pelo corpo. Foi até o pote de água, enchendo um copo, e sorveu o líquido aos goles, pensando: "Santo Deus! Será que aconteceu alguma coisa com o meu João? Parece que algo me aperta o coração".

O rapaz se afastou com a reação da mãe, levando Avelino a se virar com ar ameaçador:

— Argemiro, você está aqui para cumprir minhas ordens e não para fazer o que quer. Tenho planos que devem ser seguidos. Eu queria que você pusesse o português contra João; não era para tirá-lo de casa.

A expressão do rapaz foi de enfado.

— Essa era a minha intenção — disse –, mas toda vez que eu me aproximava o homem ficava muito mal. Achei isso muito divertido, imaginei até que ele podia virar fantasma como a gente.

Soltou uma enorme gargalhada, ao passo que Avelino ficou mais carrancudo.

— Se você não fizer o que determino, vou mandá-lo para o Luando.

Argemiro começou a tremer.

— O que o senhor fala é uma ordem, eu obedeço.

Avelino coçou a barba.

— Quero que fique bem perto de seu irmão, como fez com o português, já que não temos conseguido persegui-lo durante a noite. Talvez façamos que fique doente, aí vai ser mais fácil dominá-lo.

Argemiro ficou contente, era uma espécie de brincadeira que ele gostava muito de fazer.

Logo depois que a mãe chegou, João lhe deu um beijo carinhoso e foi até o quarto, procurando as apostilas para estudar. Zefa o seguiu, desabafando:

— Meu filho, estava tão preocupada! Sinto como se alguma coisa apertasse o meu coração... Parece que algo ruim vai acontecer com você.

O rapaz levantou a cabeça com um sorriso.

— Bobagem sua, é só uma impressão. Depois que meu amigo veio fazer orações estou me sentindo bem; tenho feito preces antes de dormir, e acho que a senhora deveria fazer o mesmo. Agora eu preciso estudar. Meu patrão vai me dar o sábado todo de folga até o vestibular. Já combinei com alguns amigos para estudarmos juntos.

Zefa deu um sorriso.

— Minha patroa não sabe explicar como tenho um filho tão inteligente e estudioso, enquanto o dela, com a mesma idade, é um inconsequente, só quer saber de festa regada a muita bebida. Ë por isso que agradeço a Deus.

João refletiu para responder:

— O filho da sua patroa nunca precisou trabalhar para sobreviver, tudo veio muito fácil. Nunca o ensinaram a lutar por um ideal. Eu e ele vivemos em dois extremos; andamos por caminhos opostos, porém ambos podem levar à perdição. Eu tive a sorte de encontrar alguém que me mostrou o caminho do bem, o da escola, o do trabalho digno, o dos bons amigos: caminhos que nos conduzem à dignidade.

Zefa baixou a cabeça e saiu. Joãozinho abriu as apostilas e começou a estudar. As três entidades tinham acompanhado o diálogo dos dois, e o chefe alertou:

— Argemiro, cuide do seu irmão; deixe que da sua mãe cuido eu.

Argemiro se aproximou vagarosamente, tentando sentir a reação do irmão caçula. Ao primeiro impacto, seus fluidos densos e maléficos causaram arrepios em João, que depois de alguns minutos sentiu dor de cabeça e náuseas. Argemiro divertia-se muito com os efeitos do seu contato. João correu para o banheiro e Zefa, na cozinha, percebeu que o filho não passava bem e correu atrás.

— Filho, você comeu alguma coisa que lhe fez mal?

— Acho que sim, mãe. Dê-me um remédio para o estômago, parece que jogaram uma bomba nele.

Avelino observava a reação de João aos fluidos densos de Argemiro e gargalhava, com satisfação crescente.

— Acho que agora estamos encontrando um jeito de atingir o nosso inimigo número um. Olhe a cara dele; vamos minar suas energias e levá-lo para onde queremos. Luando sabe de muitas coisas, é um mestre, e quando nos ensina acabamos obtendo muito sucesso.

Antônio também ria satisfeito, secundando o chefe.

Só de madrugada João conseguiu dormir um pouco. No dia seguinte saiu da cama indisposto, sem nenhuma condição para fazer o que planejara. Exaurido e triste, não pôde aproveitar o domingo para estudar.

Na segunda-feira levantou-se cedo para o trabalho, ainda muito abatido. Agenor, seu amigo, logo notou que algo não ia bem.

— João, você não parece bem esta manhã.

O rapaz abanou a cabeça.

— Sinto-me cansado, tive uma indisposição estomacal; a cabeça continua pesada, como se eu tivesse chumbo no lugar do cérebro.

Agenor colocou a mão em seu ombro.

— Meu amigo, você precisa de ajuda espiritual. Deve tomar passes, ler o Evangelho em sua casa, orar. Só orações são capazes de nos defender de nossos inimigos invisíveis; não podemos dar acesso a eles. Temos de mudar nossas atitudes, nossos hábitos.

— Tenho feito orações todas as noites, como você me instruiu — respondeu João. — Não tenho tempo para ir ao centro espírita. Não estou sequer indo às missas que tanto aprecio. Respeito sua opinião, mas tenho de cuidar da minha vida, não quero misturar as coisas. O que vinha sentindo antes — até concordo com você — eram fenômenos estranhos, realmente pareciam espirituais. Agora meu problema é físico, e é como tal que vou tratá-lo. Não quero ser supersticioso, e gostaria que você não insistisse nesse assunto.

Agenor se surpreendeu com as palavras e o tom indelicado de Joãozinho, que sempre ouvira com simpatia suas ideias e chegara mesmo a lhe fazer algumas perguntas, demonstrando interesse pela Doutrina Espírita. O rapaz notou que o amigo revelava sutil aversão por sua presença. Estudioso e atento que era, foi fácil reconhecer que ele começava a se dobrar à influência espiritual de seus opositores.

— Não quero desgastá-lo, João — disse, com um acento de bondade na voz. — Sabe que meu coração só lhe devota estima, e que o tenho como um irmão muito querido. Sua amizade me é muito cara. Por isso, sempre que precisar, não importa a hora ou o motivo, estarei a seu lado, ainda que seja para me manter calado.

João, emocionado com a maneira simples e sincera do amigo, estendeu a mão e lhe deu um abraço.

— Eu sei que sua amizade vale muito mais que ouro, e peço desculpas por minhas grosserias. Não sei por que motivo, estou profundamente irritado hoje, acho que é a falta de disposição. Vamos entrar que já está quase na hora de começar nosso expediente.

Agenor notou que desse dia para a frente o amigo não era o mesmo. Vivia irritadiço, quase sem falar, e muitas vezes procurava evitar a sua companhia. Já não conseguiam repetir as conversas amigáveis da hora do almoço; nunca mais houvera uma chance para dialogarem sobre os ideais espíritas. Joãozinho se afastava, dizia ter de estudar, isolando-se num canto. Muitas vezes Agenor até flagrou o olhar desconfiado com que o observava.

Preocupado com o rumo que as coisas estavam tomando, buscou orientação com seu amigo e diretor do centro espírita que frequentava. O senhor Lima, homem que aparentava sessenta anos, dos quais quarenta dedicados à Doutrina Espírita, escutou o rapaz e então opinou:

— Pelo que posso depreender, seu amigo tem todas as características de estar sofrendo a influencia espiritual de espíritos obsessores. Precisávamos fazer uma consulta junto aos nossos mentores para melhor entendermos o que ocorre. Você sabe muito bem que nesses casos o obsediado tem de dar a sua colaboração para chegarmos a um resultado satisfatório. Seria necessário trazê-lo para realizar o tratamento. Vá orando por ele, nós também o faremos, e esperemos que a misericórdia de Deus alcance a ele e a seus obsessores.

O senhor Lima caminhou até uma estante de livros e retirou um. Era "O Livro dos Espíritos", de Allan Kardec, do qual escolheu um trecho da "Introdução" e o leu para Agenor.

"Os espíritos exercem incessante ação sobre o mundo moral e o mundo físico. Atuam sobre a matéria e sobre o pensamento e constituem uma das potências da natureza, causa eficiente de uma multidão de fenômenos até então inexplicados ou mal explicados e que não encontram explicação racional senão no Espiritismo.

As relações dos espíritos com os 'homens' são constantes. Os bons espíritos nos atraem para o bem, nos sustentam nas provas da vida e nos ajudam a suportá-las com coragem e resignação. Os maus espíritos nos impelem para o mal. É-lhes um gozo ver-nos sucumbir e assemelhar-nos a eles."

O dirigente fechou o livro e falou pausadamente:

— Agenor, a obsessão faz parte da nossa vida, como outras enfermidades, e pode ser considerada provação ou expiação. Ela é consequência de nossa inferioridade moral; a ação malfazeja dos espíritos obsessores se conjuga com os nossos sentimentos inferiores. Por essa razão, é fundamental que o obsediado mude suas atitudes mentais, iniciando uma reforma íntima. Na verdade, toda vítima de hoje é o algoz de ontem, tomando lugar no concerto cósmico. Quando há um processo de obsessão, o paciente possui condicionamento psíquico, lembranças inconscientes do débito através do qual se vincula ao perseguidor, o que faculta a sintonia e a aceitação das ideias sugeridas e constringentes que chegam do plano espiritual. A consciência culpada é sempre porta aberta para invasão.

Agenor, de cabeça baixa, ponderou:

— Preciso convencer meu amigo a mudar seus hábitos, trazê-lo para um tratamento aqui no centro. Estou pressentindo que, se Joãozinho não quiser tomar conhecimento da realidade que acontece à sua volta, tudo vai ficar muito difícil.

Os dois amigos se despediram. Agenor voltou para casa, decidido a se empenhar ao máximo para ajudar o amigo que considerava um irmão.

Capítulo

8

Novas Etapas

Joãozinho sentia-se irritado e angustiado. Não tinha entusiasmo pelo trabalho, e menos ainda pelos estudos. Sua vontade era ficar vagando pela orla da praia, a esmo, sem chegar a lugar algum. Pediu férias ao patrão, alegando a necessidade de estudar, mas na realidade queria uns dias para se afastar de Agenor, cuja simples presença aumentava sua irritação. Não mais foi à casa do português, não mais encontrou Glória. A moça achava que o namorado passava os dias estudando.

Zefa testemunhou a triste mudança do filho. Muitas vezes, por intuição, sentia que Argemiro estava muito perto do irmão e um arrepio percorria seu corpo. O rapaz, antes alegre e extrovertido, vivia quieto pelos cantos, com um livro nas mãos, porém seus olhos permaneciam vagos, sem ler.

Um dia Zefa quebrou o silêncio que se tornara costumeiro:

— Meu filho, você não é mais o mesmo, alguma coisa estranha está alterando seu temperamento. Acho que você deveria ir comigo fazer uma consulta com o meu guia.

O rapaz levantou-se, jogando o livro no chão.

— A senhora não vai dar uma de Agenor! Trate de calar a boca e me deixe em paz. Não quero que me dirija mais a palavra.

Zefa ficou alarmada com a atitude do rapaz. Saiu falando um monte de palavrões. Joãozinho sentou-se no chão, colocou a cabeça no meio das pernas e chorou muito, até adormecer ali mesmo.

Avelino estava radiante. Enfim o seu comandado Argemiro conseguira o que ele vinha tentando há muito tempo. Daí determinou:

— Antônio, quero que sugestione Zefa a se indispor com o filho. Desejo que volte a morar na casa da patroa; ela não nos tem sido de muita serventia e se a tirarmos daqui teremos maior domínio sobre João, a quem pretendo destruir.

Antônio ficou pensativo e objetou:

— Não acredito que Argemiro fique aqui obedecendo às suas ordens sem a presença da mãe; ele é muito indisciplinado.

Avelino deu uma gargalhada.

— Caro Antônio, aqui quem manda sou eu — asseverou. — Ele sabe que corre o risco de voltar rápido para a companhia do Luando e seus comparsas; isso o deixa louco.

As duas entidades riram sinistramente.

Os dias foram passando e finalmente chegaram as provas do vestibular, tão aguardadas por Joãozinho. De inteligência brilhante, foi vencendo uma a uma até terminarem todas, realizando o feito notável: colocou-se entre os cinco melhores candidatos. Os olhos orgulhosos, a boca seca de ansiedade, procurava o seu nome de baixo para cima; quase perdeu o fôlego e a esperança até o topo, quando encontrou seu nome entre os melhores. Veio o choro de emoção. Como num passe de mágica, desapareceram toda a irritação e a angústia dos últimos dias.

Ele pegou um ônibus e correu para a casa da namorada e do amigo que tanto o incentivara a chegar até ali. Todos choraram de emoção, inclusive Fátima, que mantinha certa frieza para com o rapaz. Manuel procurou uma garrafa de champanhe para comemorar tão grande feito. Aquele homem bondoso não cabia em si de alegria. Glória não conseguia parar de chorar, a ponto de fazer João exclamar:

— Minha princesa, parece que eu morri, de tanto que você chora!

— É de alegria, meu bem — ela falou a sorrir. — Fiz até promessa para São Judas, tinha certeza de que ele iria ajudá-lo. Agora podemos pensar no nosso futuro.

Joãozinho também sorria ao dizer:

— Tudo que faço é por você, princesa. Quero ser o melhor marido do mundo e vesti-la de ouro, como merece.

Fátima fitou os dois com lágrimas nos olhos. Ela começava a acreditar: aquele rapaz de aparência humilde iria chegar onde queria. Não obstante, ficava pensando que Deus poderia ter feito João branco, aí aquele momento seria perfeito.

Manuel olhou para a esposa, como se adivinhasse os seus pensamentos.

— Fátima, estamos tão felizes hoje! Seria muito bom o nosso afilhado ficar para o jantar, que eu gostaria que fosse especial. Vamos esquecer as mágoas, os preconceitos, e deixar o coração vibrar de alegria pelos nossos jovens que, graças a Deus, estão vencendo todas as barreiras.

Fátima não fez nenhum comentário; limitou-se a inclinar a cabeça e caminhar para a cozinha. Manuel, Glória e as irmãs continuaram alegres ao redor do rapaz.

Joãozinho regressou tarde para casa. Zefa, no portão, esperava-o com o coração apertado. Quando viu o filho dobrar a esquina, deu um sorriso e um suspiro de alívio.

— Filho, estava preocupada. Não me avisou que iria demorar.

— É que saiu o resultado do vestibular. Acabei indo direto para a casa de Glória, e lá fiquei para jantar.

— Afinal, qual foi o resultado? — ela estava impaciente.

Joãozinho abriu um sorriso e fez um sinal positivo.

— Consegui uma vaga entre os primeiros colocados.

Zefa foi incapaz de conter a emoção:

— Eu não tinha dúvida de que o meu neguinho, que é inteligente como mais ninguém que conheço, ia conseguir. Dê um abraço nesta mãe desajeitada e orgulhosa do doutor que vai ter em casa!

João abraçou a mãe e os dois entraram em casa. Naquela noite o rapaz nem dormiu de tanta alegria. Avelino ficou num canto observando, iria procurar Luando para orientá-lo. Não podia perder as rédeas daquela casa e, naquele momento, tanto João como a mãe pareciam escapar-lhe.

O dia mal amanhecera quando João se levantou. Não pudera conciliar o sono; sentia-se abafado, precisava respirar a brisa do mar. Caminhou até a praia. O sol se elevava radioso, iluminando e dourando a água. Os olhos angustiados do rapaz perscrutavam o horizonte como em busca de respostas. Nos últimos dias tinha a sensação de estar mergulhado num imenso vazio, sua mente vagava entre pensamentos tumultuados para os quais não achava explicação. Parecia desencontrado de si mesmo, não tinha paz. Era assaltado por emoções que normalmente não faziam parte dele:

ódio, rancor, mágoa, sentimentos que lhe tiravam o sossego. Quando tinha tudo para finalmente estar feliz, sentia que algo conspirava contra ele.

Passou horas sentado ali diante do mar, que sempre exercera sobre ele muita fascinação. Sem se dar conta do correr do tempo, recordava a infância sofrida, o irmão desajustado e violento, o desequilíbrio da mãe, o encontro com o amigo Manuel, que tanto bem lhe fizera. Seu coração estremeceu de gratidão por aquele que considerava mais que um pai. A lembrança do padrinho o fazia sentir-se melhor. A imagem da namorada veio nítida em sua mente. João pensava orgulhoso na companheira que seu coração elegera para a vida inteira.

Fechou os olhos, sentindo a brisa bater-lhe no rosto molhado de suor. Fixou o olhar no horizonte, como se tentasse ampliar a visão. Uma forte sensação de vazio inundou o coração aflito do rapaz, que parecia divisar na mente a terra distante que envolvia tantas recordações para ele intraduzíveis. Virou o rosto e chorou copiosamente, sem se importar com as pessoas que passavam pela calçada e olhavam curiosas.

João, apesar da orientação do amigo Agenor, não cultivava o hábito da oração, não procurava a sustentação na fé e o amparo em Deus Pai. Vivia seu dia-a— dia alimentando apenas a ambição do progresso material e intelectual. Não professava uma religião que lhe desse base para uma fé firme e raciocinada. Sem esse alicerce, o rapaz mergulhava cada dia mais em seus medos, aliados a um sentimento de culpa que o levava a estabelecer sintonia maior com o inimigo que o cobrava por um passado cruel — passado que jazia oculto em sua mente revestida de um novo corpo físico.

Ergueu-se do banco em que estava sentado e com os olhos vagos e aflitos caminhou pela orla marítima, sem dar rumo certo aos passos. Não sabia com quem conversar sobre suas aflições, como explicar sensações tão difusas, como comentar essa angústia que parecia arrancar-lhe o coração do peito. Como alguém poderia entendê-lo, se nem ele tinha uma explicação lógica para tal sofrimento?

Talvez o padrinho se dispusesse a ouvi-lo. Contudo, o que iria dizer-lhe? Quanto a Agenor, sempre carinhoso e atento aos seus problemas, com certeza teria um gesto amigo e compreensivo. O que atrapalhava eram suas teorias cada vez mais incompreensíveis e de difícil aceitação; Joãozinho sabia que ele só o escutaria relacionando as questões que o afligiam com a

Doutrina Espírita. Nos últimos dias se mantivera distante do amigo, o qual lhe provocava uma aversão que não conseguia explicar.

Quando voltou para casa já era noite. Tudo estava às escuras, a mãe ainda não chegara do trabalho. Como passara o dia sem comer, abriu a geladeira procurando algum alimento; o estômago começou a reclamar de fome. Ligou a televisão num gesto automático, sem notar qual era a programação. Foi nessa apatia que Zefa encontrou o filho. Queixando-se da condução cheia, olhou para o rapaz que sequer reparara na sua presença.

— Joãozinho, você está bem? Parece triste.

O rapaz não lhe respondeu. Zefa aproximou-se mais, tocando-lhe o braço.

— Meu filho, o que você tem?

João desatou num choro incontrolável.

— Fale, João, estou ficando nervosa. Alguém lhe fez alguma coisa?

O rapaz cobriu o rosto com o travesseiro.

— Não, mãe, só estou cansado. As últimas emoções foram muito fortes, tenho estudado demais, isso me desgastou fisicamente. Não se inquiete, em pouco tempo estarei ótimo.

Zefa retornou à cozinha, esquecendo o assunto.

A noite de João foi tumultuada. Temia dormir, tinha a impressão de que criaturas horrendas cercavam-lhe a cama, dando gargalhadas sinistras. Lembrou-se de novo da casa de pedra e de toda a angústia que sentira ao vê-la de longe. Exausto, levantou-se junto com o sol. Tinha de voltar ao emprego, sob pena de ficar sem ele. O fato era que perdera o entusiasmo pelo trabalho.

Caminhou desanimado até o galpão; tinha o andar cansado como o de um velho, os olhos sem brilho. O amigo Agenor, percebendo de longe a situação, aproximou-se carinhoso.

— Joãozinho, ainda não tive oportunidade de lhe dar um abraço. Logo teremos um doutor! Estou muito orgulhoso de você!

Abraçou-o forte, numa tentativa de transmitir ânimo ao amigo carente. Este moveu a cabeça afirmativamente, sem nada responder. Agenor não escondeu a preocupação:

— Meu amigo, você parece cansado. Esse vestibular esgotou suas forças físicas, o senhor Luís deveria dar-lhe outras férias.

João encarou-o com tristeza nos olhos:

— Acho que é mais que esgotamento físico. Tenho esgotamento mental, ideias obsessivas que não me deixam em paz um minuto.

Agenor, de forma branda e afetuosa, respondeu:

— Tenho plena consciência do que se passa com você, porque já tive esse tipo de problema. Eu posso indicar-lhe o caminho que percorri, mas depende de você querer ajudar-se e receber ajuda. Sabe que tem aqui um ombro amigo para todas as horas; minha mão estará sempre estendida, só é preciso que você queira agarrá-la. Nunca se esqueça, meu amigo, de que nosso Pai de infinita misericórdia também está sempre com as mãos estendidas e não quer que nenhum filho se perca. Lembre-se de Deus misericordioso e você sentirá o quanto ele está presente em sua vida.

Agenor falava com o coração, suas palavras saíam com uma vibração suave que ia envolvendo João em amor e carinho. O rapaz sentia-se acalentado. Leve brisa tocava-lhe o rosto, dispersando energias escuras condensadas em torno da sua cabeça e permitindo que os pensamentos voltassem a fluir livremente. Lágrimas correram pela face atormentada. Uma forte emoção o levou a abraçar o amigo, que sempre se mostrara sincero e desinteressado.

Agenor acolheu-o, como um pai abraça o filho que a ele recorre choroso e machucado, depois de uma queda.

— Meu amigo, as lições da vida nos são impostas e necessárias para crescermos e amadurecermos. Quanto mais amargo o remédio, mais rápida é a cura. Todos temos de despertar um dia para as coisas do espírito. Quanto mais rápido o fizermos, mais fácil será a nossa caminhada. Jesus disse: "Meu jugo é leve, vinde a mim vós que estais cansados e oprimidos".

A sirene ecoou e as máquinas foram acionadas para mais um dia de labuta. À tarde João já estava bem melhor; recebera demonstrações de afeto dos companheiros durante o dia todo, pelo ingresso na universidade. Depois do expediente o senhor Luís o chamou ao escritório. Inicialmente o cumprimentou pelo feito, elogiou seu trabalho como marceneiro e acabou por lhe apresentar uma proposta:

— João, conheço sua capacidade de trabalho e sua inteligência e, francamente, esperava que conquistasse uma vaga na Federal; só não imaginava que fosse entre os primeiros colocados. Por outro lado, sou conhecedor da vida difícil que leva até hoje. Penso que tudo isso o torna uma pessoa especial, que por esse motivo deve receber um tratamento de acordo com o seu potencial. Quero que a partir de amanhã venha trabalhar aqui no escritório. E vamos elevar o seu salário. Sei que a faculdade é o primeiro passo de muitos outros que virão, e sinto muito orgulho de ter um funcionário como você. Queremos melhorar sua condição de vida, achamos que vale a pena investir em você.

Luís esticou o braço para um aperto de mãos. João estava comovido, ao ver todos os seus esforços coroados de êxito. Deixou que as lágrimas rolassem pelo seu rosto.

— Senhor Luís — afirmou –, estou profundamente emocionado e agradecido pelas muitas oportunidades que tenho recebido do senhor e de sua empresa. Prometo dedicar-me ao máximo e com todo o carinho à nova função. Tudo farei para retribuir sua confiança.

O homem deu um sorriso ao concluir a conversa:

— Tenho certeza disso. Até hoje nunca nos arrependemos das chances oferecidas a você. A partir de amanhã procure o Afonso, que lhe dará todas as instruções.

Joãozinho voltou feliz para casa. Era a oportunidade com a qual vinha sonhando havia muito tempo. Efetivamente, o amigo Agenor tinha razão: a misericórdia de Deus se fazia presente em sua vida. Sentia-se animado, tudo caminhava. Imaginava a alegria da namorada e do padrinho, que tanto o incentivavam. Era como um troféu, uma recompensa por todo o estímulo que vinha recebendo. E com o ganho extra poderia comprar os livros para o curso sem tanto sacrifício.

Quando Zefa chegou, João lhe contou a novidade.

— Mãe, meu maior sonho é comprar uma casa modesta para morarmos. Depois, quando me casar com Glória, desejo que venha morar com a gente. Somos só nos dois, não quero deixá-la.

Zefa fitou o filho, comovida. Ele crescera sem o seu amor, sem atenção, e agora lhe oferecia o que nunca tivera da parte dela. Olhou carinhosa para aquele jovem trabalhador e esforçado que tentava fazer a sua vida mais feliz. Quando falou, enxugava algumas lágrimas:

— Filho, quero que siga sua vida com a Glória. Imagine se jovens querem morar com velhos ignorantes como eu!

João ficou sério.

— Não quero que diga isso novamente. A senhora é a única família que tenho. Eu e Glória já conversamos sobre o assunto e ela concordou que devemos ficar juntos.

Zefa foi para a cozinha preparar o jantar. O coração endurecido começava a ceder às emoções. Como Deus lhe dera um filho tão inteligente e amoroso? Ela, acostumada com a brutalidade da vida, não podia entender as sutilezas de bons sentimentos.

Avelino, que nunca perdia um detalhe dos acontecimentos, ficava exasperado quando a situação adquiria perspectivas fora do seu controle. João estava conseguindo amolecer aquele coração rude e vingativo. A maldosa entidade percebia que já não controlava os sentimentos de Zefa, que agia como se não quisesse mais seguir sua orientação.

— Argemiro — comandou –, quero que fique junto de sua mãe. Mostre-lhe que se não fizer o que ordeno vou enviá-lo de volta para a cadeia do Luando. Acho que você entende muito bem o que falo.

O rapaz tinha a cabeça baixa ao justificar-se:

— Eu entendo, o problema é ela. Nos últimos dias está arredia aos meus conselhos e sugestões.

Avelino fez uma expressão ameaçadora.

— Zefa é problema seu; deve saber como lidar com ela. Caso contrário, tomarei outras providências.

O rapaz, atemorizado, achegou-se à mãe, que estava junto ao fogão; em copioso pranto, pedia ajuda. Zefa sentiu-se angustiada e lembrou-se do filho que perdera tão dramaticamente.

Joãozinho veio até a cozinha, para verificar se o jantar já estava pronto, e encontrou a mãe resmungando:

— Estou com uma dor aqui no peito, acho que é saudade do seu irmão; sinto que está infeliz, preciso mandar rezar uma missa.

Joãozinho dirigiu à mãe um olhar vago, balbuciando alguma coisa que Zefa não entendeu.

— João, está tudo bem? Parece que você está fora do ar.

O rapaz continuou com o mesmo olhar, tendo a boca semiaberta.

— Tenho medo, mãe. Tenho medo de voltar para aquele inferno e lá ficar preso.

Zefa encarou o filho estupefata, sem captar o sentido das palavras.

— Você está com um ar estranho, meu filho... Não consigo compreender o que diz.

De repente o rapaz pareceu tomar consciência da onde se encontrava.

— Mãe, o que está havendo? Por que a senhora resmunga?

Zefa estava atônita.

— Sou eu que lhe pergunto: o que você falou? Não entendi nada.

João virou as costas, entrando outra vez na pequena sala.

— Deixe pra lá, acho que todos nós estamos precisando de umas férias.

Zefa continuou a preparar o jantar, esquecendo o incidente.

Na noite seguinte, João pegou um ônibus para ir à casa da namorada, que com ansiedade o esperava no portão. Correu para ele quando o viu descendo do transporte público.

— Oi, meu amor, já estava aguardando há cerca de meia hora.

— O ônibus demorou a passar — disse João com um sorriso.

— Vamos, meu bem, mamãe e papai estão à nossa espera para o jantar.

Manuel, que sentado na varanda tomava um refresco, abriu um sorriso quando viu o afilhado. Animado, convidou-o a entrar:

— Venha aqui, meu filho, para um abraço.

Os três dirigiram-se para a cozinha, onde já estava o resto da família. Depois dos cumprimentos o rapaz falou entusiasmado:

— Quero contar uma novidade a todos, já que a família se encontra reunida.

Glória chegou mais perto, com ar preocupado.

— Diga, meu bem, estou curiosa, pois nos últimos dias nos têm chegado muitas novidades.

— O senhor Luís, dono da fábrica, chamou-me na terça-feira e me ofereceu a possibilidade de trabalhar no escritório, com direito a aumento de salário.

Todos bateram palmas ao mesmo tempo. Glória abraçou o namorado, Manuel ficou tão emocionado que quase chorou. A família inteira quis abraçar o rapaz.

— Já trabalhei três dias na nova função. O Afonso, filho do patrão, tem ficado depois do expediente para me ensinar todo o serviço. Ele e o pai têm me ajudado muito.

Manuel pousou a mão no ombro do rapaz.

— Eles conhecem o seu potencial, meu rapaz, sabem da sua capacidade, e certamente será de grande valia para eles. Você merece, meu filho, e irá muito mais longe.

Fátima, no canto da cozinha, era a única que parecia não integrar o grupo. Finda a refeição, Glória e Clara chamaram João para o quarto; queriam fazer-lhe uma surpresa. Manuel acompanhou o grupo. Glória apanhou algumas sacolas no armário, foi tirando os pacotes e dando-os ao namorado.

— Papai, Clara e eu resolvemos antecipar seus presentes de Natal.

João ficou meio encabulado.

— Vocês me deixam sem ação, eu não preciso de presentes. A amizade que me dedicam é o melhor presente do mundo.

Manuel incentivou, risonho:

— Vamos, meu rapaz, abra logo! Não queremos agradecimentos, só almejamos a sua felicidade.

Joãozinho enxugou as lágrimas que lhe rolavam pelo rosto. Glória foi ajudando o namorado a abrir os pacotes: eram duas camisas, uma calça social e um par de sapatos, tudo combinando.

— Papai, acho que o senhor adivinhou que o João estava trabalhando no escritório, e teve essa feliz ideia.

— É que meu coração sabe tudo que acontece com o meu filho — ele brincou.

João levantou o olhar agradecido.

— Eu e o português Mané temos laços de amor que nos unem, e são para sempre.

Fátima, da porta do quarto, observava a cena sem participar. Apenas abanava a cabeça e os ombros. Avelino e Antônio, junto dela, também olhavam com ar de desagrado.

As roupas foram experimentadas e ficaram perfeitas. João, um belo rapaz, ficou ainda mais bonito nas roupas novas.

Fátima resolveu fazer seu comentário:

— Acho que se as cores fossem outras combinariam melhor com a sua pele.

Clara endereçou à mãe um olhar de censura, depois fez um gesto para que se calasse. Fátima emendou, sem graça:

— Eu só estou dando minha opinião. João é um rapaz bonito, mas penso que outras cores lhe cairiam melhor ainda.

Vendo que não conseguira chamar a atenção, decidiu ficar quieta.

Todos estavam tão felizes que não havia lugar para aborrecimentos ou discórdias que estragassem aqueles momentos.

Capítulo

9

Luando

Avelino estava desgostoso, as coisas não caminhavam conforme o seu desejo. Chamou Antônio para uma conversa.

— Acho que vou fazer uma visita ao mestre Luando, precisamos nos orientar sobre que medida tomar. A despeito de alguns avanços que obtivemos, minha impressão é de que estamos perdendo o nosso campo de ação. Tenho de arrumar um jeito de destruir nosso inimigo. Sei que devo ser paciente, mas esse sujeito vem progredindo muito, a vida tem sido boa demais para com ele.

Antônio concordava com o chefe.

— E quando vamos falar com mestre Luando?

Avelino coçou a barba.

— Logo, assim que ele puder nos receber.

O lugar onde estavam estacionados Luando e seus seguidores, uma área montanhosa muito próxima da crosta, não ficava distante da cidade do Rio de Janeiro. Era cercado por um muro alto com um grande portão de ferro, o que o assemelhava a um cemitério abandonado. Espessa neblina cobria toda a região. Na frente havia um grupo de criaturas que mais pareciam animais do que seres humanos.

Avelino e seu comparsa aproximaram-se do portão principal, apresentando um tipo de senha. O portão foi aberto e os dois o cruzaram. Atravessaram uma espécie de terreno lodoso, onde a vegetação, que se via através do denso nevoeiro, era seca, sem nenhuma vida; as árvores não tinham folhas, apenas galhos ressequidos. Avelino e Antônio nem davam sinais de notar o ambiente que os circundava. Ao longe, a uns quinhentos metros, viam-se os contornos da habitação em ruínas, que lembrava um velho casarão do período colonial.

Os dois alcançaram a entrada frontal, onde algumas entidades também tomavam a senha de cada um que chegasse. A porta dava acesso ao amplo salão principal, que lembrava uma sala de caçador; ali havia muitas cabeças de animais que pareciam empalhadas, penduradas nas paredes como troféus. Viam-se lobos, onças, macacos, jacarés, cobras etc. Para Antônio tudo era surpresa, já que visitava tal lugar pela primeira vez. Virou-se para o chefe e perguntou:

— Por que tantos animais pendurados nas paredes? Tenho a impressão de que alguns estão vivos.

Avelino respondeu baixinho.

— São criaturas que desobedeceram a Luando e ele, mediante seus poderes, transformou-os em animais. Estão expostos como símbolo do poder do mestre.

Antônio sentiu-se confuso, enquanto Avelino falava num sussurro:

— Mestre Luando é muito poderoso.

A entidade que dirigia o lugar fora, na encarnação mais recente, um negro escravo na Bahia. Revoltado, conseguira fugir, fundando um quilombo na mata fechada, de acesso quase impossível ao homem branco. Conhecedor das ciências ocultas desde outras encarnações, no antigo Egito, era praticante de religiões primitivas da África, de onde viera. Depois de alguns anos de liberdade no quilombo, fora caçado como animal e morto no tronco pelo capataz da fazenda da qual fugira. Livre do corpo físico e portanto da escravidão, jurou vingar-se de todos que o haviam oprimido. Descobriu outros mestres das trevas, aos quais se uniu para juntos fazerem justiça, a princípio contra os homens brancos que escravizavam negros. Mais adiante ampliou seu trabalho, passando a auxiliar qualquer um que clamasse por justiça.

Luando, sicário implacável, valia-se de ardis com que apavorava os desavisados, utilizando processos de sugestão pela hipnose deprimente, aplicada com veemência nos centros perispirituais, de modo a produzir lamentáveis condicionamentos de alteração na forma das vítimas. Em tais casos o verdugo atua no subconsciente perispiritual, geralmente abarrotado de remorso, imprimindo a tragédia da mutação da forma, no horrendo fenômeno a que se chama licantropia.

Antônio, sem entender o que ocorria, encolheu-se diante de tanta maldade, indagando:

— Dom Avelino, como o senhor o conheceu?

— Mestre Luando tem ajudantes espalhados por todas as partes. Zefa frequentava de vez em quando um terreiro, e lá conheci alguns associados ao grupo do mestre. Expondo minha situação, trouxeram-me aqui; o meu caso foi analisado e Luando me aceitou no grupo. Foi ele que me explicou por que João estava disfarçado de negro (todos nós podemos voltar em corpos diferentes) e me auxiliou a encontrar você, que tinha igualmente motivos para se vingar. Trouxe Zefa aqui e a fez prometer que colaboraria conosco.

À medida que Avelino falava, os dois comparsas atravessaram o salão. Ao entrarem no corredor que conduzia a uma escada, Antônio ouviu ruídos similares a urros de animais feridos. Assustado, olhou para o chefe.

— Aquela porta nos leva ao subsolo — ele esclareceu. — Lá existe uma prisão onde estão todos que foram julgados e condenados por seus crimes hediondos. Mestre Luando também mantém cativas muitas criaturas que deixaram a armadura física vitimadas pela droga e pelo álcool.

Ambos passaram pela porta que levava ao subsolo, para que Antônio pudesse examinar o ambiente, e Avelino informou:

— Foi daqui que tiramos Argemiro para ajudar em nossa vingança.

Três criaturas que mais pareciam gorilas, vestindo uma espécie de pele de animal que lhes cobria parte do corpo, iam e vinham com chicotes que batiam nas jaulas, a fim de manter os prisioneiros acordados. Eram vários os cubículos imundos, onde mal cabia uma criatura. A maioria ali enjaulada era de jovens desencarnados em consequência do uso excessivo de drogas. Muitos apresentavam-se sem a boca, outros sem o nariz, num espetáculo deprimente aos olhos e ao coração.

Aqueles seres escravizados ao vício ostentavam um sofrimento atroz. Muitos, estirados no chão, tinham convulsões, expelindo um líquido viscoso e pastoso através da boca, do nariz e dos ouvidos. Outros, alucinados como se estivessem ainda sob o efeito de narcóticos, davam urros de desespero e pavor, totalmente alienados do que acontecia à sua volta. Outros, vítimas do abuso da bebida, quando retomavam a consciência jogavam-se no chão imundo e se contorciam de dor, revelando boca, garganta, esôfago e estômago totalmente destruídos pelo álcool.

No ambiente irrespirável, a atmosfera era escura e aterrorizante; um assobio se ouvia, aves escuras semelhantes a urubus entravam pela pequena janela. Chegando perto dos prisioneiros, bicavam-lhes o corpo doído para alimentar-se de substâncias escuras que ficavam presas em suas entranhas, ocasionando ainda mais sofrimento às pobres criaturas.[1]

Ainda que acostumado a viver em regiões escuras da crosta, onde a névoa densa não deixa chegarem os raios solares, Antônio virou o rosto, enojado com o odor pútrido e ácido que lhe feria as narinas. Amedrontado, puxou o braço de Avelino, na tentativa de voltar para o corredor estreito que os levaria ao andar superior.

— Senhor Avelino, era neste inferno que Argemiro vivia preso?

Avelino fez um gesto afirmativo.

— Os membros do grupo de mestre Luando já o conheciam, porque acompanhavam os jovens viciados do morro onde moravam. Quando Argemiro veio para cá, Zefa já estava engajada no grupo para vingar-se de João. Mestre Luando, muito sabiamente, usou-o para torná-la mais comprometida com ele e comigo. Apesar da pouca ajuda que ela nos dá, pelo menos não atrapalha. Argemiro é muito rebelde e a prisão por um tempo o deixou mais calmo e mais obediente. Ele sabe muito bem que se não obedecer volta a ficar sob as ordens de mestre Luando.

Antônio sentiu um frio percorrer todo o seu corpo, começou a tremer.

— Dom Avelino, acho que eu não deveria ter vindo.

Avelino deu uma risada que soou por todo o estreito corredor:

— Não sabia que era covarde. Agora você vai ver o que é poder. O mundo não está restrito à casa de Zefa e João. Mestre Luando está ligado

---

1 O perispírito é constituído de matéria, porém caracterizado por outro estado vibratório, variando de mundo para mundo. Embora indestrutível, pode ser lesado e mesmo mutilado. Com ambas as perdas de substância, em face da persistência na prática do mal, por vezes chega a assumir formas animalescas, pois é sensível à condição do espírito. O perispírito é um verdadeiro arquivo de tudo que se aprendeu e experimentou durante as várias encarnações. Assim como a prática do mal o deforma, à proporção que o espírito evolui no bem mais sutil fica o perispírito.

a uma poderosa associação, que promove a justiça para casos individuais, como o nosso, e de grupos inteiros que são contra os seus ideais. São verdadeiros deuses, conhecedores profundos de mistérios ocultos para nós. No entanto, estou aprendendo tudo o que posso com o mestre.

Avelino falava com ar de satisfação, enquanto subiam a escada. No andar superior o corredor ficou mais largo; várias portas tinham saída num pequeno saguão. Diante da última delas, criaturas vestidas com farrapos faziam uma espécie de fila; todas esperavam a vez para a entrevista com mestre Luando.

Havia um burburinho infernal. Alguns gritavam nomes obscenos, clamando por justiça; outros exigiam a morte de seus opositores; todos achavam-se usurpados em seus direitos.

Uma senhora usando roupas que um dia deviam ter sido finas, agora em farrapos, e com o rosto muito pintado exigia passar à frente de todos. Quando colocada pelo vigia da porta como última da fila, ficou absolutamente exasperada.

— Gostaria muito de ser tratada com respeito. Sou uma dama da mais alta sociedade do Rio de Janeiro, frequentei os bailes da corte, sou amiga pessoal da princesa Isabel... Quero falar com o nosso imperador, exijo ser a primeira. Estou certa de que quando ele souber quem sou, serei recebida imediatamente.

O vigia da porta não dava a mínima atenção ao que ela dizia, e com um safanão a manteve no fim da fila.

— Eu só vou aceitar suas grosserias porque realmente preciso levar minhas queixas ao imperador. Quando estiver pessoalmente com Sua Majestade, reclamarei dessa atitude, pode ter certeza.

Um a um foram entrando para a entrevista com Luando, até que chegou a vez de Antônio e Avelino.

A sala era grande, com uma mesa retangular no centro e vários assentos ao redor. Na cabeceira havia uma cadeira alta, lembrando o trono de um imperador, onde se sentava mestre Luando. Nos outros lugares, em total arruaça, muitas criaturas que haviam sido escravos na última romagem compunham o grupo que assessorava o mestre na orientação e no julgamento de cada caso ali relatado. Luando condenava e determinava as providências a serem tomadas em cada caso.

Avelino entrou arrastando as pernas, nas quais se viam ferimentos que pareciam ainda sangrar, como se fossem recentes. Com muita dificuldade aproximou-se da cabeceira da mesa. Fez uma reverência, curvando-se com dificuldade, e beijou o anel que o outro tinha na mão direita. Antônio, observando o chefe, agiu de modo igual.

Luando os convidou a se sentarem. Os dois se acomodaram em cadeiras mais baixas, ao lado dele. Com expressão reverente, esperavam autorização para falar.

Luando tinha aparência grosseira. O brilho dos olhos era de maldade e malícia, o corpo extremamente magro e alto apresentava as marcas do chicote no tronco, a boca enorme dava-lhe uma fisionomia dantesca, as mãos desproporcionais e os dedos deformados sugeriam garras, mais do que mãos humanas.

Vestia uma túnica que lembrava linho branco, presa no ombro esquerdo por adereços amarelos e na cintura por um cinturão de couro com símbolos típicos de religiões primitivas africanas. Do lado direito a túnica deixava o ombro e o peito nus, expondo assim os sinais do chicote. Os pés, também de tamanho descomunal, calçavam sandálias de couro trançadas no dorso.

Antônio procurava examinar em detalhes toda a sala e seus elementos.

Avelino, chamado a falar, num tom choroso e às vezes rancoroso narrava os sucessos que seu inimigo vinha galgando, e requeria uma orientação. Sua vingança precisava ser imediata, não suportava mais ver João bem, progredindo, enquanto ele continuava a sofrer dores cruciantes. Se o mestre o ajudasse a liquidar o inimigo, seria seu escravo para sempre. O que mais importava era alcançar João com braço de ferro.

Luando ouviu atentamente e achou justa a reivindicação do velho Avelino.

— Como é do seu conhecimento, dom Avelino, contamos com membros encarnados que também poderão colaborar num plano para acabar com seu inimigo. Para a destruição de João devemos deixá-lo a ponto de enlouquecer e depois levá-lo ao suicídio. Acho que essa é a melhor punição.

Avelino sorria de satisfação só ao imaginar a vingança.

— Mas, mestre, não tenho ideia de como conseguir tal feito.

Os olhos de Luando brilharam de maldade.

— Eu tenho um plano perfeito, já o apliquei várias vezes e não falhou. Vou acionar alguns membros da organização que nos ajudarão a executar o projeto.

Mestre Luando deu todos os pormenores do plano sinistro, fazendo Avelino rir e esfregar as mãos. Antônio os observava com um débil sorriso. Terminada a audiência, os dois comparsas fizeram algumas reverências e pediram permissão para se retirar. Avelino, arrastando as pernas feridas, fez o caminho de volta até a casa de Zefa, onde Argemiro, assustado, aguardava os comparsas junto do irmão; este parecia mais irritado que nos outros dias.

— Dom Avelino, o senhor voltou depressa! Veja como consegui irritar João; dou-lhe algumas sugestões e ele as tem acatado rapidamente, estamos fazendo muito progresso.

— Não acho que temos feito muito progresso — Avelino contestou, carrancudo. — Quero mais, muito mais. Por isso, a partir de hoje, vamos colocar em prática os planos de mestre Luando. Aí, sim, chegaremos onde realmente desejo.

Assustado, Argemiro perguntou:

— O senhor não vai me mandar de volta?

Antônio se antecipou ao chefe:

— Não, precisamos de sua ajuda para executarmos o nosso plano.

— Tudo o que o chefe precisar eu farei imediatamente.

Avelino fixou o rapaz com olhos maldosos.

— No momento estou precisando de sua ajuda; no futuro, quem sabe?

Argemiro se apavorou ante as intenções implícitas nessas palavras:

— O senhor é meu chefe, é meu senhor; tudo o que mandar eu faço... Preciso ficar junto de minha mãe.

Avelino deu um sorriso.

— Se continuar a me obedecer, não mais o mandarei para mestre Luando.

Capítulo 10

Retorno ao morro

João estava sempre cansado, não mostrava mais o entusiasmo de antes, tinha ideias fixas que o deixavam irritado, de mau humor. As aulas da faculdade de direito na Universidade Federal do Rio tiveram início; aluno aplicado, destacou-se desde os primeiros meses. Quando começaram as provas, o rapaz já se revelava um dos melhores da turma. Professores ficavam ainda mais entusiasmados ao saber da sua origem humilde e pobre. Ninguém tinha dúvida de que João daria um ótimo jurista, parecia até ter ascendência de advogados. Pela inteligência e pela postura acima da maioria, chamava a atenção até da diretoria.

No escritório da fábrica, o rapaz dominava todo o serviço, causando inveja a funcionários mais antigos. O senhor Luís e o filho Afonso transferiram a maior parte das responsabilidades para ele, que desempenhava suas tarefas com desenvoltura, facilitando muito a atuação dos dois. Os negócios progrediram. Em seis meses, veio mais um aumento.

Logo passaram a surgir as primeiras desavenças. Alguns se achavam prejudicados pela nova política da firma, procurando denegrir a imagem do rapaz. João se aborrecia com tais procedimentos e não conseguia um amigo sincero em quem pudesse confiar. Quase perdera o contato com Agenor, seu melhor amigo, cujo horário de trabalho era diferente do seu.

Agenor sentia falta do rapaz e percebia que ele estava acompanhado dia e noite por seus inimigos espirituais. Orava toda noite por João, que, pela influência espiritual que sofria, parecia ter cavado um poço entre os dois; estava arredio e cada dia mais distante.

Certa tarde, depois do expediente, João voltou direto para casa, pois não teria aulas. Estava especialmente cansado, mais irritado que de costume e sem condição de se concentrar. Trouxera serviço que não tivera tempo de terminar na empresa. Zefa chegou do trabalho resmungando como sempre, colocou o avental e foi fazer o jantar. Depois de pronto, chamou o filho para a cozinha.

Sentados à mesa, ela começou a falar:

— João, a filha de minha amiga Maria da Penha vai sair do nosso barraco. O marido da moça arrumou um serviço na Baixada Fluminense e eles estão de mudança; precisamos arrumar outra pessoa para ficar no lugar.

João reagiu com impaciência:

— Eu já disse para a senhora: venda ou dê a alguém que necessite; nós não precisamos mais daquilo. Às vezes, o que é pouco pra gente pode ser muito pra quem mora lá.

— João, você tá ficando um pobre metido! — ela respondeu, aborrecida. — Pra mim aquele aluguel é muito e faz grande diferença. Eu vou me mudar uns dias para lá, até aparecer outro inquilino.

— Isso não faz sentido. E o seu trabalho? Fica muito longe para a senhora ir todos os dias até a favela. Vamos fazer assim: eu lhe pago aquele aluguel, como se estivesse morando lá, e nós encerramos o assunto.

Zefa fez um ar suplicante.

— Então me deixe vender o barraco. Eu e meu marido o construímos com tanto sacrifício! Primeiro usamos madeiras velhas, depois conseguimos comprar os tijolos. Se ninguém morar lá vão invadir, meu filho! Minha amiga me disse que já viu gente interessada.

— Eu não vou permitir que fique sozinha naquele lugar.

— Por quê? Nós moramos tantos anos lá, João! Eu tenho muitos conhecidos no morro.

— Eu soube que as coisas não andam muito bem, por causa da disputa pelo tráfico de drogas.

— Mas nós não temos nenhum envolvimento com isso!

— A senhora deve pensar em outra solução. Eu gostaria de não ter mais nenhum vínculo com aquele lugar tão perigoso!

Mãe e filho encerraram o assunto. Zefa não tinha mais o que discutir. No dia seguinte, com ar de piedade, ficou choramingando pelos cantos da casa. João percebeu o jeito triste da mãe.

— Dona Zefa, por que está com esse beiço virado hoje?

— Eu não vou perder o meu barraco. Mesmo que você não concorde, na próxima semana vou até o morro fazer o negócio.

João ficou muito irritado.

— Se for, não precisa mais voltar!

Zefa desatou a chorar. Gritava, puxava os cabelos, batia a cabeça na parede, dizendo que o filho não gostava dela, por negar o que tanto queria.

João, desolado, decidiu realizar o negócio. Levaria um colchão; caso não fosse possível vender em um dia, dormiria lá para não abandonar o barraco.

Zefa enfim se acalmou com a decisão do filho.

— Eu sabia que seu coração não iria deixar esta pobre velha ficar lá sozinha. Deus sempre abençoa os bons filhos.

— Está bem, mãe. Já que a senhora conseguiu o que queria, deixe-me dormir um pouco; estou muito cansado.

Após uma semana, Zefa veio com a notícia de que João teria de passar aquela noite no morro, enquanto ela iria procurar um comprador. Contra a vontade, ele voltou ao velho barraco, que Zefa limpou o melhor que pôde, jogando dois colchões no chão.

— Mãe, deixe que amanhã eu durmo lá sozinho. A senhora não precisa subir o morro depois de um dia de trabalho. Espero vender logo, mesmo que seja por menos.

— Eu quero o preço justo — ela protestou. — Talvez nossos vizinhos o comprem para ampliar o deles.

— Vou achar ótimo! Não conseguirei dormir nesse colchão, e tendo ainda de obedecer ao toque de recolher, como se fosse escravo da vontade de bandidos. Nem sei como acabei cedendo ao seu histerismo!

Zefa deitou-se, cobrindo a cabeça com o lençol, sem nada responder. No dia seguinte se levantou cedo para trabalhar; ela e João desceram o morro, e no caminho encontraram uma velha conhecida.

— Zefa, que surpresa! Quando me contaram que vocês tinham voltado para o morro sem nada, não acreditei. Por aqui corria o boato de que tinham enriquecido.

João fechou a cara, contendo-se para não dar uma resposta mal-educada. Zefa notou a irritação do filho e tentou explicar o que ocorria:

— Nós não estamos voltando, nem estamos ricos. É que o barraco ficou vago e queremos vendê-lo. Se souber de algum interessado, ficarei grata por avisar.

— Que pena que vocês não serão mais nossos vizinhos!

Zefa contou com ar de grandeza:

— Em breve João vai ser doutor, tem emprego de chefe e ganha muito bem. Meu filho venceu na vida graças à sua força de vontade e à sua inteligência. Vamos vender o barraco porque foi feito com muito sacrifício por mim e pelo meu falecido marido.

A expressão da mulher foi de mofa:

— Não sabia que vocês tinham ficado tão importantes e esquecido o que já foram. De fato, a favela não é lugar para a realeza.

Terminou de falar e saiu arrastando os chinelos morro acima, com despeito.

— Mãe, a senhora não devia ter falado desse jeito.

— Só falei a verdade. Ela queria esnobar a gente, só pra dizer que nós não devíamos ter saído daqui. Inveja mata, meu filho! Garanto que todo mundo vai saber o que eu disse e morrer de inveja.

— Vamos embora que a caminhada é longa, ou acabaremos chegando atrasados.

João já estava dormindo no barraco havia uma semana, sem ter realizado o tão desejado negócio. Não permitia que a mãe ficasse junto. Uma noite subia o morro já bem tarde, quando de repente viu surgirem diante dele Pedro e seu bando.

— E aí, malandro? Você não sabe que ninguém deve ficar andando a esta hora pelo meu território? A ordem é meter fogo e apagar o cara.

Joãozinho não quis encarar o ex-amigo de infância.

— Estou muito cansado depois de um dia de trabalho e estudo; se subo o morro neste horário é porque não tenho outra opção.

O rapaz falou olhando para o chão e andando. Pedro atravessou na sua frente, batendo o ombro no dele.

— Parado aí, meu camaradinha. Só vai em frente se pedir permissão.

João fez um gesto de reverência com a cabeça e com o corpo, abaixando-se quase até o chão.

— Se sua majestade o rei do pó me permite, preciso seguir meu caminho. Tenho de descansar, a vida para mim é muito difícil.

Pedro soltou uma gargalhada, sendo imitado pelos pivetes que o cercavam.

— Olhem só o maloqueiro que virou doutor, chefe de meia dúzia no escritório onde trabalha. Cara, levante a cabeça e olhe pra mim quando eu falo. Eu sou um rei, sim. Pode ser do pó. Tenho mais de duzentos comandados, e dinheiro pra viver onde quiser.

João subira o morro seguido por Avelino, Antônio e Argemiro. Ao se encontrarem com Pedro e seus comparsas, Argemiro notou que os acompanhantes espirituais de Pedro eram asseclas de Luando. Apavorado, escondeu-se atrás do chefe.

— Dom Avelino, foram essas criaturas que me aprisionaram no inferno de mestre Luando. Não deixe que me levem novamente.

— Acalme-se, mestre Luando me deu autorização para que o chefiasse. Você está comigo.

As entidades que acompanhavam Pedro trocaram olhares com os inimigos de João. Pedro tinha perfeita sintonia com o grupo de mestre Luando, e apesar de encarnado também fazia parte da organização, como muitos outros em igual situação. Vivia sintonizado com o mal e era sua tarefa levar mais pessoas para o mesmo rumo.

Pedro sentia-se instigado a agredir o ex— amigo de infância. Avelino, por sua vez, sugeria incessantemente que João revidasse as ofensas. O rapaz chegava a morder a língua na tentativa de se acalmar.

Pedro, irado, falou:

— Hoje vou deixá-lo passar, mas saiba que, se o encontrar de novo em meu caminho, meus camaradas têm ordem de meter fogo para matar.

Avelino insistia e encorajava João a encarar uma briga. O rapaz, entretanto, procurando no fundo da alma o bom senso, passou por Pedro sem olhar para trás.

Quando alcançou o barraco suava muito, sentia-se tonto e desolado; perguntava-se o que estava fazendo ali. De manhã abandonaria o barraco, ainda que a mãe resolvesse ficar ali todas as noites.

Abriu a janela, deixando que a brisa do mar entrasse. Mais calmo, preparou-se para dormir e deitou-se decidido a não mais voltar.

Ao amanhecer ouviu-se um alvoroço, pessoas corriam e gritavam. Havia barulho de muitos tiros. O rapaz não tinha coragem de abrir a porta. De repente, um estrondo maior: Pedro e mais três pivetes estouraram a trava da porta, entrando no barraco.

Todos, de arma em punho, carregavam pacotes de cocaína. Pedro apontou a arma para a cabeça de João:

— Você, seu imbecil, fique bem quieto. A polícia subiu o morro atrás da gente, mas não vai desconfiar que estamos aqui.

Os pivetes pegaram a droga, escondendo-a do lado externo da janela.

João olhou para fora e viu o mar. Sentiu como se flutuasse numa onda escura que se abria para engoli-lo; as pernas fraquejaram.

Pedro falou baixinho:

— China, vá para trás da porta; Batata, esconda-se ali no fundo; eu e o Chiclete vamos ficar do outro lado. Caso eles nos descubram, metemos fogo. E você, seu idiota, fique no canto esquerdo; se eles entrarem, vai ser o primeiro a levar chumbo.

Capítulo

11

Pressentimentos

Zefa se levantou sentindo violenta dor no peito. Pensou em ligar para a patroa e não ir trabalhar. Se não melhorasse iria ao médico. Tivera uma noite terrível: sonhara com Argemiro, que apavorado lhe pedia ajuda, e via João envolvido em sombras que pareciam engoli-lo. Desesperada, pensava em subir o morro para verificar se o filho estava bem. Afinal, João estava fazendo tudo por ela e não se perdoaria se algo lhe acontecesse.

Esperou, e o rapaz, que nunca faltava, não aparecia para trabalhar. Foi até o telefone público e ligou para Manuel. A esposa dele atendeu.

— Senhora, desculpe estar ligando para sua casa, é a mãe de Joãozinho; preciso falar com seu marido.

— Algum problema? — perguntou Fátima.

— Meu filho está dormindo no morro, tentando vender nosso barraco, e não apareceu para trabalhar. Estou tão angustiada... Não consegui dormir a noite toda.

Fátima respondeu com descaso:

— Imagine! Com todos os compromissos que João tem, ir dormir no morro, sabendo que é tão perigoso? Mas não deve ter ocorrido nada anormal. Talvez ele tenha arrumado um comprador e esteja fazendo o negócio.

— Por favor, senhora, preciso falar com o senhor Manuel — implorou Zefa. — Coração de mãe não se engana.

Glória, que de longe seguia a conversa, foi para a sala, tirando o fone das mãos da mãe.

— Deixe que eu falo com ela.

Perguntou o que estava acontecendo, e Zefa explicou novamente.

— Dona Zefa, como é que deixou o João dormir no morro todos esses dias? A senhora sabe o quanto é perigoso, pois já morou lá. Conhece bem o Pedro! Zefa se pôs a chorar.

— O que eu faço se meu filho não aparecer?

Gloria respondeu depressa:

— Meu pai já saiu para trabalhar, mas vou tentar localizá-lo no ponto de táxi e tomaremos providências. Aguarde que iremos apanhá-la. Deus permita que nesse meio-tempo o João apareça.

Fátima estava ao lado, escutando o que dizia a filha.

— Você está pensando em não trabalhar e ainda atrapalhar o seu pai por causa de uma bobagem?

— Não é uma bobagem — Glória respondeu, séria. — Eu também estou com o coração apertado desde o amanhecer. Acho que aconteceu mesmo alguma coisa com o meu Joãozinho.

Fátima foi para a cozinha balançando a cabeça.

— Agora, só porque o rapaz entrou na Federal, vocês oferecem a ele um tratamento especial. É um tal de Joãozinho pra cá, Joãozinho pra lá, como se o sujeito fosse o mais importante do mundo. Só que continua um joão-ninguém.

Glória fez cara de choro.

— Joãozinho pode não significar nada para a senhora; para mim, porém, é o mais importante do mundo, ainda que lhe pareça um ninguém!

Pegou o telefone e começou a discar para o ponto. Depois de alguma insistência conseguiu falar com José, um outro taxista. O pai tinha saído com um passageiro; se não pegasse outro pelo caminho, talvez chegasse logo; ele ia deixar o recado com todos no ponto, e assim que ele voltasse faria contato.

Em quarenta minutos Manuel estava de volta à sua casa. Entrou apavorado, procurando a filha. Glória saiu do quarto, narrando-lhe os acontecimentos.

— Dona Zefa ligou mais alguma vez?

— Não — respondeu Glória. — Ela falou com a patroa, achou que João podia ter telefonado para lá, mas não. Eu também estou muito angustiada desde que amanheceu.

— Eu sei, filha. Essa noite tive muitos pesadelos, sentia que sombras nos envolviam a todos, e não tínhamos como escapar.

Fátima resmungava baixinho:

— Gente, hoje é dia de trabalho! Nós não somos ricos pra perdermos tempo assim!

Manuel resolveu não dar atenção às palavras da esposa.

— Filha, vamos até a casa de dona Zefa, e lá decidiremos o que fazer.

Glória foi ao seu quarto e pegou a bolsa. Encontraram Zefa aos prantos, desesperada com a ausência de notícia.

— Dona Zefa — disse Mané –, devemos ir até a favela para descobrir o que está havendo. Acho que não é nada; somos nós que estamos antecipando os fatos.

— Senhor Manuel, meu coração ficou do mesmo jeito quando mataram meu filho Argemiro. Tenho uma dor imensa no peito! Meu pobre filho João, tão bom e honesto... Por que eu o obriguei a ficar lá naquele inferno? Ai, meu Deus, se aconteceu alguma coisa com ele acho que me mato!

Glória aproximou-se, abraçando a futura sogra.

— Por favor, dona Zefa, não diga isso. Não deve ter acontecido nada. A senhora vai ver, ele deve estar contando o dinheiro que recebeu pela venda do barraco.

— Deus queira, minha filha. Deus a ouça! Eu não vou aguentar perder mais um filho.

Manuel enxugava as lágrimas que lhe desciam pela face corada.

— Vamos, dona Zefa, vamos procurar o nosso menino.

Os três entraram no carro e rumaram para a favela.

A maior parte do trecho tinha de ser percorrida a pé. Tão logo chegaram, perceberam que havia ali um clima diferente. A polícia passava em revista todos os que entravam e saíam. Era forte a sensação de desconfiança. Ninguém se falava, as pessoas sequer se cumprimentavam. Os três subiram calados, com o coração apertado.

Ao passar pelo barraco de Pedro puderam ouvir os gritos e o choro de sua mãe. A porta aberta deixava ver o desespero da mulher; duas vizinhas tentavam acalmá-la.

Entrando na viela onde se localizava o barraco de Zefa, viram um grupo de policiais que velavam um corpo no chão. Ao deparar com a cena, a pobre mulher sentiu as penas fraquejarem e foi amparada por Manuel.

Zefa quis aproximar-se, mas foi impedida por um soldado.

— Eu preciso saber quem está morto.

O homem, penalizado, informou que o homem morto era um soldado da PM, que fora baleado em confronto com traficantes. E aduziu que a situação estava sob controle. Zefa respirou aliviada. Em frente ao barraco, policiais não a deixaram entrar.

Manuel se acercou do soldado que vigiava a porta.

— Senhor, estamos à procura de um rapaz que pernoitou aqui. Queremos saber se ainda está aí dentro. O que está ocorrendo? Por que todo esse alvoroço?

CAPÍTULO

12

O CONFRONTO

O sol surgiu no horizonte, luminoso, tingindo com raios dourados o mar e a cidade exuberante. Ao mesmo tempo, João, no canto do quarto, sentia-se cair num buraco sem fundo. Sua mente inteligente buscava uma saída, sem encontrá-la. Pedro e seus comparsas, agachados, permaneciam em alerta.

João segurou a respiração. Se a polícia os descobrisse ali poderia ser o seu fim. Lembrou-se da namorada, de todos os seus planos e sonhos, do padrinho, amigo e pai, da mãe que iria ficar desamparada. Zefa tinha problemas, era de trato difícil; a despeito disso, João a amava e não queria deixá-la sozinha, desprotegida. Essa ideia lhe torturava o coração.

Pedro, a cada dez segundos, olhava para ele com ar ameaçador. Algumas vezes o colocava na mira da arma, fazendo transparecer nos olhos todo o ódio e o fel que abrigava no coração.

— Mano velho — dizia baixinho –, fique quieto que disso depende a sua vida.

Os minutos pareciam horas infindáveis de agonia.

João fechava os olhos. Sentindo a brisa do mar bater-lhe no rosto, tentava acalmar-se.

Tudo estava muito quieto, dando a impressão de que os barracos vizinhos eram desabitados; nem barulho de crianças se ouvia. O silêncio incomodava a todos.

Pedro comentou com os comparsas:

— Esse silêncio é estranho, não estou gostando disso. Não ouço passos na viela, e nesse horário o pessoal sai pro trampo.

De repente houve um estrondo na porta. Um policial arrombou-a, atirando no pivete que estava à direita, encostado nela. O rapaz caiu ferido, atirando; o que estava do outro lado conseguiu atirar, derrubando o soldado. A polícia já havia cercado todo o barraco e subido também no telhado, crivando paredes e teto de balas. João se mantinha encolhido no canto. O rapaz que matara o policial correu para pegar o revólver do comparsa que estava desmaiado e, como que intuído, colocou maldosamente a arma sem balas na direção de João. Nesse momento a polícia entrou, dominando a situação.

Pedro e o outro pivete jogaram as armas, rendendo-se. João estava encolhido, com a cabeça entre as pernas e a arma caída no chão muito perto de seu corpo.

Os soldados foram algemando a todos. João não podia expressar-se de tanto pavor. Policiais revistaram o barraco e descobriram a droga do lado de fora da janela.

O pivete gritava:

— Eu sou menor, tenho só dezesseis anos! Eu sou menor!

O policial o segurou pelo pescoço, parecia querer esganá-lo.

— Foi você, pivete, quem matou meu companheiro de farda! Eu vi de onde saiu a bala. Foi você, seu pivete nojento!

— Cara, eu sou menor, você não pode me levar para a delegacia. Quero falar com o juiz. Não fui eu que atirei, meu chapa; foi aquele sujeito ali, que parece vara de bambu em dia de vento forte.

João, aterrorizado, olhava para ele, sem compreender o porquê de tal acusação, se nem mesmo o conhecia.

Diante da perplexidade de João, o rapaz se animava a falar ainda mais:

— Ele é o nosso chefe. É aqui neste barraco que organizamos as nossas entregas, e os bacanas vêm buscar as drogas.

Contou o que inventara e olhou para Pedro, esperando a sua aprovação. O traficante deu um sorriso, confirmando a história.

João, desesperado, tentou soltar-se para agredir o rapaz.

— É mentira! Eu nem conheço esse pivete. Nem moro mais aqui, pode perguntar aos vizinhos!

Os soldados foram tirando um a um do barraco. Chamaram o resgate para socorrer o menor gravemente ferido. João chorava e pedia para lhe tirarem as algemas.

— Eu sou uma vítima — afirmava –, eles me fizeram refém. Sou um cidadão digno e honesto, pergunte a qualquer um dos vizinhos.

— Essa história é para o delegado que vocês vão contar.

Pedro e os outros dois pivetes pareciam divertir-se com o desespero de João. Com ironia, Pedro comentou:

— Eu sempre lhe avisei, crioulo, que o nosso destino é cana ou cemitério. Você não quis me ouvir... Agora a polícia o pegou, malandro!

Revoltado, João tentava soltar-se para ir contra Pedro, quando os soldados o reprimiram violentamente. Foram todos colocados no camburão e levados para a delegacia.

Junto à porta do barraco, diante dos policiais, Manuel, Glória e Zefa tinham a certeza de que algo horrível acontecera aquela manhã.

O soldado indagado respondeu:

— Não posso dar nenhuma informação, a não ser a de que houve tiroteio com traficantes que estavam aqui neste cômodo.

Manuel tremia:

— Alguém se feriu, além do pobre policial? Onde estão?

— Sim, um rapaz saiu ferido e os outros foram para a delegacia; não tenho mais nada a informar.

Zefa desmaiou. Glória e Manuel a socorreram na casa de uma vizinha. Depois de alguns minutos voltou a si, caindo em choro convulsivo.

Manuel fazia o possível para acalmá-la:

— Dona Zefa, nós nem sabemos se o João estava no barraco. Vai ver foi ele quem chamou a polícia quando percebeu que traficantes tinham invadido o barraco. É melhor nos inteirarmos dos fatos antes de nos descontrolar.

A vizinha veio com um copo de água e contou:

— Não sei dizer quem estava no barraco. A conversa que anda pelo morro é de que o ferido é o Dinho, filho da Maria da cebola; o bichinho é menor, mas anda envolvido com o Pedro, dizem que é responsável por várias mortes. O Pedro também foi preso, com mais três. Por que vocês não vão até a delegacia procurar o Joãozinho?

Manuel levantou-se, apoiando Zefa pelo braço.

— É exatamente o que faremos. Antes, vamos averiguar a que hospital levaram o ferido, para sabermos de quem se trata; em seguida rumaremos para a delegacia.

Depois de percorrerem três hospitais públicos, conseguiram descobrir quem havia sido baleado pela polícia, constatando, aliviados, que não era João. Dirigiram-se então à delegacia, na esperança de colher dados mais precisos. Não obtiveram informações sobre o paradeiro do rapaz, nem sobre onde estavam os traficantes presos no morro pela manhã.

Zefa não tinha mais lágrimas, de tão desolada. Não mais entrava nas delegacias; ficava fora, interrogando todos que passavam. Um policial encostado na viatura observava de longe a aflição da mulher e se condoeu. Quando viu Manuel e Glória saindo, chamou-os:

— Senhor, tenho percebido o quanto vocês estão desesperados atrás de uma pessoa; acho que posso ajudá-los.

Manuel fez um gesto de gratidão:

— Estamos desesperados, sim, pois andamos o dia inteiro de uma delegacia para outra e não recebemos nenhuma notícia do meu genro.

— Eu ouvi aquela senhora perguntando. Houve uma tentativa de fuga nesta delegacia, por isso vocês não estão obtendo informações. Mas hoje, logo ao amanhecer, fizemos um cerco a traficantes na favela da Rocinha; prendemos dois maiores e dois menores, e mais um ficou ferido. Os maiores estão recolhidos aqui, e um deles tem as características descritas pela senhora que chora tanto.

Manuel e Glória empalideceram, pareciam entrar em estado de choque. Manuel, lutando para se recuperar, falou:

— Acho que não estamos falando da mesma pessoa. Meu futuro genro nunca se envolveu com bandidos, tem horror a drogas, é muito trabalhador e estudioso. Só estava na favela para vender o barraco da mãe.

O soldado coçou a cabeça:

— Eu só sei que hoje de manhã prendemos dois homens maiores na favela, um branco e um negro. Vocês devem procurar o delegado e afirmar que João está aí, preso. O dia foi muito tumultuado, o doutor delegado nem teve tempo de interrogar os dois homens que trouxemos; por isso ninguém tem a informação. Eles devem estar jogados na cela, sem identificação. Eu os aconselho a retornarem com um advogado, vai ficar mais fácil.

Manuel agradeceu e os três foram para o carro.

— O que vamos fazer, pai? Será que o que ele disse é verdade? Será que prenderam o João?

Zefa começou a gritar:

— Eu vou falar com o delegado! Meu filho é um homem de bem, só estava lá no inferno por minha culpa.

Glória e o pai tentavam tranquilizá-la. Manuel tomou a palavra:

— Dona Zefa, a situação está complicada, e não é dessa maneira que iremos resolvê-la. Preciso telefonar para casa e para a fábrica de móveis; pode ser que João já tenha aparecido e que estejamos neste desespero sem nenhum fundamento.

O português caminhou até um telefone público, de onde voltou cabisbaixo.

— Nada, nenhuma notícia; nosso menino sumiu. Infelizmente, acho que o policial está com a razão. João deve estar preso.

Zefa entrou em pânico:

— Eu vou falar com o delegado, ele vai ter de me dar notícias do meu Joãozinho.

Manuel ficou pensativo, até que decidiu:

— Faremos melhor, não adianta ficarmos aqui. Vamos procurar um advogado.

Glória enxugava as lágrimas e alertou, apreensiva:

— Mas eles cobram muito caro, e não conhecemos ninguém.

Foi aí que Manuel teve a ideia brilhante:

— Vamos até a universidade. João tem muitos professores advogados, promotores e até juizes. Não tenho dúvida de que irão nos ajudar.

Gloria concordou:

— Pai, realmente foi uma grande ideia!

CAPÍTULO

13

O INFERNO INTERIOR

Quando o camburão parou na delegacia, Pedro e João foram encaminhados para uma cela que já estava lotada. Tiraram-lhes as algemas e foram jogados junto com os outros presos, que ficaram furiosos ao verem seu espaço diminuir ainda mais. Enquanto alguns sentavam, outros ficavam de pé. Uma parte deles dormia durante o dia e a outra à noite, pois não havia espaço para todos se esticarem ao mesmo tempo. O mau cheiro causava náuseas e João sentia-se desmaiar. O chefe da cela logo notou que o rapaz não fazia parte do grupo.

— É a primeira vez que vejo um negro enjoar quando entra aqui na biboca. Esse malandro não tem cara de um dos nossos, é muito pó-de-arroz.

Pedro manteve-se calado enquanto provocavam João. O rapaz estava tão abalado emocionalmente que parecia alheio a tudo à sua volta.

O chefe da cela continuou a provocá-lo:

— Olhem só, é um negro metido a bacana! Marcão, pegue a faca; vamos colocar nossa marca nesse neguinho metido.

Marcão era um negro forte, com mais de um metro e oitenta. O sorriso sarcástico denunciava que lhe faltavam alguns dentes. Pegou no braço de Joãozinho, rasgando sua camisa na altura do ombro. Com a faca fez duas incisões em forma das letras C e V. Os cortes começaram a sangrar. João tirou o braço das mãos de Marcão, embrulhando-o no resto da camisa, na tentativa de estancar o sangue.

O chefe da cela, a quem chamavam Pimenta, começou a rir debochadamente.

— Negão, filhinho da mamãe, agora você tem a nossa marca; todo mundo vai saber que já passou pela cana. Eu não gostei da sua cara de sabichão; por isso vai ser a florzinha da nossa cela.

Todos riram e aplaudiram. Pedro, no canto, procurava não chamar a atenção do grupo.

Invisíveis aos olhos dos prisioneiros, Avelino, Argemiro e Antônio assistiam à cena, junto com comparsas de Luando. Agiam livremente, sem despertar qualquer suspeita. Com a invisibilidade que lhes garantia acesso à mente despreparada daqueles encarnados, tinham contribuído muito para todos os fatos que estavam ocorrendo.

Pedro era totalmente orientado pelo grupo de Luando, com o qual tinha uma espécie de parceria para espalhar as trevas. Quando desencarnado fizera parte dele. Assim, a trama arquitetada pelos desencarnados fora fielmente executada por ele e seus seguidores.

João estava totalmente desarvorado. Avelino, aproveitando-se de suas condições emocionais, impôs ainda mais seu domínio sobre a mente do rapaz, que, como em ação hipnótica, era privado da personalidade. Para maior desespero, ele sentia a mente intrusa opondo-se à sua liberdade de pensar. As ideias de Avelino atravessavam seu cérebro com velocidade superior à da luz, impedindo-o de tentar encontrar uma saída. Sem força para lutar, caiu em apatia. A vontade de Avelino se tornara mais poderosa que a sua. Diante daquelas ocorrências, sentia apenas medo, de tudo e de todos — até de si mesmo e do monstro que parecia habitar-lhe a mente. Os pensamentos atormentados tinham uma carga violenta de ódio, que ele não distinguia se era contra os acontecimentos ou contra si próprio.

Manuel, Glória e Zefa foram até a fábrica em que Joãozinho trabalhava. O senhor Luís e seu filho Afonso escutaram chocados a história que Manuel lhes contou. Não podiam acreditar que o rapaz estivesse preso, devia haver algum engano. Talvez tivesse ocorrido com o rapaz algo que eles desconhecessem. João era muito querido pelos patrões, sua inteligência ímpar e seu bom caráter os haviam conquistado.

Afonso se propôs a ir junto com Manuel até a universidade, procurar algum professor que os auxiliasse a solucionar o problema.

Zefa estava esgotada. Muito pálida, quase não conseguia manter-se em pé. Glória foi com ela até sua casa, que ficava no fundo da fábrica.

— Dona Zefa, vou fazer um chá. Além de nervosas, estamos praticamente sem nos alimentar o dia todo. Precisamos nos equilibrar e pensar em como ajudar o nosso Joãozinho.

Zefa desatou a chorar:

— Minha filha, tenho certeza de que meu filho está enfrentando problemas muito graves. Sinto-me tão culpada! Fui eu que o forcei a ficar na favela. Ele é a melhor pessoa que conheço neste mundo, não merece passar por nenhuma tristeza. Sou eu que mereço, eu que cometi muitos deslizes na vida.

Glória aproximou-se, colocando a mão no ombro de Zefa:

— Não chore nem se lamente. A senhora não tem culpa de nada. É tudo uma fatalidade, e vamos sair desta. Tenho muita confiança em Deus.

As duas ficaram chorando baixinho.

Afonso e Manuel rumaram para o *campus* da universidade; já era noite e as turmas estavam em aula. O primeiro com quem tiveram contato foi o professor Almeida. Atencioso e sensível, percebeu de imediato que a história e a preocupação dos dois tinham fundamento. Esperou o intervalo para comunicar-se com os outros professores do curso. Todos ficaram indignados, já que João era muito conhecido por sua dedicação e seus dotes de inteligência.

O doutor Adriano, especialista em direito penal, interessou-se pelo caso e se comprometeu a ir no dia seguinte logo cedo averiguar a situação e tomar as providências cabíveis. Pediu calma a Afonso e Manuel, assegurando que tiraria o rapaz da cadeia.

O professor era uma pessoa de bons sentimentos e conhecia muito bem seu aluno João, com quem mantinha longos diálogos, sempre que possível. Sabia que ele estava sendo alvo de uma grande injustiça, e faria tudo sem receber honorários. Sabia também que o seu aluno era pobre em recursos financeiros, apesar de rico em qualidades.

Manuel e Afonso retiraram-se, agradecendo muito aos professores por toda a atenção recebida. Voltaram para a casa de Zefa esperançosos.

Encontraram as duas mulheres diante da televisão, abatidas, à espera de alguma notícia. Eles contaram todos os detalhes da conversa com os professores. Zefa era incapaz de entender por que não iriam soltar o filho ainda naquela noite. Como o coitadinho iria continuar preso sem nada dever?

A noite foi chegando e a cela superlotada parecia mais lúgubre. João tinha a sensação de haver sido jogado num fosso sem fundo. A tristeza e a angústia eram muito maiores que toda aquela escuridão. Era como se tivesse perdido a sua identidade humana, tornando-se um imenso vazio escuro e sombrio. Sabia estar vivo apenas por ouvir as batidas do coração que pulsava e a respiração que não cessava. Gostaria de ter o poder de impedir que o coração batesse e o ar penetrasse nos pulmões. Indagava-se onde estaria Deus que não vinha socorrê-lo. Não lhe vinha à lembrança nenhuma oração. Mas orar para quê? Esvaziara-se de fé e de sentimentos. Sentia-se como um corpo de carne que ia perdendo a forma na escuridão. Estava só e abandonado à própria sorte, temia nunca mais sair do inferno. Nem mesmo podia gritar ou chorar.

Sombras na escuridão da cela pareciam movimentar-se. João, ali jogado no canto escuro, divisava entre os vultos a figura grotesca de seu inimigo Avelino. Aterrado, cobria os olhos na tentativa de evitar a visão macabra. Era inútil. Continuava a perceber Avelino, com o olhar ameaçador, sentia naquela criatura um ódio profundo. João achava que delirava, e que por isso tinha a impressão de ver assombrações. Aquela figura sinistra parecia falar, com uma voz que ecoava dentro de sua cabeça.

— Seu maldito, você destruiu meu lar, meus sonhos... Agora pague pela dor que causou. Desgraçado, o inferno para você é pouco! Acabe com essa vida amaldiçoada, faça esse coração insensível parar de bater.

João tapava os ouvidos, na vã ilusão de assim ser poupado das agressões proferidas por seu acusador.

Esforçava-se para lembrar de onde conhecia Avelino. Sua mente racional buscava uma resposta que não encontrava.

— Vá embora, demônio! Vá para o inferno e me deixe em paz! Não me acuse de atos que não pratiquei.

Avelino aproximou o rosto do de João. O rapaz sentiu um arrepio percorrer-lhe a espinha.

— Maldito, tinha dinheiro e poder para usar contra mim. Quem tem de ir para o inferno é você, infeliz, já que na minha memória queima como fogo e jamais me deixou em paz.

João sentia o corpo arder em febre. O suor brotava em bicas, tinha a boca seca, os olhos esbugalhados. Parecia ter perdido a lucidez. Os companheiros de cela não tinham noção de seu estado físico devido à escuridão. Apenas percebiam que o rapaz gemia e se agitava.

A culpa, que no inconsciente lhe incendiava a alma, deixava-o ainda mais à mercê do inimigo.

Naquele momento, João sentia a alma sair do corpo e vagar pelo espaço, em busca de recordações de outra vida. O corpo assumira aparência diversa, com vestes diferentes. Branco, de estatura média, via-se jovem, belo e orgulhoso. Caminhava com passos lentos por uma rua de pedras. Ao longe, divisava uma igreja cujo sino batia fortemente, chamando os fiéis para a missa. Ouviu alguém chamando-o. Era um rapaz que aparentava, como ele, uns dezoito anos.

— João Custódio, espere-me! Também estou me dirigindo para a igreja.

Cumprimentaram-se sorridentes e subiram juntos os degraus da matriz. Ao entrarem na igreja os dois jovens bem vestidos tiraram da cabeça o gorro de lã; procuraram um lugar no fundo para assistir à missa. Terminada a celebração, saíram sorridentes.

— João Custódio, fiquei sabendo por sua irmã Glória que você vai estudar em Coimbra a partir do próximo mês.

Os olhos orgulhosos do rapaz brilharam ainda mais.

— Alfredo, você sabe que o meu sonho é estudar, aprimorar meus conhecimentos. Felizmente meu pai concordou que eu vá morar em Coimbra.

Com satisfação, o amigo continuava a perguntar:

— E dona Maria de Fátima aceitou? Ela é tão apegada aos filhos!

O rapaz fez um ar de riso.

— Não sou mais criança. Ela andou chorando, disse que meu pai está doente, mas ele não lhe deu atenção.

As cenas passavam pela cabeça de João como um filme; não sabia se sonhava. As lembranças eram tão reais como se aquilo tivesse acontecido há pouco tempo. Extremamente confuso, percebeu estar novamente na cela escura; o corpo inteiro lhe doía. Perguntou-se o que estava ocorrendo, sem obter resposta. Rememorou os sonhos que tivera meses antes, quando se via em Portugal, na frente de uma casa de pedra. Já nessa noite se sentira em outro corpo e com trajes que lembravam uma época anterior.

O sol começava a surgir no horizonte, dissipando as trevas e trazendo a realidade do presente. João correu a mão pelo rosto e pensou: "Meu Deus, devo estar louco! Vejo fantasmas, sinto-me viver em outra época e em outro corpo. Acho que enlouqueci".

Avelino, aproveitando-se de toda a fragilidade do rapaz, tentava confundi-lo mais, infiltrando em seu íntimo ideias pessimistas e lhe sugerindo que a única saída seria o aniquilamento do corpo físico. João se empenhava em lutar com o intruso, recusando seus pensamentos, porém suas forças gradualmente se esgotavam.

O carcereiro aproximou-se da cela, chamando por João. Finalmente o delegado iria anotar seu depoimento. Ele caminhou cabisbaixo pelo corredor de onde se viam as celas superlotadas. Na sala encontravam-se, além do delegado, o escrivão e um investigador. Com indiferença, foi oferecida uma cadeira ao rapaz, que mantinha a cabeça e os olhos baixos.

O delegado lhe dirigiu a palavra, fitando-o nos olhos:

— Senhor João da Silva, o senhor foi pego em flagrante, em uma batida policial, e está sendo acusado de homicídio culposo, pela morte de um membro da PM, de tráfico de drogas, assim como pelo porte de 990 gramas de cocaína e mais 250 gramas de maconha; e também pesa sobre o senhor a acusação de porte ilegal de arma.

O rapaz começou a chorar, provocando o riso irônico dos policiais ali presentes. Com sacrifício, ele procurou coordenar os pensamentos e as emoções.

— Senhor delegado — principiou –, eu nunca usei ou portei uma arma na minha vida; nunca portei droga, muito menos usei, apesar de inúmeras oportunidades; e não atirei naquele policial. Invadiram o barraco onde eu estava, e logo vieram os policiais atirando, Eu estava ali apenas por uma casualidade do destino. Não tenho antecedentes criminais, e posso provar que sou inocente. Tenho trabalho fixo, residência, e estou cursando o quarto semestre do curso de direito na Universidade Federal.

O delegado o olhou expressando descrédito:

— Você está muito encrencado. Vai ter de arrumar um advogado para tirá-lo da cadeia e relaxar o flagrante, o que acredito que será difícil. Além disso, existe o testemunho do companheiro do policial morto e dos próprios elementos que dizem ser de sua quadrilha.

— Estou sendo vítima de uma trama — assegurou João, inclinando a cabeça. — Nunca tinha visto aqueles rapazes; acho que vão acabar se contradizendo, pois estão faltando com a verdade. Quanto ao policial, ele não viu quem atirou; eu estava do lado oposto ao do verdadeiro criminoso, que fez tudo para me culpar. Se o senhor o interrogar com muita perícia, verá que ele vai cair em contradição.

Aos poucos João adquiria serenidade para argumentar. O delegado prosseguiu o interrogatório:

— E o que você fazia lá no momento do tiroteio, se não mora na Rocinha?

— Morei muito tempo, passei ali toda a infância e uma parte da adolescência. Aquele barraco é de minha mãe e estava desocupado. Infelizmente ela insistiu que deveria vendê-lo, para que não fosse invadido. Eu estava dormindo nele provisoriamente, até ser vendido.

— Qual é o seu relacionamento com Pedro?

João respondeu olhando de frente para o delegado.

— Fomos amigos de infância. Depois Pedro pegou um caminho diferente do meu, e isso criou divergências entre nós. Não mais nos falávamos.

— E os outros rapazes da quadrilha?

— Nem os conheço. Acho que me acusam porque são cúmplices de Pedro, que é de fato o chefe. Vocês devem saber melhor do que eu que ele comanda todo o tráfico na Rocinha.

— O que você tem a declarar quanto a essas acusações?

— Sou inocente, vítima de uma trama.

— Você pode até estar dizendo a verdade — admitiu o delegado –, mas lamentavelmente existem muitas evidências contra seu depoimento. Por certo, terminada a investigação, o promotor irá instaurar inquérito que o levará a julgamento. Caso não tenha condições de pagar um advogado, teremos de encaminhá-lo para que o Estado nomeie um para defendê-lo. Você tem direito de ligar para alguém ou chamar um advogado, avisando de sua prisão.

João declarou, cabisbaixo:

— Sou pobre, e terei de me submeter; não tenho como pagar um advogado.

O delegado deu ordens para que o carcereiro o reencaminhasse à cela. Ao se erguer ele cambaleou, sentindo que teria de voltar para o inferno. Depois que saiu, o delegado comentou com o escrivão:

— Conheço bandido muito bem, e acho que esse rapaz disse a verdade. Infelizmente, no entanto, vai ser difícil provar sua inocência. A lei está baseada em provas e evidências, e existem muitas contra ele.

No instante em que João saía da sala do delegado chegava o professor Adriano. Ao deparar com ele, o rapaz não controlou o pranto:

— Professor, caí numa armadilha, sou inocente. Estou desgraçado para o resto da minha pobre e miserável vida.

Adriano ficou comovido. Conhecia bem seu aluno e sabia de sua inocência e sinceridade.

— Não se preocupe, vou tirá-lo dessa enrascada, meu rapaz. Vou assumir o seu caso e usarei todos os recursos com que a lei nos favorece. Vamos, se Deus quiser, provar a sua inocência e pôr os verdadeiros culpados atrás das grades. Preciso conseguir relaxar o flagrante.

O carcereiro puxou João, exigindo que ele entrasse no corredor que conduzia à cela. O professor entrou na sala do delegado, apresentando-se. O doutor Lopes levantou os olhos e seu tom foi de admiração:

— Professor Adriano, há quanto tempo não nos vemos! O que faz o senhor aqui na minha delegacia?

— Doutor Lopes! Eu não sabia que o melhor aluno da turma era delegado.

Com carinho o jovem pegou a mão de seu ex-professor.

— Prestei concurso, estou nesta delegacia há dois anos. Apesar de todas as dificuldades, estou fazendo o que gosto.

O doutor Adriano abraçou o ex-aluno afetuosamente.

— Nós, professores, vibramos com o sucesso de todos os que já foram nossos alunos. É como se cada um carregasse um pouco da nossa experiência e dos nossos conhecimentos.

— Mas o que o trouxe até aqui? Estamos longe da universidade.

O velho mestre fez um ar tristonho.

— Um aluno muito querido de todos está preso, vítima de uma emboscada, acredito. Seu nome é João da Silva e estou aqui para me inteirar dos fatos, porque vou defendê-lo.

O doutor Lopes foi até a mesa do escrivão, pegando alguns papéis.

— Eu acabo de tomar o depoimento dele.

O advogado de João sentou-se e leu calmamente.

— Tudo o que está aqui é a mais pura verdade — disse ao concluir a leitura. — Os parentes estão desesperados, sem saber do seu paradeiro, e eu já tinha ouvido deles a mesma versão. João é um rapaz que teve todas as oportunidades para se tornar um delinquente. Foi criado na rua, e com muito sacrifício hoje é um dos melhores alunos de direito na Universidade Federal. Tem um QI superior e uma carreira brilhante pela frente, se conseguir livrar-se das acusações que está sofrendo.

O delegado ficou admirado e pensativo.

— Achei que ele mentia quando disse ser aluno da Federal.

— Como professor e amigo, vou cuidar da sua defesa. Quero usar todos os recursos para tirá-lo da cadeia. É uma barbaridade interromper o curso e as diretrizes desse pobre rapaz. Sua história é fascinante; num esforço heróico ele chegou onde está, e não é justo que marginais queiram boicotar sua carreira apenas por inveja.

O delegado, diante da convicção de seu ex-professor, ficou ainda mais interessado pela história e pela apuração dos fatos em que o rapaz estava envolvido.

— Meu aluno João tem residência fixa, trabalha há muitos anos em uma firma de médio porte, e sua frequência é regular na faculdade de direito. Existem muitos detalhes nessa história que eu gostaria que o senhor averiguasse.

— Prometo, professor, que tudo farei para apurar a verdade e acionarei os meus melhores investigadores para poder favorecer o rapaz. Já pedi o exame para identificar vestígios de pólvora nas mãos dos cinco ocupantes do barraco naquela manhã. Também estamos verificando de que revólver saiu a bala que matou o soldado da PM.

O doutor Adriano levantou-se.

— Eu agradeço. Só queremos garantir que a verdade apareça, doutor. Eu gostaria ainda de ver o relatório do pessoal que fez a perícia no barraco, junto ao corpo do soldado; quero saber onde se localizava a pessoa que atirou nele. Suponho que um bom e detalhado relatório poderá inocentar o meu cliente. Estou quase certo de que os policiais que participaram do tiroteio terão condições de prestar depoimento a favor de João. Doutor Lopes, só tenho mais um pedido: poderia falar com meu aluno?

O delegado, que já estendia a mão num gesto de despedida, considerou:

— Como poderia não atender o pedido de um mestre, que me trouxe tantos ensinamentos e tão boas recordações do curso de direito? Fiquei muito contente em revê-lo, sobretudo com essa disposição para defender seus alunos. É claro que terei o prazer de recebê-lo algumas vezes aqui na delegacia, e não tenha dúvida de que usaremos todos os recursos para levantar a completa verdade desse caso.

O professor Adriano segurou-lhe a mão:

— Foi bom encontrá-lo, meu rapaz. Acredito que é a mão de Deus.

O delegado, acostumado à árdua e violenta jornada de trabalho do posto que ocupava, comoveu-se diante da figura séria e honesta do velho professor. Transformou o aperto de mãos em um caloroso abraço.

— São pessoas como o senhor que ainda me fazem crer no mundo e conseguem me emocionar.

O delegado Lopes determinou ao carcereiro que trouxesse João à sala ao lado, para conversar com o advogado, ordem que foi imediatamente atendida.

— Professor Adriano, estou sempre aqui; se precisar de mim, sabe onde trabalho. E aqui está o telefone de minha casa; para o senhor não existe dia nem hora. Quero que quando puder vá conhecer minha esposa e minhas duas filhas.

O velho mestre fixou os olhos claros no ex-aluno.

— Terei imenso prazer em conhecer a sua família.

Com um último aceno o delegado se despediu, voltando para sua sala e para a continuação do trabalho que o esperava.

O professor Adriano sentou-se num banco de madeira, aguardando a entrada de João, que não tardou. Ao deparar com o querido mestre, ajoelhou-se aos seus pés em pranto incontido. Era o primeiro rosto amigo que via depois de muitas horas de sofrimento e angústia.

O professor passava as mãos carinhosas na cabeça do rapaz.

— Calma, João, lembre-se de que Deus nunca nos falta nas horas mais difíceis. Muitas vezes somos testados em nossa capacidade de tolerar, amar e nos resignar com os obstáculos que cruzam nosso caminho.

— Eu sei, professor — ele falou enxugando as lágrimas. — A vida me tem exigido muito, mas a última coisa que esperava era ficar preso neste inferno. Não há lugar pior no mundo.

Com ar afetuoso o professor esclareceu:

— Eu já li o seu depoimento; o delegado foi meu aluno e irá facilitar todas as investigações para provarmos que é inocente. Advoguei muitos anos nesta vida, confie na minha experiência; e empregaremos todos os meios que nos concede a lei. Agora precisa se acalmar, sua estada aqui é temporária. Já estou entrando com recurso junto ao juiz; quero a paralisação do inquérito; vou tentar relaxar o flagrante. Se conseguir, ainda hoje o tirarei daqui.

A serenidade e a segurança do professor e amigo caíam como bálsamo na mente perturbada do rapaz.

— Como soube que eu estava preso, professor?

— O seu futuro sogro e o seu patrão estiveram no *campus* da universidade. Todos estão muito aflitos pela falta de notícias suas, porém em breve levarei as informações que irão acalmá-los. Caso não consiga tirá-lo daqui hoje, só poderá vê-los no dia da visita.

— Pensei que amanhã já estivesse fora daqui — deplorou João. — Minha pobre mãe deve estar desesperada! Ela não tem ninguém, só eu.

O professor deu um sorriso.

— Sua noiva, que parece um anjo, está cuidando dela, não se preocupe. O senhor Manuel não vai deixar que lhe falte nada. Você tem muitos amigos, João. Nós não vamos permitir que coisas ruins lhe aconteçam. Confie em Deus, meu filho. Encha seu coração de otimismo e fé, e tudo passará com mais confiança e tranquilidade. Não torne as coisas mais complexas do que estão; vamos procurar solucionar da melhor maneira, pode crer. Você já enfrentou tantos desafios e sempre tem saído deles fortalecido; encare mais este de cabeça erguida. Só depois das grandes batalhas aparecem os heróis. Filho, tudo o que acontece em nossa vida tem seus motivos. Mesmo que não raro os desconheçamos, é preciso lidar com as adversidades sem revolta e ódio no coração.

— Eu sei, tenho sensações estranhas que muitas vezes parecem sonhos, embora esteja acordado. Sinto-me em Portugal, vivendo em outros tempos, com vestes de fidalgo, num corpo branco e orgulhoso.

Essa confidência levou o advogado a refletir e explicar:

— Vivemos muitas vidas, João. É o nosso passado que muitas vezes justifica as provas que nos são impostas no presente; elas fazem parte da nossa evolução espiritual. Não podemos fraquejar diante da dura prova; a fé deve ser nossa companheira constante. Coragem, meu filho, tenho certeza de que nosso delegado vai colocá-lo numa cela com indivíduos de menor periculosidade, e logo chegarão notícias minhas. Confie, João.

Os dois se despediram com um abraço cordial. João caminhou mais confiante, sem olhar para trás. Uma hora depois o carcereiro o transferiu da cela onde também estava Pedro, e ele percebeu que o novo ambiente era um pouco mais ameno. Acomodou-se junto da janela, sentando-se com o rosto entre as pernas. Todos notaram o sofrimento do rapaz.

Capítulo

14

Provas penosas

Fazia horas que Manuel, Glória e Zefa estavam sentados no banco de madeira ao lado da sala dos professores. Aguardavam ansiosos a chegada do professor Adriano.

Quando enfim o avistaram, os três se ergueram ao mesmo tempo; o velho mestre aproximou-se, oferecendo a mão a Manuel num cumprimento caloroso.

— Boa tarde, senhoras. Como vai, senhor Manuel?

— Boa tarde, professor — o português respondeu com cordialidade. — Tem notícias de meu afilhado?

O professor respondeu olhando para dona Zefa:

— Lamento confirmar que João está preso na delegacia. É acusado de assassinato de um policial no tiroteio, de porte ilegal de arma e de tráfico de drogas.

Zefa desmaiou ao ouvi-lo, sendo amparada por Manuel. Voltando a si, caiu em pranto, descontrolada:

— Meu filho é inocente! Como podem prendê-lo? Ele nunca esteve com bandido, é trabalhador e honesto. Isso é uma terrível injustiça.

O professor tentava acalmá-la:

— Senhora, nós sabemos que João é inocente e faremos tudo para tirá-lo da cadeia.

Ele explanou todos os fatos ocorridos, até seu diálogo com João, sem ocultar a gravidade do problema. Ainda assim, a maneira simples e sincera com que se expressava trazia algum alento para aqueles corações.

— Depois de amanhã haverá visita, vocês poderão conversar com ele; terão de ir calmos, para lhe transmitir tranquilidade, tão necessária neste momento. Espero, com a vontade de Deus, livrá-lo da cadeia. Agora vocês devem descansar.

Manuel baixou os olhos, enxugando as lágrimas.

— O senhor tem razão. Uma boa noite de sono nos ajudará a enfrentar melhor esse problema. Sei que fará tudo para defender nosso João de tantas calúnias, e não haveria melhor advogado para fazer isso.

Os três se despediram do professor e Zefa quis voltar para casa; Glória insistiu em ficar, mas ela não aceitou.

— Minha filha, estou acostumada com a dureza da vida. Vou ficar bem. Amanhã terei de ir trabalhar, já estou parada há dois dias; a patroa é capaz de me dar a conta. Vá para casa com seu pai; sua mãe deve estar muito preocupada.

Despediram-se, e Manuel e a filha rumaram para casa.

Maria de Fátima estava na varanda, com os olhos fixos na rua. Quando viu o táxi do marido, correu para abrir o portão.

— Vocês estão me matando de tanto esperar... Não me comunicam nada, fico aqui desprezada. Encontraram o João?

Manuel fez um gesto afirmativo, enquanto Fátima abria a porta para Glória.

— Não me digam que ele morreu assassinado naquela favela.

— Bem que a senhora gostaria de escutar isso — a filha reagiu furiosa. — Graças a Deus não vamos dar-lhe esse prazer.

Fátima saiu atrás do marido, batendo os pés.

— Já que sua filha é tão mal-educada, talvez o senhor possa me contar o que está acontecendo. Ninguém mais trabalha nesta casa, parece que somos ricos! Vocês desaparecem e deixam a gente sem nenhuma notícia...

Manuel virou o rosto para encarar a esposa.

— A senhora tem atitudes tão ásperas que é difícil contar-lhe alguma coisa; acho que devemos ficar calados para não nos aborrecermos ainda mais. Tivemos muitas horas de angústia e não queremos mais nenhuma amolação por hoje. Vou tomar um banho, comer um pouquinho e dormir.

Glória passou pelos dois sem olhar.

— Eu vou fazer a mesma coisa.

— Como podem falar comigo como se eu fosse sua empregada? — reclamou Fátima. — Eu mereço explicações; tenho interesse em saber o que está havendo com o meu afilhado.

Gloria entrou no quarto, onde a irmã Clara lia um livro.

— E então, Glória? Acharam o João? Estou tão nervosa que não consegui nem me alimentar.

Glória guardou a bolsa no armário, fechando a porta do quarto para que a mãe não ouvisse a conversa.

— Foram os dois piores dias da minha vida. O João está preso, sofreu acusações horríveis.

O ar de Clara era de incredulidade. Acompanhou com lágrimas nos olhos a narrativa da irmã sobre os graves acontecimentos.

— Eu não posso acreditar que coisas tão ruins estejam ocorrendo com o seu namorado; ele é tão bom e correto!...

Glória sentou-se na cama, enxugando as lágrimas.

— Nem eu. Ele tem obtido as melhores notas na faculdade, é muito esforçado no emprego e por isso recebeu melhora significativa de salário. Estávamos fazendo planos para nos casar dentro de dois anos, se as coisas corressem bem. Agora parece que tudo deu errado. Só que eu não vou deixar o João por nada neste mundo. Sou capaz de esperá-lo por vinte anos.

Fátima abriu a porta e entrou aos berros:

— Eu sabia que aquele rapaz com cara de santo era um marginal. Vocês não queriam contar, mas eu ia acabar descobrindo. Que vergonha! O namorado da minha filha, um traficante de drogas. Era só o que me faltava, passar tal vergonha. Glória, você está proibida de pôr os pés naquela delegacia imunda. E se não me obedecer, aqui na minha casa honrada não pisa mais!

Clara se colocou entre a mãe e a irmã.

— Mãe, a senhora está ficando louca. Ficou ouvindo atrás da porta e nem sabe da história direito, para falar essas bobagens. Conhece João o suficiente para saber que ele não é traficante. Sente-se, ouça e se acalme.

Fátima continuava gritando, possessa, sem ouvir a filha.

— Imagine, minha filha namora um bandido! Tantas vezes avisei o pai dela que não deveria trazer aquele moleque aqui para dentro, e ele insistiu. Está provado que eu tinha toda a razão.

Manuel entrou no quarto.

— Cale-se, mulher estúpida. Fala o que não deve, está ofendendo a mim e a sua filha. Não merecemos ouvir tanta bobagem.

Fátima não parava de gritar, enraivecida:

— Ninguém me manda calar a boca! Como podem todos defender um marginal?

— Fátima, já lhe disse: cale-se, ou tomarei uma medida de que não vai gostar. Estamos muito cansados e tristes para enfrentar sua língua venenosa. Amanhã prosseguiremos o assunto. Por favor, deixe-nos em paz.

Fátima percebeu que o marido e as filhas estavam muito exaltados, como nunca os vira. Resolveu ir para a sala ver televisão.

— Vou ligar a televisão para assistir ao jornal. Talvez assim fique sabendo as verdadeiras notícias sobre o marginal.

Ofendida, Glória ia na direção da mãe, porém Clara a segurou pelo braço.

— Você sabe como nossa mãe é ignorante para certas coisas. Ela nunca aprovou seu namoro com o João; quando se trata deste assunto parece que fica irracional.

Glória estava esgotada de tantas emoções desagradáveis que vivera nas últimas horas; não tinha mais condições físicas e emocionais para manter uma discussão inútil com Fátima. Deitou-se, debulhando-se em lágrimas. Manuel, também exausto, foi para o quarto tentar descansar, enquanto Fátima, na sala, permanecia furiosa. Iria procurar uma maneira de retomar o assunto no dia seguinte, para se vingar das ofensas que achava ter sofrido da filha e do marido.

CAPÍTULO

15

PRISIONEIRO DE SI MESMO

A notícia da prisão de João caiu como uma bomba na fábrica em que ele trabalhava. Todos ficaram surpresos e tristes, até mesmo os patrões. Agenor, o melhor amigo, chorou ao saber que ele estava naquela situação. Depois que terminou seu turno na fábrica, correu até a casa de Zefa; angustiado, queria mais informações. A mulher o recebeu com um abraço.

— Entre, meu filho, você não sabe da alegria que sinto ao vê-lo. Estou muito triste, tenho no peito a mesma sensação do dia em que meu filho Argemiro morreu. Meu coração dói de tristeza e parece que vai parar. Fico pensando no meu pobre filho naquele lugar, no meio de marginais. Tenho medo de que João faça alguma besteira, no auge do desespero.

Agenor pegou carinhosamente a mão de Zefa.

— Não fique assim, dona Zefa. Neste momento difícil, lembre-se de que Deus, nosso Pai de bondade infinita, nunca nos desampara. É preciso que a senhora se encha de coragem e fé para levá-las ao seu filho que passa por tão grande provação. João é muito valoroso, tem enfrentado todas as tribulações da vida e vai encarar mais esta, saindo dela ainda mais forte. Sabe que tem a mãe, a noiva, o padrinho e todos os amigos que irão apoiá-lo. Precisamos fortalecê-lo na fé.

Zefa enxugou as lágrimas que caíam dos seus olhos cansados.

— Agenor, sei que você é o melhor amigo do meu filho. Não o abandone! Passe ao meu João a coragem e a fé que tem em seu coração.

Sentaram-se na cozinha, e ela então relatou ao amigo todas as ocorrências daqueles dois trágicos dias. O jovem a escutava com atenção, muito comovido.

— Dona Zefa, gostaria de ir com a senhora visitar o nosso Joãozinho. Temos de estar unidos para o ajudar. Vou pedir dispensa ao patrão, depois compenso as horas de trabalho. Com certeza muita gente lá da fábrica vai querer ir até a delegacia dar o seu apoio a ele. Seu filho é uma pessoa muito especial. E o senhor Afonso não vai deixá-la desamparada.

A mulher olhou para o rapaz com olhar vago, mas carregado de tristeza.

— Eu sei, Agenor, seu patrão é uma pessoa muito boa. Estou tão acostumada a passar por dificuldades que acho que elas não mais me assustam. Tenho meu emprego e a segurança de que não vai me faltar um lugar para ficar, na casa de dona Angélica. Ela e o meu patrão, senhor Marcos, já estiveram aqui hoje; queriam até arrumar advogado para meu filho.

Agenor falou olhando firme para dona Zefa:

— Nessas horas é que descobrimos quem são nossos verdadeiros amigos. Hoje irei ao centro espírita e pedirei ao senhor Lima, nosso diretor, uma vibração especial para o João. Temos de orar muito por ele, por seu equilíbrio e por sua fé nesta provação.

Agenor ficou pensativo. Ele tinha conhecimento das perseguições espirituais de que João vinha sendo vitima. Embora não soubesse qual o nível de gravidade, temia que tais entidades pudessem influenciá-lo a cometer grandes desatinos.

Não demorou a se despedir de dona Zefa. Precisava voltar para casa e preparar-se para ir ao centro espírita.

Lívia, a esposa de Agenor, era uma criatura meiga e gentil. Nascida num lar espírita, não tivera dificuldade para levar o marido a frequentar o centro e se tornar ativo trabalhador. O casal tinha dois filhos ainda pequenos, André e Gustavo. Sua casa era pequena e muito humilde, mas muito bem cuidada pela mulher.

Junto à entrada, os dois meninos esperavam ansiosos pelo pai. Lívia, na cozinha, ultimava o preparo do jantar. Quando Agenor abriu o portão os pequenos correram para abraçá-lo; a mãe saiu da cozinha, repetindo o gesto dos filhos.

Agenor, feliz, ergueu os meninos nos braços.

— Boa noite, meus queridos. Papai trouxe um docinho para cada um; para comer depois do jantar, é claro.

Aproximou-se da esposa, dando-lhe um beijo.

— Meu amor, vim sentindo o cheiro da sua comida desde o ponto de ônibus; acho que a vizinhança toda fica com água na boca.

Lívia deu um grande sorriso ao dizer:

— Você está sempre de bom humor, meu querido. É uma comidinha tão simples... Só é feita com muito carinho.

Agenor apertou-lhe a mão.

— É na simplicidade que estão as melhores coisas da vida: em uma flor, em um sorriso, em um abraço, em uma comida feita com carinho, nesse pequeno gesto de amor que minha família vem me trazer ainda na porta. Vamos entrar, minha querida. Quero lhe contar sobre o meu amigo João e me preparar para os trabalhos no centro.

Lívia ouviu atenta o relato do marido, emocionada com o sofrimento do amigo João.

— Devemos dar todo o apoio, não só a ele, como também à sua mãe. Pobrezinhos, estão passando por uma grande provação.

Agenor ficou pensativo.

— Hoje estive com dona Zefa; até a convidei para vir passar uns dias aqui, enquanto João não sai da cadeia, mas acho que ela prefere ficar na casa da patroa. O que mais me preocupa são os obsessores de nosso amigo, que devem estar aproveitando a situação para levá-lo a um desequilíbrio maior. Temos de vibrar muito por todos eles; vou mais cedo para o centro, a fim de comunicar o ocorrido ao senhor Lima.

Lívia enxugou as lágrimas que o caso lhe suscitara.

— Faça isso, querido; enquanto você toma um banho, vou pôr a mesa para o jantar.

— Vou comer somente uma fruta, e na volta você me faz companhia no jantar.

— Vá, meu bem, o senhor Lima já deve estar no centro; ele é sempre o primeiro a chegar!

Agenor encontrou o dirigente na saleta contígua à secretaria. Estava lendo o Evangelho; o rapaz bateu na porta e entrou.

— Boa noite, senhor Lima.

Ele se levantou, dando um abraço no amigo.

— Boa noite, Agenor. Que bom que chegou cedo! Tenho algumas anotações que fiz para a próxima aula da escola de médiuns e que gostaria de passar a você.

— Levarei as anotações; vou estudá-las e amanhã virei para podermos conversar. Hoje gostaria de lhe trazer alguns fatos desagradáveis que estão ocorrendo com meu amigo João.

O interlocutor falou em tom de preocupação:

— Sim, vamos nos sentar. João é aquele rapaz que trabalha com você e que tem sofrido grave influencia espiritual negativa?

Agenor sentou-se em frente ao senhor Lima.

— Ele mesmo. Infelizmente não consegui trazê-lo para um tratamento aqui no centro. Agora está preso, sofrendo sérias acusações das quais é inocente. Tenho intuição e temor de meu amigo cometer suicídio.

O senhor Lima abriu o Evangelho, buscando inspiração.

— O caso de João é muito grave; teremos de fazer um tratamento espiritual para auxilia-lo a resistir à influência espiritual que vem sofrendo. Depois, solicitaremos aos nossos mentores que interfiram sobre a ação dos obsessores, para que nosso irmão readquira equilíbrio. Iremos até a delegacia levar-lhe o Evangelho; é preciso conscientizá-lo da necessidade da oração.

Exposto o plano, o dirigente trouxe alguns esclarecimentos relacionados com o problema em foco.

— Meu caro Agenor, sabemos que um obsediado é um enfermo espiritual. O espírito obsessor liga-se à mente do encarnado que o atormenta. A culpa abre brechas para a atuação do obsessor. A princípio são ideias sutis, que gradativamente vão levando ao desequilíbrio. Quando acatadas pela mente da vítima, acabam por dominar a organização cerebral, gerando estágios de vampirização em que o verdugo e a vítima se agregam em dolorosa conjugação.

Após ligeira pausa, ele prosseguiu:

— Verdugo e vítima são muitas vezes protagonistas de terríveis dramas do passado e encontram-se sob o imperativo da lei divina para o devido reajuste. O verdugo envia ideias à mente da vítima; esta acolhe os apelos feitos pelo obsessor; as mensagens transformam-se em diálogos, que afinal vencem a pequena resistência. O obsessor se impõe, anulando a vontade de sua vítima. Quanto mais esta cede, mais o obsessor se faz presente, transformando-se em parasita. A vontade dominadora se sobrepõe à do dominado. De forma deplorável, meu caro Agenor, a vítima costuma descuidar-se de valores morais e espirituais. E existem fatores que facilitam a obsessão: sentimento de culpa, medo, ira, ciúme, egoísmo são portas de entrada que facilitam a atuação do obsessor.

Fez-se mais um curto intervalo, e então o senhor Lima completou:

— O Espiritismo tem meios eficazes para libertar o enfermo, porém depende muito dele ajudar-nos nessa libertação. É necessário empenhar-se na renovação íntima, no devotamento ao bem, em uma real transformação que prove ao seu acompanhante desencarnado que houve uma mudança que o levará também a mudar. Podemos cooperar com nosso auxílio fraterno a verdugos e vítimas, dando-lhes ensejo de novos conhecimentos para meditarem e se erguerem com o perdão e o esquecimento. É uma tarefa árdua, na qual temos de fazer a nossa parte, também com renovação íntima, vigilância e boa vontade em servir ao mestre Jesus, para atingirmos os resultados esperados. Ação, oração e vigilância são essenciais para a saúde espiritual de todos os que querem estar em comunhão com o Altíssimo.

Agenor ouvia atentamente as sensatas explicações do amigo sempre tão ponderado, um estudioso da Doutrina Espírita.

— Vamos recolher-nos em orações — concluiu o senhor Lima. — Logo chegarão nossos médiuns para o início das tarefas.

João, a cada dia que findava, perdia ainda mais as esperanças. Além da ameaça física, sentia-se prisioneiro espiritualmente. O intruso tentava dominar a sua mente com insultos, palavras obscenas. O jovem tinha percepção inconsciente da presença de Avelino, que se identificava como justiceiro e exigia o seu suicídio. Ele imaginava estar enlouquecendo; aquelas paredes frias e úmidas pareciam falar, as sombras se esgueiravam na escuridão da cela. Precisava de ajuda, dizia a si próprio. Muitas vezes ficava falando baixinho, na tentativa de afastar o que chamava de fantasmas; as noites tornaram-se um verdadeiro tormento. Pensava na noiva, no padrinho, na mãe, procurando apegar-se a um pouco da realidade.

Capítulo 16

Companheiros leais

O dia amanhecera magnífico. O sol batia forte nos edifícios, no mar, dando um aspecto dourado a toda a cidade. Logo começou o burburinho, alguns indo para o emprego, outros caminhando descontraídos pela orla marítima. Glória levantou-se bem cedo e arrumou-se para o serviço. O escritório de contabilidade onde trabalhava ficava no centro da cidade. Sentiu um aperto no coração: mais tarde iria com o pai e dona Zefa até a delegacia visitar João. Não tinha ideia exata de como encontraria o namorado; sabia que devia demonstrar otimismo para tirá-lo da depressão em que supunha estar ele mergulhado.

Manuel, já à mesa, tomava seu café; calado, nem ergueu os olhos ao dar bom dia. Fátima, como sempre, resmungava alguns desaforos para o marido e a filha. Clara e Joana falavam alegremente, dando um ar positivo ao ambiente.

— Eu não sei o porquê de tanta tristeza; certamente João logo estará fora da cadeia. Hoje deve ser um dia alegre, para que o coitado ganhe um pouco de ânimo. Glória, é bom levar desodorante, sabonete e roupa para ele.

Gloria voltou os olhos tristes para a irmã:

— Sabe que eu não tinha pensado nisso? Nem sei se poderemos levar essas coisas, e até mesmo comida. Aquilo deve ser um inferno, não tem lugar nem para dormir.

Manuel falou muito sério:

— Nós vamos levar tudo o que acharmos necessário; se não nos permitirem entregar a ele, deixaremos no carro.

Fátima continuava a resmungar; ninguém parecia notar a sua presença, o que a tornava ainda mais irritada. Por fim, todos saíram da mesa e ela ficou a falar sozinha.

— Manuel — provocou por fim –, eu também vou querer ir até a delegacia. Quero perguntar pessoalmente àquele negrinho como teve coragem de fazer o que fez, enganando a todos.

Manuel não havia trocado nem uma palavra nem um olhar com a esposa. Entretanto, quando ouviu essa última agressão, retornou à cozinha.

— Eu só vou dizer algumas palavrinhas: pare de nos incomodar com sua ignorância; se não, eu e sua filha não voltaremos mais para esta casa.

— Você tem a coragem de tomar as dores daquele marginal?

Manuel deu um murro na mesa:

— Sou muito pacífico, mas a senhora me fez perder a paciência! Depois de tantos anos de convivência, vou deixá-la falando sozinha; não voltarei se não calar a boca agora. Não é uma pessoa, e sim uma cobra, que fica espalhando veneno, tentando morder a própria filha. Não tem capacidade nem sensibilidade para perceber o quanto Glória está sofrendo; não vê como está abatida, sem sequer dormir. Ela ama aquele rapaz, não importa o que você diga ou faça. Além de tudo, ele é inocente, e você deve ter respeito pelos sentimentos dos outros.

Manuel saiu batendo a porta. Fátima ainda se lamuriou:

— É sempre assim. Eu só quero ajudar, e ninguém é capaz de entender os meus sentimentos. Até parece que sou culpada por tudo de ruim que acontece.

Glória chegou ao escritório muito abatida. Todos sabiam o que estava ocorrendo e procuravam nem tocar no assunto. Ela pediu licença ao chefe para ir visitar o namorado à tarde; caso ele não saísse, deixaria as outras visitas para os fins de semana. Essa era a primeira, e ele precisava de apoio.

Logo após o almoço a moça comprou algumas coisas para João: objetos de uso pessoal, sabonete, pasta de dentes. O pai passou e a apanhou, para juntos irem à delegacia. Os dois permaneciam calados, temiam pelo estado de ânimo em que achariam o pobre rapaz. À chegada, notaram que havia uma imensa fila; muitos parentes de detentos já esperavam pelo horário da visita. Na porta encontraram Agenor, que ansioso os aguardava.

— Boa tarde, senhor Manuel; boa tarde, Glória. Não sabia se deveria vir, se iria atrapalhar a visita de vocês. Mas como João é meu melhor amigo, queria estar aqui. Passei para pegar dona Zefa, que não está bem; seu estado emocional é péssimo, e achamos melhor que viesse no próximo sábado. Hoje seria muito penoso para ela. Esperamos que ele saia antes do fim de semana.

Glória respondeu comovida:

— Quando terminar a visita iremos até lá para conversar com ela; realmente acho que foi melhor assim. Se é difícil para nós, imagine como se sentiria a mãe vendo o filho preso. Talvez seja necessário dar-lhe um calmante antes de trazê-la para a visita.

Agenor comentou com evidente tristeza:

— Estou muito preocupado com ela. Está com o olhar distante e não tem ido trabalhar. Chora o tempo todo, as vizinhas não conseguem fazê-la alimentar-se; só fica dizendo que vai perder o filho, como perdeu o outro.

— Estamos tão acabrunhados que nos esquecemos de quanto dona Zefa precisa de apoio — Manuel falou com emoção, enxugando as lágrimas.

— Não quero que vocês se culpem — disse Agenor. — Eu e minha esposa levaremos dona Zefa para nossa casa; lá, junto com as crianças, vai se sentir mais amparada. João é toda a sua família; ele é muito carinhoso, e a pobre mulher morre de medo de perder o único filho.

— É uma pena não podermos levá-la para nossa casa — lamentou Manuel, baixando os olhos. — Minha esposa tem um temperamento difícil e não admite certas coisas. Iria discriminá-la a tal ponto que ela acabaria por se sentir pior.

A fila começou a andar. Todos eram revistados, homens de um lado e mulheres do outro. A delegacia tinha um pátio interno, onde todos os detidos já aguardavam suas visitas. João, sentado no chão com a cabeça entre as pernas, não tinha ânimo para encarar as pessoas que entravam; sentia um misto de vergonha e humilhação por sua situação, por estar naquele lugar.

Glória foi a primeira a entrar e se aproximar. Trazia os olhos orvalhados de lágrimas e o coração carregado de dor ao observar o farrapo humano em que o namorado se transformara. Acercou-se de mansinho, tentando conter as emoções; abaixou-se e carinhosamente passou as mãos pela cabeça do rapaz.

— Meu amor, estamos aqui! Levante a cabeça, porque sabemos que você é inocente!

João caiu num choro irrefreável, porém Glória não abandonou a postura firme.

— Meu amor, mostre sua face honrada e nada tema. Vamos conseguir, com a ajuda de Deus, provar a sua inocência. Todos acreditam nisso, porque conhecem sua honestidade e sua integridade moral. Contudo, é fundamental que você não se deixe abater.

João se levantou para abraçar Glória.

— Nós não merecíamos passar por isso, minha princesa. Eu sempre prezei minha honra, minha liberdade. Busquei uma vida digna, e agora estou aqui sem nenhuma perspectiva; meus sonhos foram todos por água abaixo. Ainda tenho de suportar vê-los aqui, neste lugar imundo.

Glória procurava enxugar as lágrimas do rapaz.

— João, nunca devemos perder a esperança. Você tem um excelente advogado, ele vai conseguir relaxar o flagrante e reunir as provas de sua inocência. Jamais o abandonaremos; onde você estiver, estaremos juntos!

Manuel aproximou-se, abraçando o afilhado.

— Coragem, filho, nós estamos com você. Faremos tudo, moveremos o céu e a terra para tirá-lo daqui. Fiz uma promessa para Nossa Senhora de Fátima; ela sempre ouve minhas preces, tenho a certeza de que em uma semana estará fora desta.

João estendeu as mãos para Agenor, que também lhe deu um abraço.

— Meu irmão, todos estamos orando por você. Todos acreditamos em sua inocência, inclusive o senhor Luiz. Seu emprego está garantido.

João olhou em volta, procurando Zefa.

— Onde está minha mãe?

— Está bem, mas muito desgostosa — respondeu Agenor. — Queremos prepará-la melhor antes de trazê-la.

João se mostrou preocupado:

— Está doente?

— Não, apenas triste demais. Na intenção de melhorar seu estado de ânimo, vou levá-la para minha casa enquanto você estiver por aqui.

— Agenor, você está provando ser o meu irmão do coração. Meu amigo, não sabe o peso que acaba de tirar das minhas costas, contando que ela estará amparada por você.

— João, trouxe-lhe um amigo para todas as horas.

Agenor tirou da bolsa um livro, era "O Evangelho segundo o Espiritismo".

— Aqui você encontrará muitas respostas e muita consolação para suas horas amargas. Leia e medite. Se me permitir, no sábado, caso você ainda esteja aqui, voltarei com um amigo, o senhor Lima, diretor do centro espírita que frequento. É um homem ponderado e equilibrado, que poderá ajudá-lo bastante, caso seja de seu interesse.

João olhou o livro que acabara de receber.

— É claro que não me importo. Vou gostar muito da sua visita e da do senhor Lima. Preciso de todos os meus amigos nesta hora.

O jovem conseguiu ficar mais animado, respirar melhor, sentir a confiança renovada. Os quatro conversaram até o final da visita. João dava a impressão de ter recuperado a fé na vida.

As horas correram, os amigos foram embora e com eles o ar da liberdade, os sonhos, a esperança, que para João existiam unicamente fora daquelas grades. O rapaz não só sentia o corpo aprisionado, como todo o seu emocional e a sua mente eram atormentados por uma força que vinha de fora, mas parecia cada vez mais conjugada com a sua.

Agenor, Glória e Manuel encaminharam-se para a casa de Zefa, a quem iam levar notícias do filho. Ela estava sonolenta de tantos calmantes que vinha ingerindo nos últimos dias. Sentaram-se todos na pequena cozinha, enquanto Agenor narrava os fatos à mãe aflita.

— Meu filho, tão bom, no meio de bandidos! — gemia Zefa. — Sabe Deus como está... Temo por sua vida.

Glória pegou sua mão de modo afetuoso.

— Calma, dona Zefa, asseguramos que o João está bem. Está muito abatido, isso é verdade, porém melhor do que esperávamos. Com muita oração e com determinação nós vamos tirá-lo de lá. A senhora precisa confiar em Deus.

— Dona Zefa — interveio Agenor –, quero que arrume as suas coisas. Vou levá-la para minha casa. Prometi ao João e vou cumprir, não adianta a senhora recusar. Lá eu tenho dois meninos arteiros que vão distrair a sua cabeça. Minha esposa quer vê-la conosco ainda hoje.

— Não, estou bem aqui — ela falou baixinho. — E se meu filho sair amanhã da cadeia, quero estar em casa.

— Nada disso, João só vai ficar tranquilo se a senhora estiver na minha casa. Na visita do sábado iremos juntos, ele estará à sua espera.

Zefa ficou pensativa por instantes, até que se rendeu:

— Tá bom, meu filho. Como sou uma velha chata, logo você vai me trazer de volta!

Agenor deu um sorriso.

— Vou trazê-la quando o João regressar para casa. Espero mesmo que seja logo.

— Vamos, dona Zefa — aduziu Manuel –. Aproveite que o meu táxi está aí na porta, assim levamos a senhora e Agenor.

Zefa arrumou seus poucos pertences, chorando e reclamando, e todos partiram para o bairro onde morava Agenor. A esposa e os filhos aguardavam no portão. Quando o viram no táxi, os meninos correram para ele.

— Papai veio de carro! Queremos dar uma volta!

Agenor saiu, pegando-os pela mão.

— Agora não, porque o senhor Manuel está com pressa. Venham cumprimentar a vovó Zefa!

Os dois se apressaram a dar beijos e abraços em Zefa. Ela, surpreendida por tanto entusiasmo, não sabia como lidar com aquilo.

— Calma — Agenor os conteve. –, a vovó vai ficar por uns dias aqui em casa; vocês poderão beijá-la outras vezes.

Todos riam da alegria dos garotos. Eles já tinham ido muitas vezes à casa de João, e desde o dia em que a haviam conhecido tinham por ela muito carinho.

O maior pegou na sua mão, levando-a para dentro de casa.

— Venha, vovó, quero que durma na minha cama, com o meu urso Beto.

Glória e Manuel ficaram encantados com as duas crianças e com a esposa de Agenor. Era fácil perceber por que ele insistira tanto em levar Zefa para sua casa; ali com certeza teria muito pouco tempo para ficar triste.

Lívia aproximou-se, convidando todos para entrarem em sua modesta mas bem cuidada residência.

— Glória, senhor Manuel, venham, está muito quente! Vou preparar um refresco.

O convite foi tão gentil que não tiveram como recusar.

— Só podemos ficar um pouco, minha jovem — Manuel avisou cordialmente.

Depois de trocar algumas palavras com os demais, Glória e Manuel despediram-se, voltando para casa. As emoções do dia tinham sido suficientes para deixar ambos muito cansados.

CAPÍTULO

17

O BÁLSAMO DA ORAÇÃO

João ficou observando os três saírem do pátio e sentiu o coração apertado. Os carcereiros, aos berros, exigiam que todos se recolhessem a suas celas. O rapaz sentou-se no canto, olhando através das grades o pouco azul que ainda restava no céu. A noite começava a cair. Fechou os olhos, tentando recordar emoções e sentimentos agora adormecidos.

Parecia sentir a doce brisa do mar batendo no rosto, ouvir o barulho das ondas quebrando na areia macia. Seu pensamento se pôs a vagar: "Quanto me fazem falta a paisagem da orla, a brisa e o som das ondas, o imenso verde do mar que sempre me arejou a alma, a carícia da areia nos pés! Sinto falta da liberdade de correr solto pela praia... Seria maravilhoso respirar fora deste ambiente infecto que me causa náuseas, desta atmosfera poluída de ódio e adversidade. Só não morro sufocado porque liberto minha mente através do azul que daqui ainda consigo contemplar. Apenas a esperança de reconquistar a liberdade me faz continuar lutando pela vida!".

O ruído dos ferros o tirou de seu devaneio. Eram os carcereiros anunciando a chegada do jantar. João enfiou a mão no bolso e segurou o livro que o amigo havia trazido; os seus dedos passaram pelo título. Lembrou-se das missas de domingo a que costumava assistir com a família de Mané, dos sermões aos quais não prestava grande atenção, das imagens que pareciam olhar para ele. Nunca se importara muito com Deus ou se preocupara em fazer orações; entendia ser perda de tempo. Vivia sempre focado — até mesmo obcecado — em conquistar uma posição social, tinha enorme necessidade de provar a si mesmo que era capaz de reverter a situação de miséria em que sempre vivera. Habituado a contar somente consigo, jamais pensara em recorrer nem a Deus. Agora estava ali, com todo o tempo do mundo. Talvez houvesse chegado a hora do encontro com seu íntimo e com o Criador.

A luz era parca, mal iluminava a cela. Seus companheiros, mudos e inertes, semelhavam bonecos sem vontade própria. João, com "O Evangelho segundo o Espiritismo" nas mãos, parecia buscar coragem para abri-lo. Acariciou o volume e pensou no amigo Agenor, que sempre o tinha incentivado com uma palavra de compreensão, jamais lhe negando apoio. Abriu o livro como alguém que procura uma saída do inferno. No início do capítulo VI, "O Cristo consolador", leu em voz baixa, no trecho sob o título "O jugo leve":

"1. Vinde a mim, todos vós que sofreis e que estais sobrecarregados, e eu vos aliviarei. Tomai o meu jugo sobre vós e aprendei de mim, que sou brando e humilde de coração, e encontrareis o repouso de vossas almas, porque meu jugo é suave e meu fardo é leve. (Mateus,XI:28,30).

2. Todos os sofrimentos: misérias, decepções, dores físicas, perda de seres queridos, encontram sua consolação na fé no futuro, e na confiança na justiça de Deus, que o Cristo veio ensinar aos homens. Sobre aquele que, ao contrário, não espera nada depois desta vida, ou que duvida simplesmente, as aflições se abatem com todo o seu peso, e nenhuma esperança vem suavizar-lhe a amargura. Eis o que levou Jesus a dizer: 'Vinde a mim, todos vós que estais fatigados, e eu vos aliviarei."

João fechou o livro tocado por forte emoção. Grossas lágrimas rolavam pelo rosto sofrido. Ele sentiu que o coração cansado de sofrer pedia uma prece; com a mente embaralhada, confusa, procurava elevar o pensamento e o coração até a figura de Jesus. Sentia o peito expandido e um imenso clarão se fez em sua mente, trazendo alívio imediato; parecia até respirar melhor. O rapaz descobriu naquele momento o caminho da oração.

Avelino, o obsessor, acomodado que estava junto à mente de João, sentiu como se uma força o afastasse dele. Aturdido, sem conseguir atinar o que acontecia, tentou novamente alinhar-se perto do rapaz. Este permanecia envolto numa luz que vinha do Alto e, embora não tivesse condição de vê-la, Avelino percebia que algo envolvia seu inimigo, impedindo-o de se aproximar.

João terminou a prece que fazia mentalmente, sentindo-se aliviado e disposto a dar sequência à leitura do livro do amigo, que já lhe trazia tanto conforto. Foi a primeira noite em que pôde dormir.

No dia claro e ensolarado, Zefa e Agenor saíram cedo, e juntos caminharam para o ponto do ônibus que levaria cada um ao respectivo trabalho. O rapaz, sempre muito gentil, procurava conversar de maneira delicada e educada.

— Quero dizer o quanto estamos contentes com sua presença em nossa casa, dona Zefa! Meu amigo João terá mais tranquilidade ao saber que a senhora está conosco.

— Eu sei — respondeu a mulher. — Vocês são pessoas muito boas, e é nas horas difíceis que conhecemos os amigos.

— Amigos são para todas as horas, do contrário não são amigos!

— Mas os verdadeiros são poucos — ela sentenciou, séria.

O coletivo encostou no ponto. Agenor acomodou Zefa no banco próximo do cobrador.

— Dona Zefa, como a senhora sabe, eu frequento um centro espírita; gostaria de convidá-la para hoje à noite ir lá comigo. Acho que juntos poderemos ajudar muito o João.

Zefa ergueu a cabeça para fitar o rapaz, que estava em pé.

— Você sabe, Agenor, que faço qualquer coisa para ajudar o meu filho. Tenho a certeza de que esse lugar deve ser muito bom, pelas pessoas que são você e sua esposa. E estou precisando ter um pouco de paz. Além dos problemas do meu filho João, não consigo deixar de pensar no que morreu, Argemiro. Parece estar sempre comigo, mas o sinto infeliz, o que me deixa ainda pior.

O rosto de Agenor iluminou-se num sorriso.

— Penso que poderemos auxiliar não só João, como Argemiro.

Zefa o olhou, sem entender o que ele queria dizer.

— Depois eu explico. Creio que por ora a senhora não conseguiria compreender o sentido das minhas palavras.

O dia passou rapidamente. Zefa chegou antes de Agenor, estava às voltas com as crianças quando ele entrou.

— Dona Zefa, já está pronta para o nosso compromisso?

A mulher levantou a cabeça, colocando o garoto mais novo no chão.

— Qual, Agenor?

— Vamos ao centro espírita. Quero que a senhora passe por uma conversa fraterna e depois tome um passe. O senhor Lima, nosso dirigente, já está informado do seu problema.

— Sabe que eu tinha esquecido? Mas me arrumo num instante — Zefa já se dirigia para o quarto. — É muito longe?

— Não; uns dez minutos de ônibus.

Os dois foram para o ponto e sem demora tomavam o coletivo. Apesar da garoa fina que atrapalhava um pouco o trânsito, desceram bem perto do centro. Agenor encaminhou Zefa e aguardou o senhor Lima para um dialogo.

Argemiro acompanhava a mãe, sem entender o que estava acontecendo. Valquíria, a médium que atendeu Zefa, identificou, através da vidência, a presença do rapaz junto da mãe, e também notou seu estado de perturbação. Zefa comentou a tragédia de seus filhos, ressaltando o quanto procurava paz para ela e os dois. Em seguida foi conduzida à sala de passes.

Irmão Tibúrcio era o mentor espiritual encarregado dos trabalhos da noite. Ele e seus auxiliares, Mário e Gumercindo, acercaram-se de Zefa e do filho para o socorro necessário. Mário, junto ao médium passista, doava energias para que Zefa pudesse desprender-se dos fluidos escuros provenientes da ligação com o filho perturbado. Gumercindo, por sua vez, aplicava passes em Argemiro, envolvendo-o em uma energia hipnótica que o fez adormecer.

Irmão Tibúrcio já havia tomado conhecimento dos problemas com que se defrontava a família, particularmente João, desde que Agenor levara o caso ao senhor Lima. O mentor se inteirara dos fatos por intermédio de Gumercindo e Mário, cooperadores muito dedicados, que inclusive haviam visitado João para examinar pormenores da situação.

Argemiro seria o primeiro dos três a ser recolhido e orientado pela misericórdia de Deus. No decorrer do serviço de assistência, Zefa sentiu como se uma onda de paz invadisse todo o seu ser, uma paz que nunca experimentara na vida. Seu coração parecia encher-se de esperança e harmonia. Por intuição, soube que finalmente o filho mais velho iria ficar bem; emocionada, sentiu muita vontade de chorar.

Esperou os trabalhos terminarem para regressar com Agenor. Andou até o ponto calada, pois tinha a voz embargada.

— Dona Zefa — Agenor cortou o silêncio –, a senhora parece não estar bem...

— Engano seu, meu filho — ela falou enxugando as lágrimas. — Acho que nunca me senti tão bem em toda a minha vida. Depois que meu filho morreu, nunca mais tive paz; parecia que sempre o ouvia chamar por mim. Muitas vezes era como se o visse mergulhado num mar de lama. Ele estendia a mão pedindo ajuda, e eu só chorava, sem saber como aliviar a sua dor. Hoje meu coração ficou leve, senti dentro da alma que meu filho vai encontrar enfim um lugar de paz, para seguir o seu caminho.

— Não tenha dúvida, dona Zefa, de que todos caminhamos para Deus. Com frequência podemos nos iludir, trilhar outros rumos que nos levam a muito sofrimento; mas um dia, cansados de tanto sofrer, acabamos buscando nosso verdadeiro caminho, e assim encontramos a felicidade. Todos nós somos filhos de Deus, e fomos criados para sermos felizes. Todavia, é preciso caminhar e amadurecer para isso.

Lívia esperava o marido e dona Zefa com uma sopa suculenta, para aquecê-los depois da exposição à chuva fina. Os três sentaram-se à mesa em animada conversa. Zefa comentava que seu coração estava cheio de esperança e que sabia que logo o filho estaria fora da cadeia. A esposa de Agenor, sensível e caridosa, comovia-se com o relato daquela mulher sofrida. Fazia uma prece silenciosa pelos amigos que passavam por tão grande provação!

Avelino, na cadeia ao lado de João, mandou Antônio à procura de Argemiro. Desde que o rapaz fora preso, não conseguira mais dar nenhuma ordem ao filho desencarnado de Zefa. Estava furioso, queria total obediência; Luando havia permitido que ele o trouxesse sob sua responsabilidade, para colaborar em seus intuitos de vingança. Antônio saiu com ordens de trazê-lo de qualquer maneira, sob ameaça de o devolver a Luando, o terrível chefe das trevas.

Não tendo achado Zefa em casa, nem onde costumava trabalhar, Antônio aguardou a noite toda, até que a viu chegar cedo, no dia seguinte, para suas tarefas. Notou de imediato que existia algo estranho: a mulher não trazia o semblante carregado e vinha sem Argemiro. Tentou descobrir o que estava ocorrendo de diferente.

Dona Angélica percebeu que Zefa estava sorridente, mais animada.

— Zefa, você parece estar muito bem hoje; seu filho saiu da cadeia?

— Infelizmente não, dona Angélica, mas acho que em breve terei uma boa notícia. Confio em Deus, que é pai. Hoje realmente me sinto ótima, é como se uma imensa paz estivesse aqui no meu coração. O Agenor, que a senhora conhece, é espírita, e ontem fomos até o Centro Espírita Amor e Luz, perto da casa dele. Parece que ganhei o céu!

A patroa deu um sorriso.

— Também fico feliz por você, Zefa. Não deixe mais de ir; você poderá ajudar seu filho.

— É verdade. Tenho uma impressão forte de que ajudei o Argemiro e de que vou ajudar muito o João.

Antônio, num canto do cômodo, começou a entender o sumiço de Argemiro. Eles precisavam adotar medidas urgentes, pois parecia que todos os seus planos estavam desmoronando. Retornou para junto do chefe Avelino, contando tudo o que ouvira da própria Zefa.

— Não é possível — rugia Avelino. — Aquela mulher é uma traidora. Ela sempre soube que se nos traísse levaríamos o filho de volta para Luando, e mesmo assim nos traiu. Onde está Argemiro que não veio?

Antônio falou sem encará-lo:

— O pior da história, dom Avelino, é que desconfio que ele acompanhou a mãe àquele lugar e ficou preso!

O chefe ficou mais transtornado do que já era. A boca liberava uma gosma escura, os olhos cheios de ódio pareciam saltar, todo o corpo tremia em total desequilíbrio, os punhos cerrados batiam contra o próprio peito.

— Maldito Argemiro! Quanto Luando nos tem alertado sobre essa gente que costuma meter-se onde não é chamada! Maldita Zefa, que nos traiu seguindo orientação daquele Agenor. Se não tomarmos providências perderemos todos, inclusive nosso principal inimigo. Precisamos procurar Luando para que nos dê instruções. Ele é muito esperto, conhece uma infinidade de segredos, e seu maior prazer é derrubar esses espertinhos que se dizem espíritas. Tenho certeza de que o tal Agenor e o lugar que frequenta não resistirão ao ataque organizado de Luando.

João parecia captar a fúria do obsessor. Suava frio, as mãos estavam geladas, calafrios percorriam seu corpo. Sentou-se num canto, sentindo que ia desmaiar. Mário, assistente de irmão Tibúrcio, estava com o rapaz desde a noite anterior, encarregado de lhe dar assistência. Procurou socorrê-lo fazendo uma cortina fluídica entre ele e Avelino, de modo a impedir que as vibrações negativas o alcançassem. Assim João se equilibrou, a tontura passou. Mário o incentivou em pensamento a manter-se em equilíbrio abrindo e lendo o Evangelho. João obedeceu, lembrando-se da paz que sentira na noite anterior ao recorrer à oração.

Com os olhos fechados, buscava Deus no seu interior: "É aqui, com o corpo aprisionado, que descobri que preciso libertar a alma cansada de tanto sofrer. Preciso da luz do Criador para abrir meus olhos cansados, para me livrar dos erros que me consomem. Preciso libertar-me de mim mesmo, quero sentir paz e harmonia no coração!".

Avelino começou a se dar conta de que algo estranho também acontecia com João. Ele estava perdendo o controle, não mais conseguia aproximar-se, alojar-se em sua mente e provocar o descontrole necessário. No entanto, não deixaria que o inimigo escapasse de sua vingança. Avelino esbravejava, gritava, debatia-se, a boca espumava!

— Antônio, quero que fique perto de Zefa; impeça a qualquer custo que ela vá com aquele maldito Agenor. Você sabe muito bem como usar sua influência. Temos de avisar a Luando que nossos planos estão sendo derrubados por aqueles desgraçados!

Antônio o obedeceu imediatamente, postando-se junto de Zefa. A mulher, não tendo o hábito da vigilância, sujeitou-se à sua presença. Antônio a influenciava contra as crianças e sobretudo contra Agenor. Insinuava que ela não deveria mais acompanhá-lo ao centro espírita, já que isso, além de ser perda de tempo, acabaria prejudicando o próprio filho.

Capítulo

18

Credor implacável

Chegou o dia de nova visita. Glória e Manuel já haviam avisado que não poderiam ir, devido a compromissos profissionais, porém Agenor e o senhor Lima lá estavam pontualmente na delegacia, conforme prometido.

Ao abraçar o amigo, João se entregou ao pranto. Agenor, pedindo-lhe calma, apresentou o senhor Lima, que com um aperto de mão conseguiu expressar toda a simpatia e a dignidade que lhe iam no íntimo.

— Meu rapaz, não caia em desespero. Deixe que a misericórdia de Deus se manifeste em sua alma através da fé. O sofrimento está presente em nossas vidas para ganharmos maturidade, para conhecermos melhor as leis do Pai!

João enxugou as lágrimas e perguntou sobre a mãe. Agenor abriu um sorriso:

— Está bem, distraindo-se bastante com as crianças. Mas sabe como é dona Zefa: às vezes fica contrariada e se fecha num canto; ainda não criou coragem para vir vê-lo. Todos os dias tem esperanças de saber que já saiu daqui. Seu professor está tentando relaxar o flagrante, e se tudo correr bem, meu amigo, muito em breve o veremos caminhando na rua.

— Deus o ouça! Não aguento mais ficar neste inferno. Se não fossem vocês, acho que já teria cometido uma grande besteira!

O senhor Lima interferiu na conversa.

— Não se deixe levar por essas ideias perigosas, João. Em muitas situações achamos que o suicídio é a solução dos nossos problemas, quando na verdade abrimos uma porta para nosso inferno pessoal. Todos estamos sujeitos a leis sábias e imutáveis que, agredidas, exigem contas de nossos atos. Meu filho, você precisa ter fé e resignação. Todo sofrimento é passageiro; se resistimos com equilíbrio e paciência, saímos fortalecidos. Eleve o pensamento ao Criador, que em sua bondade infinita jamais nos deixa sozinhos e sem amparo. De sua parte, é necessário que colabore mediante uma conduta firme e positiva. Não perca a confiança.

Nesse instante ele abriu o Evangelho e leu um pequeno trecho. Os três homens estavam em um canto do pátio, onde oravam baixinho pela misericórdia de Deus. João conseguiu acalmar-se. Pedia, segurando as mãos do senhor Lima, que não deixasse de visitá-lo, porque sua presença lhe trazia esperança.

— Meu amigo Agenor, ore por mim, pois estou a ponto de perder as forças; muitas vezes parece que vou sucumbir. Tenho passado momentos duros de superar, pensamentos negativos atravessam-me o cérebro, culminando em ideias fixas que me arrasam. Meu corpo é tomado de violento tremor, a mente fica em total desalinho, como prestes a enlouquecer. É como se fosse julgado e condenado por um tribunal que está dentro da minha própria consciência. Sinto-me impedido de fazer aquilo a que tenho direito, sem liberdade para pensar. Massacram-me como um verme indigno de viver, de receber alento de Deus; como um objeto imundo, condenado a apodrecer no inferno, quitando culpas pela eternidade.

À medida que falava ia se ajoelhando, a cabeça inclinada até alcançar o chão; caiu num choro convulsivo que levou às lágrimas os dois visitantes. Agenor ajoelhou-se também, pegando o amigo pelos ombros o colocando-o de pé.

— Vamos, João, ânimo, levante a cabeça! Deus nunca desampara nenhum filho. Não permita que ideias menos felizes encontrem abrigo em seu interior, transforme-as em luz para sua alma sofrida. Estamos em constante oração por você; Zefa tem ido ao centro para que seja beneficiado através dela, já que está preso e não pode ir em pessoa para um tratamento.

João não mais falava, os olhos nublados de lágrimas pareciam distantes, sem ligação com o que ocorria à sua volta. O senhor Lima, preocupado, chamava-o à razão. Durante todo o resto da visita, o jovem não fez mais do que chorar. Os dois homens saíram penalizados com a situação do rapaz, que percebiam ser de extrema gravidade. Consternados, dirigiram-se para o ponto de ônibus.

— Meu caro Agenor, o problema de seu amigo é muito sério; temo por sua sanidade mental e mesmo por sua vida. João está ligado ao obsessor e deixa que ele domine sua mente, anulando-se. O forte sentimento de culpa está minando toda a sua resistência; é uma forma de se punir por atos que estão aparentemente esquecidos no seu subconsciente. Ainda que consigamos retirar o obsessor, o que terá de ser feito com muito critério, temo por sua saúde física e mental. João parece perdido num labirinto sem saída; a falta de uma crença raciocinada e de uma fé vigorosa pode levá-lo a sucumbir.

Logo chegou o ponto onde o senhor Lima desceu. Agenor seguiu viagem pensativo e triste. No silêncio de seu coração, aquele moço simples e humilde orava pelo amigo infeliz. O dia terminou rapidamente e Agenor não podia tirar João do pensamento.

Zefa, Glória e Manuel compareceram à próxima visita, tentando amenizar a situação de João. Todos viam que seu drama ia muito além de estar preso; esse fato apenas agravara sua condição emocional. O rapaz já não conversava, mantinha-se calado, com o olhar perdido, o que vinha atormentando a todos; temiam por sua saúde mental.

Glória e Zefa saíram da delegacia chorando. Manuel procurava animá-las.

— As atitudes de João são normais. Imaginem-se no lugar dele: impedido de trabalhar, estudar, estar com quem ama, preso por um crime que não cometeu.

— Pai, a questão é mais profunda — opinou Glória, enxugando as lágrimas. — Noto que João está alienado. Penso que ele não tem estrutura emocional para tamanha provação.

Zefa, sentada no banco de trás do táxi, não parava de chorar.

— Acho que vou ficar sem meu único filho; meu João parece estar perdendo o juízo de tanto sofrimento.

— Vamos parar de falar bobagem. Convém procurar o professor, para ter algum parecer sobre o andamento do caso. Devemos ajudar João, em vez de ficarmos choramingando.

Ao prosseguir, Manuel foi muito enérgico com as duas, que pareciam estar em desespero:

— Se é para virem visitá-lo com essas caras, melhor ficarem em casa. O rapaz precisa de companhias alegres e descontraídas.

Zefa entrou na casa de Agenor com os olhos vermelhos e foi para o quarto, alegando indisposição; queria deitar-se. Lívia, inquieta, foi vê-la.

— Dona Zefa, como está João? Chegou tão acabrunhada que me preocupou.

Zefa se pôs a chorar.

— Minha filha, que triste destino o meu! Vi um filho morrer assassinado, agora assisto ao outro, tão trabalhador e inteligente, definhar naquela cadeia. Acho que a cada dia perde um pouco de lucidez; não conversa, e quando não fica com o olhar vago, só chora. Observo meu filho e é como se visse outra pessoa atrás de seus olhos. Sei que nunca fui boa mãe, deixei que o mundo o criasse. Hoje percebo o quanto fui injusta e negligente. Ele é um bom filho, tão carinhoso que conseguiu transformar o meu coração. Não merece estar passando por tudo isso. Quando a vida começava a lhe sorrir e seus esforços se coroavam de êxito, tudo parece perdido.

Lívia sentou-se na cama, pegando a mão de dona Zefa.

— Não fale assim, minha amiga. Acredite que brevemente seu filho sairá da cadeia. Transforme suas lágrimas em orações, envolva João em muitas luzes para que ele possa erguer-se; críticas e maus pensamentos não o ajudarão. Não desista, continue a ir ao centro, não perca a fé; em qualquer circunstância, lembre-se de Jesus, que padeceu na cruz sem ter nenhum pecado. Nós, que somos ainda tão imperfeitos, precisamos nos lapidar para que venha à tona a pedra preciosa que existe dentro de cada um. Vamos seguir orando e confiando na proteção de Deus.

Enquanto a ouvia, Zefa pouco a pouco se acalmou.

— Você e Agenor têm o dom de me trazer tranquilidade; sempre oferecem uma palavra amiga, equilibrada, que enche de consolação meu coração sofrido. Só Deus pode retribuir tanta atenção carinhosa, abençoando ainda mais este lar.

Lívia abraçou e beijou sua hóspede, num gesto de solidariedade. Cercada de luz e oração, Zefa sentia na casa dos amigos um porto seguro onde abrandar suas mágoas.

Glória e Manuel percorreram o trajeto de volta para casa sem trocar uma só palavra; a tristeza os impedia de conversar.

Fátima percebeu nos dois, ao chegarem, o semblante desolado. Resolveu não perguntar nem fazer um comentário desastroso. Clara, quando viu a irmã, logo se encaminhou para o quarto, à espera de informações. O estado de saúde de João estava preocupando a todos; embora não ousasse comentar, Manuel temia que o rapaz tentasse o suicídio, o que o deixou profundamente amargurado.

Fátima, vendo o marido pálido e transtornado, arriscou indagar:

— Manuel, o que está ocorrendo de tão grave? Vejo tanta tristeza nos seus olhos e nos de nossa filha...

Manuel deu a resposta de cabeça baixa:

— Nosso afilhado não está suportando viver naquele inferno, onde lhe é negado até o direito a um espaço para dormir; toda essa pressão vem comprometendo sua saúde física. A cada visita temos notado que suas esperanças diminuem e que se mostra mais alienado. Se demorarmos a tirá-lo de lá, acho que vamos perdê-lo.

— Como, perdê-lo?

— Penso que ele fará uma loucura, tirando a própria vida.

— Minha Nossa Senhora de Fátima! Eu nunca fui a favor do namoro daqueles dois, você bem sabe, mas não desejo nenhum mal para aquele rapaz, que reconheço ser de boa índole e muito trabalhador.

Manuel levantou-se, procurando uma camisa no guarda-roupa.

— Vou tomar um banho, depois irei até a igreja. Preciso acalmar o meu coração, e creio que só lá encontrarei um pouco de consolo para minha tristeza.

— Eu vou com você — disse Fátima, erguendo-se.

Na cela escura, João estava num canto, sentado no chão, olhos fixos no nada Nos últimos dias não conseguia mais dormir. Quando tentava, sentia-se mais atormentado por Avelino, que não lhe dava um minuto de sossego. O espaço que deveria ser ocupado por no máximo cinco pessoas tinha doze; os buracos eram tampados com panos, para que os ratos não os molestassem. Dois companheiros de cela se sensibilizavam com a sua situação. Nos primeiros dias o rapaz afirmara ser inocente, explicara toda a trama e contara como se vira implicado nela de um momento para outro.

Otávio, o mais velho do grupo, dizia estar ali por uma armação da esposa, que o jogara na cadeia para se livrar dele por causa de um amante.

Há três anos aguardava julgamento, que já fora adiado por duas vezes; sem dinheiro para pagar um bom advogado, temia acabar preso por alguns anos. Otavio sentira simpatia por João desde o primeiro dia; muito pacato e discreto, sempre tinha uma palavra amiga para o rapaz.

O estado de João o estava preocupando. Conhecera muitos que não haviam suportado a pressão, por isso o vigiava de muito perto para evitar que tomasse uma atitude infeliz contra a própria vida. Ficava na penumbra, observando seus mínimos movimentos.

Avelino não deixava o rapaz nem por um segundo. Fazia acusações terríveis, levando-o a um grande sentimento de culpa. Ele não mais lhe oferecia resistência. O obsessor controlava todos os seus pensamentos e o sugestionava, incentivando-o ao suicídio, como única saída para o inferno em que vivia. João já não reagia à sua intromissão maléfica, estava totalmente dominado.

Certa noite, por sugestão de Avelino, o rapaz rasgou seu lençol em tiras e as emendou, construiu uma espécie de forca; depois examinou a cela para poder amarrá-la e cometer o ato sinistro. Já era madrugada e todos dormiam. Sem fazer barulho, ele subiu na grade, dando altura suficiente para seu corpo ficar suspenso; prendeu-se à forca improvisada e soltou o corpo. Com o solavanco, bateu na grade, o que provocou um barulho seguido de seu gemido. Otávio, que apenas cochilava, notou os ruídos e pulou para o rapaz, gritando para os outros ajudarem. Com um rápido movimento, desatou o lençol das grades e tirou João, que ficou caído no chão.

— Está louco? — gritou Otávio. — O que pensa da vida? Você é egoísta. Não parou para pensar na sua mãe nem na noiva que tanto o ama... Ninguém tem o direito de acabar com a própria vida! É um crime pior do que todos que foram cometidos pelos que estão aqui. Rapaz, posso ser pobre e ignorante, mas acho que você tem falta de Deus no coração.

João parecia ter retornado à realidade. O pescoço e o corpo doíam, devido ao impacto que tivera com as grades e também com o chão. Sem levantar a cabeça e com o rosto voltado para o solo, ficou ali chorando, em desesperada lamentação.

— Otávio, por que me impede de dar fim a esta vida infeliz? Eu não suporto mais ficar aqui preso, não aguento esses demônios que se apegam a mim sem uma trégua. Preciso calar essa voz infernal que parece morar dentro da minha cabeça. Estou enlouquecendo, sinto-me como numa camisa de força, sufocado, sujeito à sua imperativa vontade. Ele não me deixa saída, e só me dará trégua quando acabar comigo.

Otávio o tirou do chão, fazendo-o sentar-se no colchonete, e o abraçou como a um filho.

— Rapaz, apesar de nunca ter sido religioso, jamais deixei de acreditar em Deus, e a ele tenho temor. Acho que só Deus poderá ajudar em nossa situação. O suicídio não é a melhor saída, levante a cabeça e procure por ele. Coloque a vida em suas mãos, como eu fiz com a minha. Sofri uma traição, perdi minha família e minha liberdade; ainda assim, tenho esperança de resolver minhas questões. A vida é sagrada e não temos o direito de tirá-la, por motivo algum.

O contato com aquela homem simples e sofrido parecia ter o dom de acalmar João, que se deitou e pôde dormir, mesmo que um sono conturbado.

CAPÍTULO

19

FORA DAS GRADES

Naquela manhã chuvosa, Manuel saiu da cama indisposto, muito pálido; não trocou uma palavra com as filhas e a esposa. Sem se alimentar, alegando indisposição, tirou o táxi da garagem e deixou todas preocupadas, apesar de saberem quais eram suas razões. O português dirigiu seu carro para a universidade, onde havia marcado uma entrevista com o professor Adriano. Logo que chegou foi até o local combinado. Na sala do professor, esperou alguns minutos.

— Senhor Manuel, é um prazer revê-lo. Chamei-o aqui para podermos conversar a respeito de meu aluno João. Infelizmente não consegui achar o que chamamos de vicio de flagrante, do contrário o teríamos tirado em 24 horas da delegacia. Entrei com pedido de liberdade provisória, e agora aguardo uma posição do juiz no sentido de lhe ser concedida.

— Professor, a situação de meu afilhado é muito difícil — Manuel falou em lágrimas. — Parece que vai enlouquecer, não conversa mais, tem os olhos distantes; temo por sua vida se não o tirarmos de lá.

O velho professor ficou pensativo.

— De fato, João é uma criatura muito sensível. Todavia, acredito que ainda hoje, ou no máximo amanhã, o juiz deverá expedir o alvará de soltura.

Manuel tentou sorrir.

— E o que o senhor quer dizer com liberdade provisória?

— Se o nosso rapaz for indiciado pelos crimes dos quais o estão acusando, por uma série de fatores a seu favor poderá aguardar o julgamento em liberdade.

— Tremo só de pensar que ainda vai passar por tudo isso — o português mantinha os olhos baixos. — Tinha esperança de vê-lo inocentado sem precisar ir a julgamento.

O professor Adriano abanou a cabeça.

— Não podemos perder as esperanças. Se não houver nenhum indício para incriminá-lo poderão arquivar o inquérito. Isso quer dizer que não responderá a processo.

— Tenho certeza de que minha santinha não vai permitir que aconteça mais nada de mal ao meu filho; aquele menino não merece tanta injustiça!

— Eu também gosto muito dele — disse o professor –, por isso usarei todo o meu conhecimento para ajudá-lo. Tenho acompanhado as investigações, e sei que vamos conseguir montar uma boa defesa. O mais importante agora é tirá-lo daquele lugar e tentar equilibrá-lo para que recupere a sua vida, volte à normalidade. Senhor Manuel, dê-me licença por um momento, vou dar um telefonema. Quem sabe o juiz já expediu o mandado de soltura!

Dali a alguns minutos o advogado voltou com um sorriso no rosto.

— Tenho boas novas. Podemos ir para a delegacia esperar o oficial de justiça. O mandado já foi expedido.

— Então vamos, professor! Estou com o carro no estacionamento.

O professor foi até o armário e pegou seu paletó; os dois caminharam em conversa animada até o carro.

— Preciso avisar o pessoal de casa, mas farei isso da delegacia. Esta situação tem sido muito dolorosa para todos nós. Parece que estamos vivendo um pesadelo interminável... Enfim, com a graça de Deus tudo vai terminar bem.

Ao chegarem foram à procura do delegado, que, informado, esperava o oficial para soltar João. Manuel ligou para casa e fez o comunicado a Fátima. Glória e Clara já haviam saído para trabalhar. Finalmente, por volta das onze horas, o oficial apareceu.

João não tivera disposição para levantar-se ou alimentar-se, parecia em estado de choque. Não se movia, com os olhos cerrados aparentava dormir. Quando os abria, o olhar denunciava perda de lucidez. O delegado pediu ao carcereiro que trouxesse o rapaz com os seus pertences, pois estava liberado. Otávio, emocionado, tentou animá-lo; João, entretanto, sequer dava mostras de que o escutava.

O carcereiro o conduziu até a sala do delegado. Todos ficaram impressionados diante da sua mudança. Manuel aproximou-se e constatou que nem era notado. O professor, sensibilizado, chamava-o pelo nome, declarando que afinal estava livre. João não dava qualquer sinal de lucidez; totalmente alheio, não percebia a situação. Todos viram as marcas no pescoço, que evidenciavam a tentativa de suicídio.

O delegado foi informado de que João quisera enforcar-se com o próprio lençol e os companheiros de cela haviam frustrado sua iniciativa; não obstante, o rapaz não voltara mais à realidade. O delegado pediu que Otávio fosse trazido para explicar o ocorrido.

João estava mais magro e abatido. Completamente alienado, era incapaz de acompanhar o depoimento do amigo. Por fim o delegado resolveu liberá-lo, recomendando cuidados médicos.

Desolados, o professor Adriano e Manuel colocaram o jovem dentro do táxi.

— Professor, o que faremos? Devemos levá-lo a um hospital?

— Acho que é conveniente. Ele deve passar por um exame físico, já que teve uma queda, e por uma avaliação psicológica. De qualquer modo, é importante ficarmos otimistas. Por tudo o que passou, não é de se estranhar esse estado de choque.

Manuel parou o táxi atrás do hospital. Com muita dificuldade tiraram João do carro e passaram pela emergência. O médico constatou a tentativa de enforcamento, porém não encontrou nenhuma fratura. Receitou um calmante, acreditando que após algumas horas o rapaz voltaria ao estado normal.

— Vou levar o senhor até a sua escola — disse o taxista. Não tenho palavras para agradecer seu empenho. Acho que só Deus pode retribuir esse gesto de amizade para com o meu afilhado.

— Senhor Manuel, esse rapaz merece! Tudo vai passar; ele se casará com sua filha, será doutor, como sonha, e toda essa tristeza ficará no passado.

Manuel olhou para João.

— Deus o ouça, meu amigo. O que mais quero nesta vida é ver meus filhos felizes.

Na frente do prédio da universidade, Manuel parou o carro e se despediu do professor, que pediu:

— Dê notícias. Quero ficar a par de todos os acontecimentos.

— Eu não vou esquecer de telefonar ao senhor, espero que com boas novidades!

João dormia no banco de trás, sob o efeito do sedativo. Manuel refletia. Como iria explicar os últimos acontecimentos? Deveria levar o rapaz para casa em tão difícil condição? Deixaria a esposa e as filhas ainda mais desesperadas. Lembrou-se do amigo Agenor, em cuja casa Zefa estava hospedada. Ele e a esposa pareciam tão equilibrados! Saberiam ajudá-lo a resolver o problema do afilhado. Assim, rumou para o bairro onde residia o amigo. Lá chegando, desceu para avaliar a situação antes de mostrar o rapaz. Felizmente, apenas Lívia e as crianças estavam em casa.

— Dona Lívia, quero pedir desculpas por aparecer sem avisar, mas preciso da ajuda de vocês

Lívia empalideceu, quando viu João deitado no táxi.

— Senhor Manuel, o que está havendo? Estamos aqui para ajudá-lo.

Manuel, muito triste, contou tudo o que acontecera, sem ocultar nenhum detalhe.

Com os olhos rasos d'água, Lívia lhe pediu que trouxesse João para dentro; não queria que o rapaz atraísse olhares curiosos.

— João é mais que um amigo,é como nosso irmão. O senhor fez muito bem em trazê-lo, poderemos cuidar dele como merece. Dona Zefa já está aqui. Ainda bem que não chegou do trabalho. Depois de colocarmos João na cama, vou telefonar para o meu marido; quero que chegue antes da mãe dele.

Em meia hora, Agenor estava no quarto com a esposa e Manuel. Ajoelhou-se junto ao leito, chamando pelo amigo. Manuel colocou a mão no seu ombro.

— Não adianta, agora está dormindo sob efeito de sedativo. Antes, contudo, estava totalmente alienado; não consegue mais perceber o que acontece ao seu redor. Veja as marcas no pescoço, feitas com uma forca de lençol.

Agenor encostou a cabeça no travesseiro de João e chorou.

— Meu Deus, não quero que dona Zefa saiba desses fatos! Quando ele melhorar contaremos a ela.

Agenor passou a mão na cabeça do amigo.

— João, estou certo de que vai sair desta, mas precisa reagir! Vamos dar a você todo o apoio, meu irmão!

Os três choravam. Naquele clima de amorosa emoção, Agenor pediu:

— Lívia, traga o Evangelho! Vamos fazer uma oração; precisamos iluminar o ambiente. Onde há luz não se fixam as trevas.

Agenor sentou-se em uma cadeira defronte à cama, tendo o Evangelho nas mãos. Com os olhos cerrados, seu semblante foi tomado por uma luz que parecia vir do Alto. De seu coração saíam fachos brilhantes que envolviam João. Da mesma forma, Lívia irradiava luz por todo o corpo; pensamento dirigido ao Criador, rogava misericórdia para o amigo que tanto padecia, doente e fragilizado. Uma chuva luminosa caía do teto sobre o quarto inteiro. Manuel, de joelhos, acompanhava a oração, e sem perceber também se beneficiava da misericórdia divina.

Mentores amigos acercaram-se de João, aplicando-lhe passes longitudinais que dispersavam o fluido escuro acumulado em várias regiões. Avelino, ligado ao rapaz, sentiu-se suavemente afastado, sem se dar conta do que ocorria. João se acalmava, já não respirava com dificuldade, em seu semblante diminuía a palidez; sangue parecia voltar ao rosto. O tremor do corpo foi cessando até desaparecer. Ao término da oração, Manuel levantou-se e percebeu que o afilhado estava melhor.

— Nossa Senhora, meu filho parece que torna à vida!

Agenor olhou para a esposa, que, agradecida, chorava discretamente.

— Geralmente não temos a noção exata do poder da oração, e dos benefícios que recebemos quando oramos. Felizmente a misericórdia de Deus sempre está presente, faz parte do amor infinito que ele dedica às suas criaturas.

Um ônibus parou no ponto e Lívia chamou a atenção do marido:

— Meu bem, dona Zefa deve estar chegando. Precisamos pensar no que diremos a ela.

— Pode deixar comigo.

A mulher entrou em casa resmungando.

— Que dia quente! O ônibus estava lotado, tinha gente até o teto. Finalmente consegui chegar. Preciso tomar um banho.

Vinha tão distraída que não notara o táxi de Manuel à porta. Levou um susto quando o encontrou na sala.

— Senhor Manuel, aconteceu alguma coisa?

Agenor pegou uma cadeira para ela.

— Dona Zefa, ouça sem se emocionar, só temos notícias boas.

— Estou ouvindo bem quieta, mas diga logo.

Agenor procurou falar pausadamente:

— João saiu da cadeia.

Zefa fez um movimento, tentando erguer-se; o rapaz a impediu, segurando-lhe o braço.

— Ai, minha santinha! Onde ele está?

— Dormindo no quarto, sob o efeito de sedativo. Está bem, apesar de muito agitado por todo o sofrimento dos últimos dias. A senhora pode ir vê-lo, por ora sem conversar; ele precisa de repouso.

A mulher se levantou e caminhou para o quarto, seguida pelos demais. Ajoelhou-se junto da cama, chorando baixinho.

— Meu pobre filho, está tão magro e tão pálido... Parece doente. Isso faz meu coração doer.

Agenor puxou-a pelo braço, pedindo:

— Deixemos o João descansar, vamos conversar lá na sala.

A mulher obedeceu. Na sala, Agenor procurou esclarecer de maneira sutil o que acontecia com João; ela ainda chorava.

— Como poderei ajudar meu filho a se recuperar?

Lívia pegou na sua mão.

— Com amor, carinho e compreensão, minha amiga! Seu filho vai precisar muito da senhora e de todos que puderem ajudá-lo.

Agenor aproximou-se.

— Dona Zefa, a senhora sabe dos problemas espirituais de João, que na cadeia evidentemente se complicaram, pois ele ficou mais fragilizado. Por isso não deve deixar o centro espírita, e assim que pudermos igualmente o levaremos.

— Eu sei, meu filho, e vou procurar colaborar da melhor forma possível. Iremos todos os dias, se for necessário.

— Precisamos não só ir ao centro para tratamento, como permanecer vigilantes e conservar os pensamentos em comunhão com o Alto. Se nos mantivermos em harmonia vibratória, envolvendo João em luz e amor, logo ele atingirá equilíbrio suficiente para estabelecer também sua harmonia interior.

Naquele lar simples e humilde Zefa descobrira o real significado das palavras amor e caridade. Aprendera em poucos dias a respeitar e admirar aquelas duas criaturas que só lhe faziam o bem, em nome de uma amizade sincera. Comovida, beijou o rosto de Lívia.

— Acho que não mereço ter no meu caminho e no de meu filho dois anjos. Não sei o que seria de mim sem vocês. Apesar das imensas tristezas, todos vocês, inclusive minha nora, têm me dado muitas alegrias. Agora reconheço que existe gente boa no mundo.

Glória ficou sabendo pela mãe que seu pai levara João para a casa de Agenor, onde Zefa já estava hospedada. Terminado o expediente no escritório, a moça, com o coração aos pulos, pegou um ônibus e se dirigiu para lá. Na última visita, saíra da delegacia com um triste pressentimento, ao constatar a extensão do mal que a cadeia causara ao namorado. Ainda no ônibus, viu o táxi do pai parado à porta. Tocou a campainha e Agenor atendeu rapidamente.

— Como vai, Glória? Entre, por favor.

— Vou bem. E o João? Realmente foi solto?

O amigo deu dois passos e parou diante da porta, voltando-se para a jovem.

— Sim, e quero falar com você sem que dona Zefa ouça. João está dormindo sob o efeito de sedativo, mas quando seu pai e o professor chegaram na delegacia o encontraram totalmente fora de si. Sequer tem noção de que está em outro ambiente.

— Acho que, por tudo o que passou, seu estado é de choque — disse ela em voz baixa –, porém tenho certeza de que com muito amor logo ficará bom.

— Sim, eu concordo. No entanto, preciso lhe contar algo grave e quero que mantenha a calma. João tentou o suicídio, fazendo uma forca com o próprio lençol.

Glória levou as mãos à cabeça, balançando levemente o corpo. Agenor procurou ampará-la.

— Era o que eu mais temia ultimamente; vinha sentindo que João não estava bem e caminhava para o caos.

— Agora está tudo bem — ele afirmou. — Graças a Deus, companheiros de cela o impediram de consumar o ato. E nós faremos tudo para que se recupere e saia desta ainda mais forte. Vamos entrar, para que dona Zefa não desconfie de nada.

Glória foi até Zefa, dando-lhe um abraço.

— Agora chega de lágrimas e sofrimentos! Vamos reconstruir a vida de João e as nossas! Para isso temos bastante coragem e fé em Deus. E estamos felizes: além de livre, ele está vivo!

Erguendo-se, Manuel abraçou a filha.

— É assim que se fala, minha filha! Devemos estar muito felizes pelos bons acontecimentos de hoje.

Lívia também se levantou, tomando a direção da cozinha.

— Estamos todos com fome; fiz uma comidinha gostosa para nós!

Manuel deu um sorriso.

— Agradeço a gentileza, mas temos de ir. Minha esposa deve estar aflita por notícias.

— Papai, ligue para mamãe — pediu Glória — e lhe diga que está tudo em ordem. Vamos aceitar o convite de Lívia, assim poderemos conversar mais e acertar alguns detalhes a respeito do tratamento do João.

Manuel anuiu; foi até o telefone, enquanto os demais se sentavam ao redor da mesa.

Fátima esperava cheia de ansiedade. Depois de informada, quis saber o porquê de tanta demora do marido e da filha.

— Estou a explicar que não conseguimos falar com João e Glória quer aguardar para ver se ele acorda. Passamos por momentos penosos, por isso peço sua compreensão.

— Ora, Mané — a mulher replicou –, acho que é muito difícil encontrar pessoa mais compreensiva do que eu. E ainda vou ter de esperar para ter mais informações...

Manuel desligou o telefone e dirigiu-se para a cozinha, onde o grupo mantinha uma conversa animada.

— Não se preocupe, Glória — dizia Agenor –, eu e Lívia cuidaremos de dona Zefa e de João.

— Faremos tudo o que estiver ao nosso alcance — Lívia emendou. — Temos por eles grande estima e muita consideração, como se fossem da nossa família.

— Disso eu não tenho dúvida — falou Glória. — Vocês sabem como minha mãe é complicada; se não, eu e meu pai os levaríamos para nossa casa.

Lívia a encarou com um sorriso ao garantir:

— Minha querida, não vai custar nada. Afinal, os verdadeiros amigos são para as horas difíceis. Eu não trabalho fora e terei condições de dar atenção e cuidados ao João.

— Glória, minha patroa já está avisada — aduziu Zefa. — Se for preciso, eu ficarei uns dias com o meu filho. Acredito que em pouco tempo poderemos voltar para casa.

Manuel entrou na conversa.

— Acho que devemos levar João ao médico sem demora, para sabermos como está. Portanto, amanhã às 8 horas passarei por aqui, para irmos a um doutor de minha confiança.

Agenor aproximou-se do português.

— Ótimo, o médico fará uma avaliação clínica. Eu vou avisar ao patrão que o João já está fora da delegacia. Sei que todos ficarão contentes, o rapaz tem muitos amigos na fábrica.

Manuel e Glória voltaram para casa. Fátima e as outras duas filhas, que aguardavam ansiosas, foram notificadas dos acontecimentos. Todavia, ambos ocultaram o detalhe da tentativa de suicídio.

CAPÍTULO

20

SOLIDARIEDADE

O sol já se refletia na janela, clareando o quarto de João e de sua mãe. O rapaz não dava sinal de estar acordado. Zefa o chamara, impaciente, sem nenhum resultado. Agenor entrou e tentou despertar o amigo, que abriu os olhos sem ter neles o brilho da lucidez.

— Agenor — ela falou –, meu filho parece não reconhecer a gente. Nem olha para lugar algum, acho que perdeu a razão.

— Calma, dona Zefa — o amigo disfarçou a preocupação –, é efeito do trauma pelo qual passou. Vou levá-lo ao banheiro, dar-lhe um banho e vesti-lo para ir ao médico. Depois de tudo o que enfrentou, isso é normal.

Lívia entrara no quarto, também com ar preocupado.

— Veja, Lívia, meu filho parece um boneco. Os olhos perderam a lucidez.

— Está em choque; como disse o Agenor, é normal, e vai melhorar logo.

Na hora combinada, Manuel chegou no táxi junto com Glória. Os dois desceram e se encaminharam para o portão. Com muita dificuldade tiraram o rapaz do quarto. As marcas na garganta evidenciavam a tentativa de enforcamento. Quando as viu, Zefa caiu em desespero, levando todos às lagrimas. Glória segurou-lhe a mão.

— Dona Zefa, o nosso João vai se recuperar. Ele precisa do nosso equilíbrio. Deixe que eu, meu pai e Agenor o levamos ao médico; fique com a Lívia. Telefone para a sua patroa e explique tudo.

Lívia trouxe um chá para Zefa, que, sentada no sofá, não conseguia parar de chorar.

— Glória, será que meu filho vai voltar a ser o mesmo algum dia? Parece que perdeu o juízo.

— Precisamos confiar em Deus, tudo vai voltar ao que era.

Agenor pegou no braço de João para conduzi-lo ao táxi. Manuel também se acercou tentando ajudar. De repente, o rapaz se pós de pé, virou-se para Agenor com ar ameaçador e bradou:

— Você não vai conseguir me afastar! Não sabe com quem está mexendo. Eu vou acabar com ele, depois com você!

O amigo fitou João nos olhos, falando ao obsessor:

— Quem tem Jesus como mestre e senhor, não tem medo de nada. Segue em frente, porque sabe que está no verdadeiro caminho. As luzes sempre vencem as trevas!

Lívia se colocara ao lado do marido, vibrando por luz e equilíbrio. João voltou à mesma posição de apatia.

— Minha Nossa Senhora! — Zefa gritou. — Meu filho está possuído pelo demônio.

Enquanto Glória tentava tranquilizá-la, Agenor se aproximou, pousando a mão no seu ombro.

— Dona Zefa, temos conversado bastante, e precisamos muito da sua calma. João está sendo vítima de um espírito que o persegue por discórdias do passado. Não é um demônio, e sim um desafeto que também necessita de nossas orações. João é um médium, que por estar em desequilíbrio se deixa arrastar por sugestões de criaturas menos felizes.

Glória e Manuel estavam impressionados com tudo que ouviam. O português falou, surpreso:

— Meu jovem amigo, eu nunca soube que meu afilhado era espírita, que recebia espíritos, conforme acaba de ser demonstrado aqui.

Agenor voltou-se e esclareceu:

— João não é espírita, e não fomos nós que inventamos os espíritos. Manifestações espirituais sempre ocorreram em qualquer lugar e em todas as partes deste mundo. Todos nós somos médiuns, só que em alguns esse dom aparece mais desenvolvido. João vem apresentando sua mediunidade já há algum tempo, e dando sinais de que um espírito obsessor o acompanha. A Doutrina Espírita nos oferece conhecimentos específicos sobre manifestações desse tipo. Seus problemas se agravaram a tal ponto que se deixou dominar por esse obsessor.

Manuel e Glória se esforçavam por assimilar essas palavras. Os dois nunca tinham ouvido tais explicações, o que lhes causava estranheza.

— Meu filho, embora respeite sua religião, sou católico e fica difícil entender a dimensão do que diz.

Agenor voltou-se para ambos.

— Eu sei, e por minha vez respeito suas crenças. Contudo, gostaria que vocês não interferissem no tratamento a que submeteremos João, no centro espírita que frequento. Dona Zefa tem ido aos passes e procurado colaborar.

— Nós não vamos interferir — asseverou Glória. — Se for para o bem de João até eu irei. Gostaria que vocês me explicassem bem o que está havendo com ele, e que me dessem esperanças.

Lívia emocionou-se ao perceber a dedicação e o amor daquela jovem pelo namorado.

— Minha querida, Deus, em sua infinita misericórdia, olha por todos os seus filhos. Devemos ter paciência, mas estou certa de que João vai se recuperar. E a Doutrina Espírita pode efetivamente auxiliá-lo nesta enfermidade tão séria.

Manuel e Agenor ergueram João pelos braços, para conduzi-lo até o táxi. Na consulta, o médico pediu alguns exames; o pescoço não havia sofrido lesão profunda e as marcas deveriam desaparecer em alguns dias. O mais importante, a seu ver, era cuidar do lado psicológico, que parecia muito afetado. Receitou calmantes e encaminhou o rapaz para um psiquiatra, que poderia fazer uma avaliação melhor.

Enquanto Glória e Manuel voltavam com João, o amigo Agenor foi para o trabalho; passou primeiro pelo escritório, comunicando todos os fatos ao patrão e a seu filho. O senhor Luís se afeiçoara a João durante os anos de convivência e, preocupado, ofereceu ajuda financeira para um tratamento especializado.

— É difícil acreditar no que está ocorrendo com aquele rapaz — comentou. Apesar de todo o seu esforço, parece que a vida trama contra ele. Eu, francamente, não conseguiria superar tantas dificuldades. João para mim é um vencedor. Tem uma inteligência brilhante, e não devemos deixar que se perca. Quero que me mantenha informado, e se precisar de alguma coisa procure por mim ou pelo meu filho.

— Senhor Luís, agradeço por seu interesse e sua compreensão. Hoje tive ocasião de conhecê-lo melhor e mais o admirar. Tenho certeza de que em breve João retornará ao trabalho e aos seus estudos. Confio que vencerá todas as dificuldades, pois não é de se deixar abater.

Ele se despediu, indo para a fábrica, onde já se iniciara o expediente do dia. À noite, convidou o senhor Lima, sua esposa Rosália e mais dois médiuns, companheiros do centro espírita, para comparecerem à sua residência. Às 20 horas estavam todos reunidos. O rapaz continuava no mesmo estado do dia anterior.

No quarto em que João permanecia deitado, indiferente, o senhor Lima começou as orações, pedindo a proteção dos mentores amigos. Fazia vários dias que Mário, o assistente do mentor Tibúrcio, vinha acompanhando o rapaz. Fora ele que intuíra o amigo de cela a impedir que o ato suicida se consumasse.

O senhor Lima sabia que eram três as entidades que exerciam influência destrutiva sobre o rapaz. Quando Zefa estivera no centro espírita para a consulta e o passe, ele fora informado de que um estava sendo retirado e encaminhado, porém ainda havia dois mais tenazes que permaneciam ligados a João, que, dominado, precisava de ajuda para se equilibrar.

O dirigente pediu à esposa, médium que há muito tempo participava dos trabalhos de passes magnéticos, que transmitisse um passe ao rapaz.

Todos os outros médiuns permaneciam em silêncio e em profunda oração. O assistente de irmão Tibúrcio aplicou o fluido magnético emitido através das mãos da médium, dispersando toda a energia escura que se condensara ao redor da cabeça do rapaz. Com a vibração amorável dos demais médiuns, Mário conseguiu afastar um pouco Avelino, formando uma barreira fluídica e assim diminuindo a sua influência.

Avelino, sentindo como se levasse um choque, ficou atordoado. Antônio, que estava junto de Zefa na sala, teve um estremecimento. Na verdade, Gumercindo, outro assistente de Tibúrcio, desde a chegada do senhor Lima e dos médiuns se postara junto a Antônio, que não conseguia vê-lo; aplicou-lhe um passe, fazendo-o adormecer para que outros membros da equipe socorrista o retirassem.

Avelino estava só na sua vingança. Agora seria iniciado um trabalho junto do perseguidor mais obstinado.

O senhor Lima pediu aos médiuns vibrações de muito amor por Avelino. Sabia que teriam um árduo trabalho de socorro, tanto para João como para seu obsessor. Seria essencial o assentimento dos dois, para transporem as barreiras do ódio e da vingança.

Terminados o passe e as orações, João parecia dormir mais tranquilo; todos foram para a sala. O senhor Lima dirigiu a palavra a Zefa, que ainda se mostrava muito abatida.

— Senhora, tenha confiança na misericórdia de nosso Pai. Logo que puder, seu filho deverá submeter-se a um tratamento de passes. Está emocionalmente esgotado e é necessário repormos suas energias. Precisamos do empenho da senhora e principalmente dele para revertermos a situação. Vamos conservar a fé em Deus e em Jesus para alcançar a cura.

Zefa não tinha como se expressar, a não ser chorando baixinho.

Todos se despediram. Agenor acompanhou-os até o portão, momento em que o senhor Lima falou animado:

— Acho que estamos caminhando. Hoje um dos obsessores foi recolhido, com a graça de Deus. Cabe a nós manter a paciência, porque tudo já está providenciado pelos nossos mentores amigos. É fundamental despertar em João a vontade firme e a fé inabalável na misericórdia divina.

Atendido com amor e carinho pela equipe socorrista, Antônio foi transportado em maca para o próprio centro de que o senhor Lima era diretor — visto que, na verdade, os centros espíritas bem orientados costumam funcionar como pronto-socorros para encarnados e desencarnados. O estado do obsessor era lastimável: suas roupas estavam sujas e rasgadas; o corpo astral ostentava manchas roxas nas regiões do coração e da cabeça, o que nos dava ideia de suas precárias condições. Vagava sem rumo quando havia encontrado Avelino, que lhe evocara lembranças de outra encarnação, convencendo-o a se aliar a ele na ação vingadora.

Antônio agora estava adormecido. A seu lado, uma jovem bela e suave, aparentando vinte anos, segurava-lhe a mão. Irmão Tibúrcio aproximou-se e a chamou pelo nome:

— Míriam...

A moça levantou os lindos olhos castanhos, deu um sorriso e caminhou para o mentor.

— Irmão Tibúrcio, fico feliz em revê-lo. Fui informada por seu assistente Mário de que haviam recolhido Antônio. O senhor sabe como esperei por este dia!... Após tantos anos, agora meu coração anseia por encontrar aquele que foi meu pai e se perdeu no labirinto do ódio.

— Logo também poderemos trazer dom Avelino. Sua ajuda será preciosa para que o coração do nosso irmão, cansado de sofrimento, alcance a paz e o perdão.

Míriam enxugou as lágrimas.

— Venho rogando a Deus esta oportunidade de nos juntarmos novamente para seguir na senda do Senhor.

— Míriam, relate-me os fatos dessa vida anterior de seu pai, de Antônio e de João, e conte como se envolveram, para podermos ajudá-los na conquista do perdão mútuo.

Sentando-se ao lado de Tibúrcio, a bela jovem tentava rememorar. Com os olhos distantes, procurava levantar na mente todos os acontecimentos que ligavam os nossos personagens. Desse modo, voltamos ao final do século XVII.

Capítulo

21

Viagem no tempo

Em terras portuguesas, no ano de 1692, Manuel era um rico comerciante, já passado dos trinta anos. Invariavelmente envolvido nos negócios, nunca achara tempo para pensar em casamento. Percebendo que os anos já começavam a branquear-lhe os cabelos e sentindo a necessidade de um herdeiro a quem deixar a imensa fortuna acumulada em longos anos de muito trabalho, resolveu empenhar-se em arrumar uma esposa.

Maria de Fátima, filha de outro comerciante seu amigo, era jovem de pouca formosura, porém casta e honrada. Depois dos devidos acertos com a família, foi realizado o consórcio e os noivos mudaram-se para a província do Porto, onde Manuel tinha os seus negócios. Lá possuía uma bela quinta, com casa confortável, muitas videiras, árvores frondosas e uma profusão de flores espalhadas por um lindo jardim. Das janelas da casa se podia sentir a brisa dando ao verão uma sensação agradável. Ao fundo, um rio cortava o vale verdejante.

Mesmo sendo uma pessoa sem amabilidades, a recém-casada ficou surpresa e maravilhada com o lugar no qual iria viver com o marido. A despeito da diferença de idade, ele era um homem gentil e afetuoso.

Os anos passavam e o herdeiro não vinha para alegrar aquele lar. Manuel, desencantado, não mais alimentava a esperança de ver seu rebento correndo pela quinta. Foi depois de dez anos e de todas as esperanças perdidas que Maria de Fátima enfim comunicou ao marido, emocionada, que esperava o filho tão desejado.

João Custódio nasceu entre sedas e rendas. O pai mandou trazer o que havia de melhor no reino. Logo após o nascimento acalentou o filho no colo, com carinho e orgulho. Maria de Fátima chorava de alegria, pois conseguira concretizar o sonho de ser mãe e dar um varão ao marido. O garoto crescia entre mimos e dengos de Manuel; seus mínimos desejos eram ordens para aquele pai extremoso, que o amava com verdadeiro ardor.

Depois de dois anos, para surpresa de todos, Maria de Fátima trouxera ao mundo uma linda menina. Manuel, enlevado com a bela garotinha, colocou-lhe o nome Maria da Glória.

As crianças cresciam com graça e beleza. Maria de Fátima não demorou a revelar preferência pela filha, mas João Custódio continuava sendo o centro das atenções, por seus dons de inteligência e formosura. Logo percebeu que tinha todos aos seus pés, principalmente o pai.

Maria Glória era mimosa e meiga. Com cinco anos corria pelos campos para apanhar flores que sempre oferecia ao irmão. Já então demonstrava o profundo amor que lhe dedicava. Ela e o pai faziam de João Custódio o centro de suas atenções e de seu carinho.

Muitas vezes Maria de Fátima repreendia o marido. Achava pernicioso para o garoto aquele excesso de cuidados e mimos. Na verdade, Manuel vivia quase exclusivamente para o filho. Traçava muitos planos e tinha grandes sonhos para o garoto.

As crianças se transformaram em dois belos jovens. Manuel, já com os cabelos totalmente brancos e com o peso dos anos, não tinha a mesma vitalidade para o trabalho.

— Meu filho — disse-lhe um dia Manuel –, seu pai está velho e alquebrado. Você já tem dezessete anos, e preciso que venha assumir nossos negócios para dar continuidade ao meu trabalho.

João Custódio ficou pensativo.

— Meu pai, o senhor sabe que não tenho pendor para negociar com vinho e azeite. Gostaria muito de ir estudar em Coimbra, fazer o curso de direito.

— Se eu tivesse outro filho varão que me ajudasse, com certeza ficaria feliz com a sua decisão — Manuel admitiu. — Contudo, seu pai está velho e gostaria de lhe transmitir a direção dos nossos negócios. É para você e sua irmã, a quem um dia pertencerá toda a fortuna.

João Custódio falou encarando o pai:

— Peço que me dê apenas o tempo necessário para cursar o que tanto desejo. Depois prometo que assumirei todos os negócios da família.

Manuel nunca dizia não ao filho. Apesar de sentir que a saúde não ia bem, concordou; levantou-se, dando-lhe um abraço.

— Está bem, meu filho, vamos providenciar sua ida a Coimbra ainda nesta semana. Sei que posso contar com a ajuda de José Pedro, que continuará como meu braço direito.

Maria de Fátima resmungou o dia todo, ao saber da notícia. Notava que a saúde do marido não ia bem e julgava indispensável a ajuda do filho naquele momento. Todavia, Manuel o criara com tantos mimos que o rapaz se tornara egoísta e narcisista; seus desejos eram ordens naquela casa. Jamais aprendera a se doar por alguém, nem mesmo pela irmã que lhe satisfazia todos os caprichos. Estava sempre à espera de elogios, e quando não era obedecido numa determinação castigava os servos com rigor. Glória se ressentia pelas atitudes do irmão para com os empregados da casa, mas seus conselhos eram repelidos com sarcasmo e ironia.

— Você é uma tola, dá muita atenção aos servos, que acabam tomando liberdade demais e se sentindo como donos da casa. Cada pessoa tem o seu lugar neste mundo. Nós nascemos para mandar e somos os senhores; portanto, temos de ser respeitados como tal.

Sensível e educada, Glória não se deixava convencer pelo irmão. Até Maria de Fátima, que também cometia grosserias com os empregados, não aprovava os abusos do filho para com os pobres coitados.

Manuel, absorvido pelo trabalho, em geral fechava os olhos para as atitudes hostis do filho. Quando a filha comentava algo, dizia que João Custódio agia daquela maneira por ser muito jovem e impetuoso, e que em breve iria mudar de conduta.

Certa noite em que Manuel não estava o jantar foi servido com atraso, o que deixou o rapaz extremamente nervoso. Além disso, a comida muito quente queimou-lhe a boca. Irritado, ordenou que a pobre mulher que os servia comesse tudo, o que lhe provocou queimaduras na boca; depois a obrigou a ficar dois dias sem se alimentar.

Glória implorou que não castigasse daquela forma a pobre mulher, e João Custódio ameaçou bater na irmã se ela interferisse. Com a volta do pai, mãe e filha foram chorosas contar o que ocorrera em sua ausência.

— Se estivesse aqui eu teria tomado uma atitude; agora não posso fazer mais nada — ele considerou. — Apenas chamarei a atenção de João Custódio para que ele perceba o quanto errou, especialmente com a irmã.

Manuel foi até os aposentos do filho e falou carinhosamente com o rapaz, que sequer se interessou em escutá-lo. Tratou logo de mudar de assunto, ávido por notícias de Coimbra.

— Papai, o senhor sabe da minha ansiedade em ir para Coimbra.

Manuel deu um sorriso.

— Tenho ótimas novidades: dentro de quinze dias você estará instalado e iniciando seu curso.

— Finalmente vou realizar o que tanto desejo — o rapaz ria, satisfeito.

Manuel ficou pensativo e então pediu:

— Filho, só não quero que comente com sua mãe e sua irmã. Diremos na véspera da partida, assim evitaremos expectativas ou objeções; com tudo arrumado, não poderá haver contestação.

João Custódio levantou-se, abraçando o pai.

— Papai, o senhor é a única pessoa que consegue me compreender, parece até adivinhar meus pensamentos.

— Meu filho, sabe o quanto o amo! — ele exclamou com emoção. — Você é o que tenho de melhor neste mundo. Nada faz diferença, nem mesmo toda a minha fortuna, se não puder concretizar seus desejos e fazê-lo feliz. O que mais sinto é que já não o verei todos os dias.

Manuel saiu do quarto do filho e se dirigiu à cozinha, onde estavam a esposa e a filha. João Custódio ficou deitado, imaginando a vida livre que teria em Coimbra. Era incapaz de avaliar o sacrifício e a dedicação que estava exigindo do pai idoso.

Ao entrar na cozinha Manuel encontrou as duas conversando alegremente.

— Quanta animação! Posso também participar?

Maria da Glória correu a abraçar o pai.

— Venha, papai, veja só o doce que mamãe inventou hoje. Está horrível, ninguém consegue comer, nem os porcos.

Maria de Fátima ergueu um grude preto da panela e os três riram muito.

Manuel olhou as duas mulheres com um aperto no peito. O filho iria embora, sabia Deus se voltaria. Ele estava velho, sentiu temor ao pensar em deixá-las sozinhas. Abraçou a filha, tentando enxugar as lágrimas. A esposa percebeu o gesto e perguntou:

— Senhor dom Manuel, não está bem?

A filha delicadamente secou as lágrimas do pai e beijou-lhe a face enrugada.

— Papai querido, está doente?

Manuel retribuiu o afago da filha.

— Não estou doente, sou só um velho emotivo. Chorei de felicidade por Deus me ter dado tão bela família. Lembrei-me de que estou velho e a qualquer momento posso deixá-los.

Glória comoveu-se. Abraçada ao pai, falou:

— Não quero que diga isso novamente. Teremos ainda muitos e muitos anos juntos, papai. Vamos continuar os quatro unidos para sempre.

Manuel riu do jeito ingênuo da filha, enquanto Maria de Fátima refletia: o marido não era o mesmo homem forte e decidido que conhecera; trazia as marcas dos anos estampadas no corpo e no rosto; e andava ainda mais alquebrado nos últimos meses, o que lhe causava certa apreensão.

— Acho que devia procurar um médico, pedir-lhe remédios. Precisa descansar mais e passar suas duras tarefas para teu filho, que é jovem e forte como um cavalo.

Manuel ficou carrancudo.

— Não quero voltar sempre ao mesmo assunto, que já discutimos muitas vezes. Quero que João Custódio estude e se realize como doutor das leis. Vou encontrar outra maneira de resolver essa questão. Você sabe que José Pedro, que é quase como um filho, é capacitado e inteligente, Ele tem se esforçado muito na direção dos meus negócios, praticamente vem tomando a frente de tudo. A mim não resta quase nenhuma preocupação.

Maria de Fátima torceu o nariz.

— Eu particularmente não gosto desse homem, não me parece sincero. Se não tomar cuidado, é capaz de roubar toda a sua fortuna. Acho que tem cara de gatuno, e dificilmente me engano.

Manuel permaneceu de cara fechada ao retrucar:

— A senhora está sempre achando defeitos em todos. Sou comerciante desde que tinha quinze anos e não me deixo enganar facilmente; sou um homem vivido, por isso acumulei fortuna. Conheço a boa índole de José Pedro, e pretendo fazê-lo meu sócio; vou dar a ele uma pequena participação, como recompensa por seus bons préstimos e sua dedicação.

— Manuel, acho que o senhor ficou velho de miolo! Esse rapaz não quer só uma parte, sua ambição é pela fortuna inteira.

Manuel se ergueu e saiu da cozinha resmungando.

— Mamãe, por que a senhora tinha de tocar nesse assunto? Sabe o quanto aborrece papai!

Maria de Fátima respondeu com aspereza:

— Venho alertando seu pai há bastante tempo, e aquele cabeça-dura não me ouve. Esse José Pedro não presta, ainda vai dar muita dor de cabeça. Desde garoto já se metia em confusões, só seu pai não consegue enxergar.

— Papai é muito esperto e não se deixa enganar.

As duas resolveram não mais retornar ao assunto. Os dias corriam sem novidades. Manuel ficava mais triste à medida que o tempo passava e a partida do filho se aproximava. Empolgado, João Custódio nem notava o abatimento do pai. Finalmente chegou a véspera da viagem. Glória e Fátima percebiam certa agitação no rapaz quando Manuel anunciou, durante o jantar, o que há muito estava programado. Glória caiu em pranto e Maria de Fátima saiu da mesa aos berros, assustando os empregados:

— Isso eu chamo de traição! Tudo feito sem meu conhecimento e consentimento. João Custodio, você é egoísta, não é capaz de perceber como seu pai precisa de sua ajuda; não vê que se arrasta pela casa, muitas vezes contendo os gemidos. Ele tem dado tanto por nós a vida inteira... Agora chegou a nossa vez de fazer por ele. Você vai ficar e trabalhar, já está mais do que na hora!

O rapaz olhou para o pai, aguardando uma declaração que sabia ser favorável a ele. Manuel levantou-se muito pálido e falou:

— Todas as decisões já foram tomadas, e não permito que a senhora assuma minhas dores. Meu filho vai para Coimbra estudar, como é seu desejo. Quando terminar, voltará para assumir meus negócios e a fortuna que é dele por direito. Não quero mais nenhuma palavra a respeito, dou por encerrada esta conversa.

Manuel caminhou cambaleante para o quarto; a filha foi atrás, tentando apoiar o pai. João Custódio sorria com o canto da boca, tendo nos olhos e no rosto um ar de desafio à mãe. Maria de Fátima sabia que, pelo filho, o marido enfrentaria qualquer sacrifício. Daria até a vida, se preciso. Naquele momento sentiu ódio daquele rapaz egoísta e indiferente ao sofrimento do pai.

— Quantas vezes me perguntei como pude dar a vida a uma pessoa como você! Nós o criamos com amor e carinho, sobretudo seu pai, e recebemos indiferença e ingratidão.

O rapaz, que ainda estava à mesa, levantou-se:

— Foi papai que tomou a decisão de me mandar para Coimbra, ele arranjou tudo. Não me sinto ingrato por isso.

Tranquilo, sentou-se de novo, saboreando demoradamente os alimentos de que já se servira. Ele só conseguia pensar no seu futuro em Coimbra, na liberdade e no dinheiro para gastar. Além do mais, ia se livrar da mãe incômoda e chata.

Maria de Fátima se retirou para verificar como estava o marido; não queria criar ainda mais conflitos. Caminhou com passos indecisos até os seus aposentos, onde o encontrou deitado, muito pálido; a filha, sentada ao seu lado, procurava abaná-lo.

— Senhor meu marido, vou pedir para o Juca ir buscar um médico.

— Não, já me sinto melhor — Manuel redarguiu. — A senhora mexe com os meus nervos, por isso me sinto abafado!

Capítulo

22

Longe de casa

No dia seguinte, ao amanhecer, João Custódio e Manuel partiram. Este, muito pálido, ia apoiado no filho. Glória chorava de tristeza por ficar sem a companhia do irmão adorado, e o pranto de Maria de Fátima era devido às condições de saúde do marido. Quando a carruagem dobrou a esquina, ela desabafou, abraçada à filha:

— Temo que seu pai não chegue vivo a Coimbra. Entretanto, o que mais me dói e a insensibilidade de meu filho. Acho que seu irmão tem uma pedra no lugar do coração.

— Mamãe, não culpe meu irmão — disse Maria da Glória, em meio às lágrimas. — Sabe como papai é teimoso, foi ele quem decidiu assim.

Fátima insistiu, mordendo o canto da boca:

— Minha filha, você conhece João Custódio. Ele obrigou seu pai a tomar essa decisão; é ele que manda nesta casa desde que nasceu. O seu pai o estragou com tantos mimos e satisfazendo todos os seus desejos.

A viagem foi muito penosa para o velho Manuel. Recostado no assento da carruagem, não tinha ânimo nem para observar as belezas naturais da estrada; muito pálido, esforçava-se para conter os gemidos.

João Custódio mantinha o olhar no horizonte; na sua ansiedade juvenil, procurava divisar Coimbra ao longe. No instante em que avistaram os contornos da cidade Manuel falou, ofegante:

— Filho, finalmente chegamos. Assim que estivermos instalados peço que procure um médico, pois me sinto indisposto.

João Custódio, com os olhos fixos na imagem da cidade que o empolgava, parecia não ouvir o pai.

— Papai, estou pressentindo que serei muito feliz aqui. Este ar já está a me fazer muito bem.

Manuel continuava com a cabeça apoiada na almofada e nada respondeu. A palidez da face denunciava a gravidade do seu estado. O cocheiro parou em frente a uma hospedaria e desceu para auxiliar os patrões.

— Dom Manuel, o senhor está passando mal?

Ele ergueu a cabeça com dificuldade.

— Sinto uma forte pressão no peito, parece que vou arrebentar. Preciso de um médico!

O cocheiro o ajudou a descer, acomodando-o no saguão. O dono da hospedaria, percebendo a situação de Manuel, providenciou rapidamente um quarto e o acomodou no leito. O cocheiro, informado de onde morava o médico, foi buscá-lo.

João Custódio somente olhava, sem tomar nenhuma atitude. Foi até a janela e ficou contemplando a cidade que o fascinava.

Manuel o chamou com um fio de voz:

— Meu filho, estou muito doente. Não sei se consigo esperar o médico, parece que estou morrendo!

— Não diga isso, pai, o senhor é um homem forte! É só uma dor passageira, por causa do cansaço da viagem. Basta ficar um pouco deitado, repousando, e logo estará bom.

Ele fechou os olhos, tentando descansar e concatenar as ideias. Todavia, a dor era tão forte que o impossibilitava de parar de gemer.

João Custódio voltou para a janela, observando o movimento da rua. O médico não demorou a chegar, acompanhado do cocheiro. Ao constatar o estado de Manuel, chamou seu filho para fora do quarto.

— Meu rapaz, não quero assustá-lo, porém seu pai está com um sério problema no coração. Já perdi muitos pacientes com essa dor. Vou receitar-lhe alguns remédios que devem ser providenciados com urgência. Se ele melhorar nos próximos dois dias, talvez possa escapar com vida.

João Custódio empalideceu.

— Está me assustando, doutor. O meu pai, apesar da idade, é um homem muito forte. Não acredito que seja tão grave!

— Tenho bastante experiência — respondeu o médico — e sei que o caso de seu pai é muito delicado. Temo que não suporte o ataque do coração que está sofrendo. Aconselho-o a lhe dar os remédios imediatamente. Virei no fim da tarde para acompanhar o seu estado.

João Custódio arrumou algumas moedas para providenciar o que fora receitado pelo doutor. Apesar de tomar corretamente os medicamentos, Manuel não apresentava melhoras. Suas roupas estavam molhadas pela transpiração intensa. Às vezes parecia perder os sentidos, parando de gemer.

No final da tarde o médico retornou à hospedaria com mais alguns vidros de remédio, que serviu em uma colher, colocando-a na boca de Manuel.

— Os que eu trouxe agora são de preparação demorada. Este pobre homem está muito mal, acho que não vai conseguir sair com vida. Mas como a esperança é sempre a última que morre, não devemos descuidar... Quem sabe Deus tem piedade dele?

João Custódio não deu resposta. Parecia muito contrariado com os últimos acontecimentos.

— Infelizmente, meu pai ficou doente. Tínhamos de tratar do meu ingresso na faculdade, e acho que precisarei ir só.

— Eu o aconselho a não deixar seu pai — alertou o médico. — Deve ficar ao lado dele, dando-lhe toda a ajuda possível, até mesmo com orações.

João Custódio torceu a boca em sinal de aborrecimento.

— Sabe, doutor? Nós estávamos planejando há muito a vinda para cá, e tenho a certeza de que meu pai não gostaria que nada fosse mudado.

O médico permaneceu calado, limitando-se a administrar o remédio de hora em hora, até que comunicou:

— Preciso ausentar-me, tenho outros pacientes para atender. Quero que ele tome uma dose do remédio deste vidro a cada hora e deste outro a cada meia hora.

O rapaz reagiu, impaciente:

— Doutor, não tenho muito jeito para cuidar de doentes. Acho mais conveniente pedir à camareira.

— Meu jovem, o pai é seu! — o médico estava indignado. — Penso que ninguém poderá cuidar dele melhor do que você.

O rapaz insistiu, chamando a camareira e pedindo ao doutor que a instruísse sobre a maneira de dar os remédios ao pai. Muito a contragosto, o médico forneceu as explicações Assim que ele saiu, João reuniu algumas moedas e as entregou à mulher, que, satisfeita, jurava por todos os santos que cuidaria bem de Manuel.

João Custódio arrumou-se com esmero, e logo saiu a caminho do prédio onde funcionava o curso de direito. Sua empolgação era tal que nem recordava ter deixado o pai doente na hospedaria. Depois resolveu conhecer a cidade, perambulando pelas ruas por mais de duas horas. Já era noite quando decidiu regressar à hospedaria. Entrou calmamente, procurando a camareira.

— Senhora, cuidou bem de meu pai como lhe pedi?

A mulher falou um tanto envergonhada:

— Procurei dar os remédios como o recomendado, mas também tenho meu serviço que não posso deixar de fazer; do contrário o senhorio me manda embora. O doutor voltou faz meia hora, está com o senhor seu pai.

João Custódio se encaminhou para o quarto. Abriu a porta agitado.

— Boa noite, doutor! Infelizmente tive de me ausentar por alguns momentos.

O médico atalhou, indignado:

— Meu jovem, a camareira me informou que saiu logo atrás de mim. Como já disse, o pai é seu; mas parece que não lhe tem muita consideração, deixando-o nas mãos de estranhos.

João sentiu-se ofendido.

— Acho que só a mim cabe julgar a consideração e o afeto que tenho pelo meu pai, e não lhe devo satisfações sobre meus atos, já que lhe estou pagando regiamente. O senhor está aqui exclusivamente para cuidar de meu pai, e não para fazer sermões.

O médico mordeu os lábios para não entrar em uma conversa que julgava desagradável e sem proveito. Olhou para Manuel, que continuava imóvel, e sentiu pena daquele pobre velho doente. Chamou o cocheiro, fazendo-lhe algumas recomendações.

— Terá de administrar os remédios ao seu patrão, esta noite é decisiva para a vida dele. Posso contar com a sua colaboração?

O homem, muito simples, baixou a cabeça ao afirmar:

— Dom Manuel é uma ótima pessoa, sempre nos ajuda como pode. Vou fazer tudo o que estiver ao meu alcance.

— Muito bem — resmungou o médico. — Tenho uma criada, que virá para auxiliá-lo; é uma mulher bondosa, sei que posso confiar nela.

João Custódio ficou o tempo todo à janela, olhando o movimento da rua.

Dentro de duas horas Marieta, a criada, estava na hospedaria. Era uma senhora de aparência agradável, com cerca de quarenta anos. Experiente em lidar com enfermos, foi logo ajeitando os cobertores e os travesseiros de Manuel, procurou os vidros de remédios e se inteirou dos horários.

— Dom Manuel, tenha fé em Deus que sua saúde vai melhorar. Sou criada do doutor Sales, e ficarei aqui até vê-lo restabelecido. Tenho grande experiência; já vi homens e mulheres com a saúde muito mais comprometida do que a sua, e que estão vivos; mas é preciso querer viver.

Manuel, pálido ao extremo, apenas abanava a cabeça. Faltavam-lhe forças para manter o diálogo.

João Custódio não se apresentou à mulher. Conservou uma atitude indiferente a ela e à saúde do pai. Alojado no quarto vizinho, deixou os dias passarem sem ao menos perguntar se Manuel se sentia melhor. Este sofria com a frieza do tratamento que recebia do filho. Era evidente que o doutor Sales, dona Marieta e seu cocheiro estavam muito mais interessados em sua saúde. Aos poucos já conseguia sentar-se na cama para fazer uma alimentação leve.

— Doutor, quando poderei voltar para minha casa?

O médico interrompeu o exame para esclarecer:

— O senhor teve um problema muito perigoso no coração. Não será mais o mesmo homem, necessitará de cuidados especiais; não poderá trabalhar como antes, sob risco de o ataque cardíaco voltar e nem um milagre poder salvá-lo. Ademais, a viagem é muito longa e cansativa. Precisa de mais um mês para se recuperar.

— Acreditava que poderia voltar esta semana — comentou Manuel, inquieto. — Não tenho mandado notícias à esposa e à filha. Acho que são capazes de vir para cá saber o que está ocorrendo.

— Dom Manuel, mande um mensageiro avisando do imprevisto e da sua previsão de regresso. Assim não ficarão preocupadas.

— Nisso eu já pensei — respondeu Manuel. — Mas se souberem que estou doente, as duas virão.

— Na minha opinião o senhor já deveria ter informado a elas e deixado que viessem. O amor de esposa e filha é insubstituível para o restabelecimento, e, por outro lado, na volta o senhor terá companhia.

— O doutor tem razão. Vou mandar que sejam notificadas, só não pedirei que venham; a decisão ficará por conta delas.

Quando Fátima e Glória receberam o comunicado sobre a doença de Manuel, acharam que ele estava escondendo algo da maior gravidade. Preocupadas e nervosas, arrumaram tudo para viajar imediatamente. Chegaram a Coimbra ao entardecer. Fátima, com o coração aos pulos, só conseguiu acalmar-se ao entrar no quarto e ver o marido vivo.

— Ai, meu Deus, ai, minha santinha, quase morri de tanta preocupação! Precisava ver com os meus olhos se o senhor estava vivo e bem de saúde. Dom Manuel, está magro e pálido! Preciso alimentá-lo para que volte a ter a cor da saúde.

Glória colocou a cabeça no peito do velho pai, chorando muito.

— Papai, diga a sua filha como está sua saúde! O que dói, meu paizinho?

O doutor Sales deu um sorriso:

— Não falei, dom Manuel, que o senhor precisa do amor de sua família? Adoecer distante de quem nos ama e dos seus cuidados faz mais demorada a cura.

Manuel esboçou um sorriso. Realmente, o doutor tinha razão. A simples presença das duas era suficiente para que se sentisse melhor.

O médico deu todas as informações sobre o estado de Manuel, ressaltando que ele deveria continuar a tomar os remédios para o resto da vida. Teria de fazer repouso e não mais poderia trabalhar.

— Graças a Deus e ao senhor o meu marido está vivo! Vamos ficar o tempo que for necessário até que ele possa viajar; e se não der para voltar, passaremos a morar aqui em Coimbra.

— Onde está João Custódio, papai? — indagou Glória, que olhava curiosa pela janela.

— Deve estar no quarto vizinho. Como eu estava doente, achou melhor não me incomodar. — Ora, acho que por isso devia estar aqui, junto do pai — seu ar era de inconformação. — E digo mais: sua obrigação era nos ter avisado de sua doença no primeiro dia. Eu estava mesmo com uma desconfiança pela falta de notícias, e uma tristeza batia forte cá no meu peito!

— Senhora — disse o doutor –, creio que conhece a teimosia de seu esposo! Vinha recomendando, desde que aqui compareci pela primeira vez, que lhes informasse sobre a saúde. O fato é que ele não queria preocupá-las.

Maria de Fátima levantou os olhos, fitando o médico.

— Não é de hoje que ando preocupada com a saúde dele. Há um bom tempo lhe pedi para consultar um médico, mas é muito teimoso. Eu não queria que fizesse esta viagem, e acho que meu filho deveria assumir o trabalho dele.

Manuel fez um ar de insatisfação.

— É por essas palavras, e por suas posições contrárias, que queria que ficasse em casa!

Fátima pôs-se de pé

— Ora, o doutor está vendo: eu aqui cheia de cuidados e sou recebida com ingratidão!

— Dom Manuel — declarou o doutor Sales –, na qualidade de médico que sabe da seriedade de sua doença, dou toda a razão à sua esposa. Já lhe falei que não mais poderá trabalhar e que deverá ter uma vida moderada, sem nenhum esforço, para que seu coração cansado consiga sobreviver por mais algum tempo.

Glória teve uma crise de choro.

— Paizinho, nós o amamos tanto... Não seja teimoso, ouça e faça pelo menos uma vez o que estamos pedindo!

— Está bem — acedeu Manuel –, prometo refletir sobre as palavras do doutor; não vou ainda decidir nada, antes quero que minha saúde melhore.

— Dona Fátima, preciso ver outros pacientes; estarei de volta amanhã cedo. A senhora já sabe como administrar os remédios. E gostaria muito que pensasse em fixar residência aqui em Coimbra, pelo menos nos próximos dois meses. O estado de saúde de seu esposo requer cuidado constante.

— Doutor Sales, não tenho como agradecer sua atenção para com meu esposo. Obedeceremos à risca todas as suas instruções. E o teimoso do meu marido terá de seguir corretamente o que lhe aconselhou.

O médico despediu-se e saiu, satisfeito com o rumo que a esposa de Manuel ia dar ao tratamento. Só estava preocupado com a conduta displicente daquele rapaz para com o pai. Nos últimos dias não aparecera no quarto em nenhuma das visitas que ele fizera ao paciente.

João Custódio só ficava na hospedaria para dormir. Passeava o dia todo pela cidade, buscando conhecer lugares onde se divertir. A doença do pai não lhe trouxera preocupação alguma. Acostumado a ver todos os seus caprichos atendidos, sentia-se o grande prejudicado.

Jamais conseguia se interessar efetivamente por qualquer pessoa que não fosse ele próprio. Os estudos eram na verdade um trampolim para a liberdade que desejava ter e nada nem ninguém — aí incluída a mãe — iria estragar os seus propósitos!

Maria de Fátima foi procurar o filho e não o encontrou. Acostumada às suas atitudes egoístas, não se espantou ao verificar que estava fora. A camareira da hospedaria, indagada, informou todos os horários do rapaz e mencionou sua desatenção para com o pai velho e doente. Fátima sentou-se na cama do filho, aguardando para poder surpreendê-lo. Ele retornou já no fim da tarde.

— Que bela surpresa! Minha querida mãe à minha espera!

Maria de Fátima levantou-se, colocou-se em frente ao filho e o encarou.

— Você bem sabe que não gosto de ser tratada com ironia! O seu descaso para com seu pobre pai está evidente nesta circunstância, para minha maior decepção.

— E eu não aguento seus sermões! Acho que deveria deixá-los para os padres, que estão mais aptos a fazê-los. Estou cuidando do meu futuro — o que, aliás, tem total aprovação de meu pai; por isso estamos aqui. Ele está bem: fala e come e está sendo cuidado adequadamente, acho que melhor do que teria sido pela senhora.

João Custódio sentou-se na cama, virando as costas para a mãe, o que deixou Maria de Fátima furiosa. Ela caminhou até ele e lhe deu um tapa no rosto.

— Eu não admito ser desrespeitada! Você é meu filho, infelizmente, e me deve obediência e consideração. Já que pensa tanto no seu futuro, quero dizer, João, que caso seu velho pai venha a morrer não terá de mim um tostão para sustentar-se, nem aqui nem em outro lugar. Terá de aprender a tirar o seu sustento do próprio suor e entenderá o quanto valem a vida e o amor de um pai e de uma mãe. Seu pai está muito doente, ainda vive por milagre de Deus, e pode morrer a qualquer instante. Nada mais justo do que dar amparo e um pouco de amor a quem faz tanto por nós. Está na hora de acordar para a realidade. Terá de assumir os negócios da família. Se Glória fosse homem, não me preocuparia com isso. Infelizmente Manuel não tem me ouvido. Há muito tempo você deveria estar trabalhando com ele. Se não soubermos administrar o que temos, ficaremos sem nada.

— Ora, mamãe, não venha com essa conversa! O que papai possui é suficiente para vivermos o resto de nossas vidas usufruindo, sem termos de trabalhar. Ele tem muito dinheiro.

— Seu pai não é tão rico como imagina. Tudo foi fruto de muito trabalho e esforço pessoal. Se você não der continuidade à dedicação dele, ficaremos pobres.

— Acho a senhora muito exagerada! Agora quero dormir. Andei o dia todo para resolver os problemas do curso que está para começar.

Maria de Fátima saiu batendo a porta. Sabia que o filho não a ouviria. Só restava pedir a Deus pelo restabelecimento da saúde do marido.

Manuel procurou seguir rigorosamente a orientação do médico. Queria recuperar-se e voltar em breve para casa. Imaginava poder cuidar dos negócios de longe, usando Pedro como intermediário. Fátima e Glória se revezavam junto ao leito do doente querido, cobrindo-o de atenção e carinho.

O doutor Sales estava satisfeito com a melhora gradativa de seu paciente. Nem Glória nem Fátima teciam comentários sobre o proceder de João Custódio. Não queriam deixar o homem irritado. Manuel, notando a frieza do filho, tentava justificar dizendo ser ele jovem demais e estar muito entusiasmado com os estudos.

João Custódio arrumou uma hospedaria perto da faculdade, onde só havia estudantes cujas famílias não moravam na cidade. E para diminuir as despesas dividia o quarto com mais dois estudantes. Aparecia uma vez ou outra para ver o pai, dizia-se muito atarefado.

Manuel o desculpava e ainda elogiava seu desempenho e sua responsabilidade. Já Maria de Fátima, que procurava conter-se na frente do marido, todas as vezes em que ficava a sós com o filho mostrava o seu descontentamento em relação às atitudes dele.

Finalmente o doutor Sales deu permissão para que seu paciente voltasse para casa. Todos ficaram felizes diante dessa possibilidade. Maria de Fátima providenciou tudo para que o marido viajasse com o máximo conforto. Saíram de Coimbra sem despedir-se de João Custódio, que há muitos dias não aparecia na hospedaria.

Manuel partiu com os olhos marejados de lágrimas por deixar para trás o filho querido. Sentia que talvez nunca mais pudesse revê-lo. Já Maria de Fátima chorava de raiva. Gostaria de poder cortar todas as regalias do filho irresponsável e se via contida pelo marido. Lia nos olhos daquele homem toda a tristeza de partir sem se despedir, talvez pela última vez, da criatura que mais amava no mundo. Glória, muito sensível e amorosa, estava decepcionada com a frieza do irmão para com o pai. Ele sabia o quanto o pobre velho o amava e não era capaz de lhe dar uma migalha de atenção.

— Paizinho — falou a moça, no intuito de compensá-lo pela ausência do irmão –, sabemos que João não veio porque deve estar atarefado demais. De qualquer modo, ele está feliz e é isso o que nos importa... Também estamos felizes por voltar ao nosso querido lar.

Manuel falou baixinho, não querendo deixar virem à tona os sentimentos que lhe queimavam a alma:

— Sim, querida, sei que o nosso João vai ficar bem, assim como nós.

A viagem havia sido cansativa. Finalmente avistou-se a bela casa na colina. Manuel fechou os olhos para sentir a brisa perfumada que entrava pela janela da carruagem.

— Agora sei que chegamos em casa. O ar que aqui se respira não existe em nenhum outro lugar. Já me sinto muito melhor. Pensei que nunca mais iria rever este canto florido e lindo.

A propriedade bem cuidada exibia um belo jardim, pois a primavera enchia o ar com fragrâncias das variadas flores. A casa de pedra parecia mais bonita ao longe, grande e soberba. Todos os servos, que muito amavam Manuel, esperavam ansiosos na entrada da propriedade. Glória lhes acenava com um lenço. Estacionada a carruagem à frente da ampla casa, todos queriam cumprimentar com verdadeira euforia o senhor daquelas terras. Manuel sentiu-se emocionado com tantas demonstrações de carinho e apreço. Cansado, foi retirado do veículo e levado a um quarto confortável.

— Sabe, senhora Fátima? Acho que me sentirei muito melhor amanhã. Terei disposição para caminhar pelos nossos verdes campos.

— Vamos devagar! Vou chamar o doutor Duarte para dar um parecer acerca de sua saúde. Vamos prosseguir o tratamento do doutor Sales.

— Devemos parar de andar atrás desses doutores — disse ele, irritado. — Eu me conheço melhor do que eles. Vou tomar apenas estes remédios. Estou cansado de tanta recomendação e de ser tratado como se fosse um inválido.

— Não adianta dizer-me como vai cuidar da sua saúde. Esse problema é meu e vamos seguir à risca o que os médicos recomendam. Não quero passar por outro susto. Você nos é muito caro para o perdermos; eu e sua filha o amamos muito.

Fátima chorava ao falar e Manuel não fez nenhum comentário, percebendo toda a emoção que as palavras da esposa carregavam.

Os dias se passaram rapidamente. Sob os cuidados do doutor Duarte, dom Manuel aos poucos melhorava. Não obstante, qualquer esforço que fazia deixava-o muito fatigado e voltava a sentir uma pequena dor no peito, deixando a filha e a esposa alarmadas.

Todos os meses ele se encarregava de mandar dinheiro para que o filho mantivesse o curso e as regalias na cidade de Coimbra.

Agora era José Pedro quem dirigia todos os seus negócios. Durante a maioria das tardes Manuel sentava-se na varanda, respirando o ar brando e perfumado.

Capítulo

23

Falsa liberdade

João Custódio levava a vida que sempre desejara, sem nenhum empecilho. Sentia-se livre como um pássaro longe do ninho, principalmente sem o controle da mãe. Conhecia todos os lugares de má fama, envolvia-se com pessoas de caráter duvidoso. A única coisa que queria da família era o dinheiro que recebia todos os meses.

Em uma de suas andanças por um bairro pobre, avistou na janela de uma casa uma moça que, apesar de pouca beleza, tinha o olhar faceiro. João Custódio sentiu-se atraído. Todas as tardes, passava pela mesma rua para poder ver aquela moça simples.

Josefa era ainda muito jovem, não tinha completado catorze anos. Seu pai, sapateiro, aprendera a profissão com o próprio pai. Josefa era filha única, e a mãe morrera quando ela contava apenas três anos. Agenor, o pai, a criara com muito sacrifício. A jovenzinha gostava de ficar horas à janela, observando o movimento dos transeuntes. Foi fácil notar João Custódio, que, além de ser um belo rapaz, demonstrava pelas roupas finas que não era morador do bairro.

Depois de alguns dias ele se acercou gentilmente da janela onde todas as tardes via Josefa.

— Boas tardes, permita-me a bela senhorita perguntar qual é o seu nome.

Encabulada, a jovem escondeu o rosto entre as mãos.

— Eu me chamo Josefa, mas se meu pai, que trabalha nos fundos, souber que converso com um estranho irá com certeza castigar-me, e não mais poderei chegar junto da janela.

— Não sou um estranho, venho admirando há muito tempo a beleza da senhorita. Meu nome é João Custódio, sou estudante do curso de direito, e gostaria muito de apresentar-me ao senhor seu pai.

Josefa continuava a ocultar o rosto.

— Falarei de sua pessoa tão gentil, porém hoje ele está muito ocupado; tem muitas entregas de sapatos para amanhã.

— Se tem tanto serviço, deve ser um excelente sapateiro. Virei amanhã para que me faça um par de sapatos.

No dia seguinte João Custódio estava novamente na casa de Josefa e, com a desculpa de encomendar o par de sapatos, entrou para conhecer o pai da moça.

Josefa conduziu o rapaz até o cômodo dos fundos, onde um homem aparentando trinta e cinco anos trabalhava.

— Papai — chamou ela –, este é o rapaz de que lhe falei. Veio tirar as medidas para que o senhor faça seus sapatos.

O homem levantou-se, estendendo a mão para cumprimentá-lo. Com o bater dos olhos, percebeu que o rapaz pertencia a uma outra classe social.

— Boa tarde! Por favor, não repare. Embora pobres, vivemos do trabalho honesto.

João Custódio sentou-se ao lado do sapateiro.

— Meu nome é João Custódio. Sou estudante, tenho um amigo que conhece seu trabalho e o recomendou.

O sapateiro deu um sorriso:

— Graças a Deus, serviço não me tem faltado. Eu me chamo Agenor. Então vamos tirar as medidas! Preciso que me adiante metade do pagamento para comprar o material.

João Custódio tirou algumas moedas da bolsa e depois esticou o pé para serem tiradas as medidas.

— Estou com muito serviço, por isso dentro de cinco dias terei seus sapatos prontos.

João Custódio despediu-se, e a jovem Josefa o levou até a saída.

— Adeus... Como não sou mais um estranho, passarei novamente amanhã para ver a senhorita na janela.

A moça não disfarçou a satisfação. João Custódio lhe causara ótima impressão. Tinha reparado nos seus trajes finos e nas suas maneiras gentis, que muito o diferiam dos rapazes que conhecia, na maioria trabalhadores braçais.

Todos os dias o rapaz passava pela janela e sempre lhe trazia um pequeno mimo: um doce, uma flor ou um prendedor para seus cabelos castanhos. Não custou a perceber que a jovem mal saída da infância caía de amores por ele. Chegou o dia de buscar o par de sapatos, que lhe caiu muito bem. Usando de habilidade e simpatia, o estudante conquistou a confiança do pai de Josefa. Assim, passou a frequentar-lhe a casa.

João Custódio estava muito empenhado na conquista e logo Josefa lhe cedeu a todos os desejos. O pai, atarefado com o excesso de encomendas, não se dava conta do que ocorria no cômodo da frente da casa — mesmo porque tinha absoluta confiança na filha, que achava ser ainda uma menina. Dois meses transcorreram sem que nada fora do normal acontecesse, e o jovem casal vivia uma intensa paixão.

Foi então que Josefa começou a sentir-se estranha, com tonturas e enjoos diários. Preocupado, Agenor decidiu falar com uma vizinha; não sabia se eram coisas da idade ou se sua filha estava doente. A mulher, muito experiente, ao conversar com a moça notou que estava grávida. Quando indagada pelo pai da moça, não escondeu o que sabia.

— Senhor Agenor, sabe que sou uma pessoa que sempre vai direto ao assunto. Sua filha não está doente, e sim grávida.

Agenor sentiu como se o chão se abrisse num enorme buraco. Perdeu a voz e ficou tão pálido que a vizinha correu para lhe pegar um copo de água. Voltou para casa pisando com raiva. Sentia-se traído pelos dois, mais ainda pela filha, que era tudo que tinha. Josefa, distraída na cozinha a preparar o jantar, não reparou que o pai voltara. Agenor a segurou firme pelo braço.

— Traidora, eu lhe tenho dedicado minha vida desde a morte de sua mãe, trabalho duro para que tenha um pouco de conforto, e você, grávida do primeiro sujeito que passa aí na rua.

Josefa ficou muito pálida:

— Pai, o senhor está machucando o meu braço. Por que está dizendo essas coisas?

Agenor ficou vermelho de raiva.

— Não finja inocência, porque não é mais uma menina. Dona Vilma acaba de me informar que você está grávida.

Josefa ficou estática por causa do susto.

— Como, grávida? Quer dizer que estou esperando um bebê?

— Não se faça de desentendida; dona Vilma é uma pessoa que tem muitos filhos, por isso sabe dessas coisas. O que você e aquele sujeito andaram fazendo escondidos de mim?

Agenor apertou ainda mais o braço da filha, que apenas gaguejava palavras desconexas.

— Sua despudorada, sabe o que eu deveria fazer? Colocá-la para fora da minha casa que não soube respeitar. Vamos esperar aquele moleque. Ele terá de assumir o que fez.

Josefa, envergonhada, baixara os olhos e chorava em silêncio.

— Aquele safado não sabe o que o espera. Pensa que por sermos pobres pode entrar na nossa casa e fazer o que quiser!

A moça nunca tinha visto o pai tão nervoso. Parecia ter perdido o controle das emoções.

Agenor, cansado de esperar por João Custódio, achou que ele não mais viria naquele dia. O rapaz, no entanto, esperou sorrateiro do lado de fora até cessar todo o movimento do interior da casa para jogar pedrinhas na janela; era o sinal de sua presença, já identificada pela jovenzinha. Esta correu para verificar se o pai dormia e abriu a janela para o amado.

— Não faça barulho, meu pai acaba de adormecer.

A rapaz pulou a janela com agilidade, abraçando a moça.

— Realmente, achei muito esquisito o comportamento de seu pai; hoje ele demorou a dormir.

Josefa sentou-se na cama, chorando.

— João Custódio, meu pai está muito irritado, não o reconheço depois do que aconteceu.

— Não estou entendendo o porquê, Josefa. Seu pai está com algum problema?

— Na verdade somos nós que estamos. Espero um bebê e meu pai quer matar você, exige que dê uma solução. Precisamos pensar no que fazer.

João Custódio ficou sem voz. O escuro do quarto não deixava a moça visualizar sua fisionomia de desagrado.

— Quem é seu pai para querer me matar ou me impor qualquer outra coisa? Não tenho culpa se tem uma filha como você.

— Não fale assim! — ela protestou num soluço abafado. — Somos pobres, mas não sou uma qualquer, como está querendo insinuar. Foi você que entrou aqui na minha casa.

— Sou apenas um estudante e não tenho como assumir nenhum compromisso. Sua gravidez não é meu problema, e quero que você me esqueça.

Num gesto rápido o rapaz pulou novamente a janela, sumindo na esquina. A jovem ficou ali debruçada no parapeito, chorando baixinho. Foi assim que o pai a encontrou no dia seguinte, ao amanhecer.

— Filha, o que aconteceu? Está com os olhos inchados de tanto chorar!

Ao saber da conversa que a moça tivera à noite com o namorado, Agenor ficou furioso.

— Aquele desnaturado! Pensa que pode entrar na casa de gente decente e sair batendo a poeira, como se fôssemos animais? Onde é que mora o pilantra?

— Eu não sei.

— Qual é o nome dele?

— João Custódio, e está estudando.

— Estudando o quê? Como você deixa entrar em casa durante a noite alguém de quem não sabe nada?

Josefa chorava e puxava os cabelos, já em desespero.

Agenor resolveu procurar o rapaz sabendo unicamente que se chamava João Custódio. Andou o dia todo pelas ruas habitadas por estudantes; parava em cada porta descrevendo o rapaz. Finalmente, no fim do dia, voltou exausto para casa. Sua vontade era bater na filha e depois mandá-la embora. Agastado, pensava: "Não parece a mãe, tão honesta e trabalhadeira! Põe um aproveitador dentro de minha casa, sem saber onde mora e qual o seu nome".

Josefa aguardava o pai encolhida num canto da cozinha. Tinha medo, seus sentimentos eram confusos. Imatura, não conseguia medir toda a extensão do problema que vivia. Nunca saía de casa, era uma pobre menina ignorante que não possuía amigas; relacionava-se apenas com o pai, que por trabalhar demais não tinha tempo de lhe dar atenção. Josefa parecia um bichinho assustado e desprotegido, no canto daquela cozinha modesta.

Quando ouviu o barulho da porta se abrindo, cobriu o rosto com as mãos. Não sabia se desejava que o pai tivesse encontrado João, porém temia o que ele pudesse fazer contra o rapaz.

Agenor entrou pisando duro. Procurou a filha no quarto, em seguida dirigiu-se para a cozinha, aos berros:

— Sua sem-vergonha! Eu não achei aquele infame, aproveitador de gente humilde como nós. Agora quem vai arcar com as consequências é você.

Agarrou a filha pelo braço, levando-a até o quarto.

— Pegue seus trapos e vá atrás daquele mau-caráter! Eu não quero mais você aqui.

Josefa chorava muito, pedindo perdão ao pai. Tentava explicar:

— Papai, eu não sei onde mora João Custódio, e mesmo que soubesse ele não iria querer ficar comigo.

Agenor fez uma trouxa, nela colocando os poucos pertences da filha.

— Você precisa saber que quando fazemos coisas que não devíamos temos de assumir as consequências. Não vou pagar pela sua leviandade. Eu a criei com carinho e respeito, não quero uma filha como você dentro de minha casa, nem um neto sem pai.

Puxou Josefa pela mão e levou a pequena trouxa, pondo-a na rua.

— Agora vá procurar o pai de seu filho. É ele que tem obrigação de acolhê-la e de cuidar de você daqui para a frente.

Josefa, em pranto e a caminhar com dificuldade, foi carregando a trouxa pela rua empoeirada; não sabia para onde ir, não tinha parentes nem amigos. O sol começava a se pôr e a pobre menina andava sem direção.

A partir daquele momento, Josefa conscientizou-se de todo o drama a que fora arremessada. Sem rumo, a menina tola e romântica estava transformada na mulher amarga que carregava um ódio feroz contra o agressor João Custódio. Ela caminhava e pensava: "Aquele maldito veio tirar a nossa paz, com mil falsas promessas de felicidade".

Agora ela estava jogada na rua, perdera tudo: a casa, a paz e principalmente o amor do pai, que era o que tinha de melhor.

A noite caiu como breu, enquanto o coração de Josefa se fechava numa escuridão ainda maior. Precisava procurar um abrigo para ficar até amanhecer. Lembrou-se da vizinha; quem sabe ela teria alguma compaixão?

Voltou e bateu à porta de dona Vilma. Depois de muito insistir, a mulher saiu com uma vela na mão para verificar quem era.

— Menina Josefa, o que houve? Onde está seu pai?

Josefa respondeu com voz de choro:

— Dona Vilma, meu pai me expulsou de casa, anoiteceu e eu não tenho onde me abrigar. Pelo amor de seus filhos, deixe que eu fique aqui ao menos por esta noite.

A mulher estava indecisa. Seu primeiro impulso seria mandá-la embora, mas lembrou-se de que tinha uma filha quase da mesma idade e reconheceu que Josefa era só uma menina desorientada.

— Pela amizade que temos com o seu pai, meu marido não permitirá que eu a recolha para dentro de minha casa. Como já está escuro, vou arrumar um lugar no quarto de lenha para que você passe esta noite.

Josefa quis beijar suas mãos.

— Não faça isso, menina. E saiba que não vou poder ficar com você aqui; amanhã terá de encontrar outro canto. Acho que você arrumou uma grande encrenca para o resto da vida!

Vilma levou a mocinha até os fundos, improvisando uma cama para ela. De manhã pensaria em um jeito de convencer Agenor a aceitar a filha de volta.

Josefa não conseguia dormir; o estômago doía de fome e o coração, de tristeza. Já era muito tarde quando acabou por conciliar o sono.

Tampouco Agenor teve condição de adormecer, nem mesmo procurou o leito. Questionava se não tomara uma atitude precipitada; tinha jogado a filha fora de casa, sem ter para onde ir, quando já estava escurecendo. A mágoa machucava seu coração. Tanto sacrifício para terminar assim... Agora sua garotinha vagava na noite escura.

Pensou na esposa: se ali estivesse, como agiria? A lembrança da mulher falecida ainda o angustiava mais. Na escuridão do quarto parecia divisar um vulto que deslizava na sua direção. Tinha a nítida impressão de que a voz da esposa ecoava no seu cérebro.

— Agenor, ela é somente uma menina, que não sabe nada desta vida, e você a jogou na cova dos leões. O mundo vai devorá-la, meu querido, ela precisa de sua proteção, não a desampare. Pela minha memória, pelo meu amor, perdoe-a, Agenor!

O sapateiro abriu os olhos, assustado. Ouvira nitidamente a voz da esposa, as últimas palavras continuavam repercutindo na sua cabeça. "Perdoe-a, pela minha memória".

Sentado na escuridão do quarto, ele caiu em pranto convulsivo. A doce lembrança da esposa evocava os anos felizes que vivera ao seu lado, a felicidade do nascimento da filha e sua infância risonha e feliz. Recordou a revolta que sentira quando Deus levara Lívia, a pessoa que mais amava neste mundo; lembrou-se das dificuldades que enfrentara para criar sozinho a filha que ficara órfã tão pequena. Sentiu profundo remorso por tê-la colocado na rua sem nenhuma chance.

O novo dia chegou radiante, com a luz do sol na janela do quarto, tirando Agenor das suas reminiscências. Estava com os olhos inchados de tanto chorar.

Dona Vilma se levantou antes do sol, preparando o café para o marido e os filhos. Ainda no escuro foi até o fundo à procura de Josefa; encontrou a mocinha desolada.

— Vamos, menina, anime-se; trouxe-lhe um pedaço de pão e um pouco de leite. Fique bem quieta. Vou conversar com o seu pai. Ainda que ele tenha razão de ficar descontente com o acontecido, você é quase uma menina e sua única filha. Vou tentar convencê-lo a recebê-la de volta.

— Obrigada, dona Vilma; que Deus a abençoe pelo que tem feito por mim. Vou ficar bem quieta para ninguém perceber que estou aqui.

A vizinha caminhou até a casa de Agenor. O sol forte batia na janela que o sapateiro abriu, mostrando as marcas da noite maldormida. Os olhos cansados traduziam o que lhe ia na alma.

Ao ver a mulher, ficou encabulado.

— Dona Vilma, o que a traz tão cedo à minha casa? Desculpe-me pela aparência.

— Tenho um assunto muito delicado para tratar com o senhor — ela falou sem o encarar, diminuindo o tom da voz.

— Não a convido para entrar porque estou sozinho.

A mulher foi dizendo sem rodeios:

— Eu sei, a pobre Josefa dormiu no meu quarto de lenha.

Agenor fechou o semblante.

— Não quero falar sobre esse assunto; aquela desavergonhada não merece minha dor, nem a mãe que tinha.

— Senhor Agenor, entendo sua posição — a expressão de dona Vilma era piedosa. — Também tenho filhas que já estão perto da idade da sua Josefa, e sei que se ocorresse o mesmo com uma delas meu marido seria muito mais severo. Contudo, eu gostaria que o senhor pensasse: ela é quase uma menina, que sempre viveu aqui dentro de sua casa e não conhece a maldade do mundo. Quem não merece piedade é aquele rapaz riquinho que desgraçou a sua vida e a de Josefa. Pense na sua esposa; creio que não gostaria de ver a filha que tanto amava jogada na rua, esmolando.

Ele fez um ar de incredulidade.

— Se o senhor puser sua filha na rua, só lhe restará dormir ao relento e pedir esmolas, ou talvez ir parar em alguma casa de prostituição. Vocês não têm parentes ou alguém conhecido que se disponha a acolhê-la. A pobre menina pode até morrer de fome e frio.

Agenor sentou-se, pousando a cabeça entre as pernas.

— Dona Vilma, estou desesperado, não sei o que fazer. Tenho medo de que minha filha continue trazendo homens aqui sem que eu saiba. Até hoje tivemos uma vida digna e honesta, e não posso permitir que minha casa vire um lugar sem respeito; isso feriria até a memória da mãe dela.

— Sua filha amadureceu muito nas últimas horas. Não acredito que seja uma vadia; é simplesmente uma menina que não tinha noção do que fazia. Acho que deve aceitá-la de volta, sob condições. Já que errou, cabe-lhe a responsabilidade pelo erro. Se não corresponder à sua confiança, eu mesma apoiarei outra atitude de sua parte. Porém, Josefa merece uma chance. Caso lhe seja negada, é provável que esteja totalmente perdida. E não creio que seu coração ficará em paz sabendo que sua filha está abandonada na rua.

Após instantes de reflexão, Agenor chorava ao dizer:

— Esta noite parecia ouvir a voz de minha esposa que me pedia para perdoar nossa filha.

Dona Vilma também se pôs a chorar.

— Senhor Agenor, só esse motivo já deve bastar para o seu perdão. Prometo que vou ajudá-los o máximo possível com o bebê, terá o meu apoio para criá-lo. Agora vou buscar Josefa. Saiu apressada, não queria que o marido visse a jovem no quartinho dos fundos. Entrou em casa, a fim de certificar-se de que todos ainda dormiam, depois foi até o fundo do quintal.

— Menina Josefa, vamos rápido, seu pai vai aceitá-la de volta; depois de muita conversa consegui convencê-lo. Quero pedir-lhe que o ouça e concorde com tudo; você não tem para onde ir, terá de acatar o que ele deseja.

Josefa abanava a cabeça afirmativamente; estava muito abatida e com as emoções arrasadas para ter qualquer atitude. Encontraram Agenor sentado na cozinha, chorando.

— Senhor Agenor, eu trouxe Josefa — disse dona Vilma.

Sem se mover, o pobre homem continuava a chorar.

— Sua filha quer pedir-lhe perdão.

Ao pronunciar tais palavras ela cutucou a jovem para que se aproximasse do pai. E cochichou:

— Vá até ele, ajoelhe-se e peça perdão; garanta que isso nunca mais vai acontecer.

O incentivo da vizinha venceu a indecisão de Josefa.

— Pai, eu sei que o senhor está sofrendo, talvez mais do que eu. Peço que me perdoe, e prometo que serei uma filha muito obediente.

Agenor levantou o rosto abatido e marcado pela noite insone.

— Você desonrou nossa casa, por minha vontade a poria na rua. É em memória de sua mãe que vou deixá-la ficar.

Josefa pegou as mãos de Agenor, beijando-as.

— Obrigada, meu pai, muito obrigada.

Enxugando as lágrimas e dando ao rosto uma expressão inflexível, ele falou:

— Você vai ficar, mas de hoje em diante não quero que saia na rua, nem na janela; permanecerá dentro de casa como se tivesse morrido para o mundo. Ninguém deverá saber da minha desgraça. Viverá só para o filho que vai nascer do seu pecado. Seguirei trabalhando para sustentá-los, porém será prisioneira dos seus erros. Se eu souber que olha para algum homem, não lhe darei outra oportunidade; você e seu filho irão para a rua. Não admito ser enganado duas vezes. Quero saber se você concorda com as novas normas.

Josefa aquiesceu com a cabeça, ainda em pranto, e Agenor continuou falando com dureza:

— Você vai cuidar dos afazeres domésticos e do bebê; não é mais uma menina e ficará responsável pela casa. Dona Vilma é minha testemunha: se você descumprir a sua parte, aquela porta se fechará para sempre.

Josefa não parava de chorar, e a vizinha a consolava:

— Menina, seu pai ainda está sendo muito bom; se fosse o meu marido, teria matado você e o desgraçado do João.

— Acho que se voltasse a encontrar João Custódio seria eu a fazer questão de matá-lo — a jovem falou entre os dentes. — O que ele me fez não tem perdão. Eu o odiarei pelo resto da vida.

— Senhor Agenor, vou para minha casa — disse dona Vilma indo para a porta. — Talvez meu marido já esteja procurando por mim.

Agenor levantou-se.

— Peço à senhora o favor de não comentar nossa situação com os vizinhos. Não quero que mais ninguém entre aqui na minha casa; meus fregueses serão atendidos no fundo e Josefa não mais receberá visitas, excetuada a senhora. Nem suas filhas devem vir, pois Josefa não é boa companhia para ninguém.

— Papai, até os prisioneiros recebem visitas — a jovem argumentou, sentando-se no chão aos prantos.

— Sim, mas é como se você estivesse num convento; vai ficar sozinha para expiar seus pecados. De hoje em diante não mais tocaremos no assunto. Na realidade, não trocaremos nenhuma palavra; vamos viver mudos.

— Depois voltarei para conversarmos melhor, o senhor não devia complicar mais as coisas — dona Vilma falou e saiu apressada.

Capítulo

24

A busca

Já no meio da manhã, Agenor pegou alguns pregos e retalhos de madeira, vedando a janela por dentro; fez o mesmo com a porta da frente, deixando aberta apenas uma porta lateral. Entrou na cozinha, serviu-se de um pedaço de pão, que comeu com rapidez, e fechou por fora a única porta de saída. Josefa ficou trancada, desmanchando-se em lágrimas.

A partir desse dia Agenor andou novamente de rua em rua, em busca de João Custódio, que julgava causador da sua desonra. Caminhou até a faculdade, na esperança de obter alguma informação. Todos os amigos do rapaz já sabiam do ocorrido e ninguém dizia nada, temendo que o homem pretendesse matá-lo.

João Custódio vivia escondido e nem mais assistia às aulas. Sentia-se prejudicado, considerava não ser sua a culpa, já que Josefa lhe fora presa fácil.

`Durante dias, semanas, Agenor vasculhou toda a cidade. Queria ajustar as contas com o rapaz. Não tinha intenção de matá-lo; o que desejava era que assumisse compromisso com a filha e com o futuro bebê.

Mário, amigo do estudante que o vinha abrigando em sua casa, estava muito preocupado.

— João Custódio, hoje o pai da moça esteve aqui na vizinhança, o coitado parece desesperado! Deixe-me falar com ele, explicar a sua situação. Parece ser um bom sujeito, talvez só queira que você assuma o problema; a filha dele é apenas uma menina.

João Custódio ficou muito aborrecido com o assunto.

— Mário, não é por estar me escondendo que tem o direito de se intrometer na minha vida. Aquela menina é uma sem-vergonha e se não fosse eu seria outra pessoa. Não vou assumir nada com ninguém, quero continuar estudando e aproveitando a vida. Não quero saber dessa gentinha, que não tem onde cair morta e acha que pode usufruir a minha fortuna. Quando pensar em me casar, arrumarei alguém que tenha o meu nível ou que possua ainda mais dinheiro do que eu.

— Meu amigo, acho que temos responsabilidade para com os outros — opinou o colega, sério. Essas pessoas, mesmo pobres, parecem ser honestas e dignas, e devem ser respeitadas como seres humanos.

João Custódio soltou uma gargalhada.

— Admiro suas palavras! Você é herdeiro de uma bela fortuna, além de títulos de nobreza, e se refere a esses pobres coitados como se fossem gente. Para mim são como coisa que se usa e se joga fora, vira lixo. Pertencemos a uma outra espécie e não podemos nos misturar. Não me sinto responsável por nada que venha a suceder com aquela infeliz; aliás, nem no assunto quero tocar. Logo o sapateiro se cansará de me procurar e eu voltarei a viver normalmente.

Mário virou as costas e saiu do quarto, sem dar sequência à conversa. Desagradou-lhe a frieza de João Custódio. Apesar de ser mais rico que o amigo, sua maneira de olhar o mundo era diferente. Tinha o coração sensível diante das misérias da vida.

Agenor voltou para casa depois de outro dia de busca inútil. Já não trabalhava, não se alimentava nem dormia. Encontrar João Custódio se tornara uma obsessão em sua vida. Não mais trocara uma palavra com a filha; dona Vilma era a única a entrar e conversar com Josefa, que desolada chorava dia e noite.

— Dona Vilma — pedia a moça –, fale com o meu pai, ele nem mesmo olha para mim. Deixou de trabalhar, não temos o que comer; seus fregueses estão todos indo embora, estamos ficando na miséria. Sinto-me sufocar, presa aqui dia e noite... Às vezes me dá vontade de acabar com minha vida.

A vizinha segurou sua mão com bondade.

— Tenha calma, minha filha, não deixe que o desespero tome conta de sua mente. Tudo isso vai passar, seu pai vai acabar pondo a cabeça no lugar e as coisas voltarão a ser como eram antes. Quando o bebê nascer, ele vai ser o primeiro a morrer de amor pela criança. Como meu marido não é de dar conselhos, vou tentar eu mesma falar-lhe e mudar o rumo das suas ideias, apesar de que ultimamente nem comigo ele quer trocar algumas palavras. Sua tristeza penaliza meu coração, parece que definha a cada dia, de tão magro e abatido. Se continuar assim, acho que não verá o neto nascer.

Dona Vilma estava tão envolvida no problema dos amigos que até alimento levava para Josefa; preocupava-se inclusive com o estado mental de Agenor, que não mais queria conversar com ninguém. Foi nesse ponto que a bondosa mulher se lembrou de que o sapateiro tinha um amigo de infância que sempre o visitava e cuja esposa era prima da falecida Lívia.

— Menina Josefa, seu pai tem um amigo de nome Luís, e acho que se for procurado ele poderá ajudar vocês. Sabe onde mora tal homem?

— Sim — respondeu Josefa –, já fomos muitas vezes à sua casa. A esposa dele, que era prima de minha mãe, é muito atenciosa e gentil. Não fica muito longe; eu lhe explico, é bem fácil chegar lá.

Dona Vilma arranjou um tempo depois de seus afazeres e conseguiu localizar a casa pelas instruções de Josefa. Era uma construção muito modesta. Bateu palmas e logo apareceu uma garota aparentando uns doze anos. Vilma se identificou e perguntou por Luís. A menina de sorriso franco convidou-a a entrar enquanto ia chamar o pai. Este veio rapidamente, ansioso pelas notícias que poderiam vir do amigo.

— Boa tarde, senhora; sou Luís, amigo de Agenor. Aconteceu alguma coisa com ele?

Dona Vilma levantou-se, respondendo ao cumprimento.

— Sim, senhor Luís, estou tão preocupada com nossos amigos que decidi procurá-lo. Quem sabe poderemos juntos ajudá-los...

— Por favor, dona Vilma, sente-se e conte-me tudo.

A mulher relatou o que sabia da maneira mais objetiva possível. À medida que o assunto avançava, o semblante do bom homem revelava maior inquietação.

— A senhora fez muito bem em vir aqui. Agenor é como um irmão para mim. Sua esposa era prima da minha, e eles não têm nenhum outro parente nesta cidade. Hoje mesmo vou até a casa dele e juntos resolveremos esta difícil situação.

O sol estava quase oculto no horizonte quando Luís bateu palmas em frente à pequena casa de Agenor. Ele estava nos fundos, demorou a aparecer. Luís, que não o via há poucos dias, ficou impressionado ao notar o seu abatimento e o quanto emagrecera.

— Sou eu, Agenor; como não temos mais notícias suas e de sua filha, Maria pediu que viesse vê-los.

Agenor baixou a cabeça, sem nada responder. Aproximou-se e convidou o amigo a entrar, levando-o para a sapataria.

— Tenho estado muito ocupado, por isso não fui até a sua casa, mas está tudo bem.

Luís sentou-se num banco diante da mesa de trabalho do amigo.

— Não me parecem sinceras as suas palavras. Está com jeito de doente, muito magro e abatido. Agenor, você é como um irmão; nossas esposas eram primas, portanto somos parentes... Sinto que alguma coisa está errada e que precisa de ajuda.

Agenor debruçou a cabeça na mesa e chorou, contando ao amigo o drama que invadira sua vida nos últimos dias. Luís, emocionado, ouvia atentamente toda a história que já conhecia.

— Por que não nos procurou? Nós poderíamos auxiliar.

— Tenho vergonha — disse ele, enxugando as lágrimas. — Não consigo mais andar nas ruas de cabeça erguida, parece que todos me olham acusadores.

Luís pousou a mão no ombro do amigo e ponderou:

— Qual é a culpa de um pai que teve de criar a filha sozinho e trabalha muito para sustentá-la? Um pai digno e honesto, que tem vivido seus anos de juventude apenas para criá-la e educá-la? Tudo o que aconteceu estava fora de seu controle. Você via Josefa como uma menina e nunca iria imaginar que viriam abusar de sua honra dentro de sua própria casa, na calada da noite. Esse rapaz é tão mal-intencionado que se escondeu para não enfrentar nenhuma responsabilidade; talvez tenha até deixado a cidade e abandonado os estudos. Está na hora de mudar de rumo; não vai adiantar achá-lo, ele nada irá assumir.

— Estou tão desorientado, meu amigo, que tenho vontade de largar tudo e sumir. Minha cabeça dói, falta-me coragem para trabalhar, apenas ando todos os dias pela cidade atrás daquele mau elemento que nos trouxe tanta desgraça.

Luís voltou a sentar-se, com ar pensativo, e expôs seu entendimento:

— Você e Josefa deveriam mudar de casa, quem sabe ir para perto da gente... Ali ninguém conhece vocês, e isso lhes daria tranquilidade. Eu e Maria poderemos colaborar bastante, em particular nos próximos meses. Os vizinhos não precisarão saber que ela está grávida e quando o bebê nascer diremos que alguém o deixou em nossa porta. Tantas crianças são assim abandonadas pelos pais que ninguém irá desconfiar. Josefa poderá seguir sua vida e arrumar um casamento digno. É melhor você esquecer esse tal de João e dar um novo rumo para a sua vida e a de sua filha.

— Acho que você tem boas ideias — admitiu Agenor. — Sei onde moram muitos dos meus fregueses e assim poderei comunicar-lhes que mudei de bairro e continuar meu trabalho.

— O cômodo no fundo onde morava minha mãe está vazio desde que ela morreu — disse Luís. — Talvez pudéssemos construir mais um, e na frente tenho um lugar para que receba seus fregueses. Ali há lugar suficiente para que coloque todos os seus equipamentos de trabalho. Poderá até aumentar sua clientela, já que moro em um bairro mais próximo do centro da cidade.

Agenor se mostrou apreensivo:

— Será que quando Maria souber de toda essa história irá aceitar-nos? Ela consentirá que seus filhos convivam com Josefa depois do que fez?

— Meu amigo, Maria tem um coração bondoso e sabe entender o sofrimento que vai no coração das pessoas. Compreende que errar é humano. Josefa é uma boa moça, só que não tinha noção da maldade do mundo, nunca saía de casa e faltava-lhe a mãe para instruí-la nesses assuntos. Estou certo de que Maria poderá orientá-la em um momento tão difícil. Ela precisa de nosso apoio e não de nossas críticas; a vida já a está punindo duramente por seu erro.

Ele fez uma breve pausa e então propôs:

— Vamos até minha casa e amanhã providenciaremos o necessário para construirmos o novo cômodo. Agora quero ver Josefa.

A moça estava sentada no chão, no canto do quarto, com a cabeça entre as pernas. Luís percebeu de imediato seu abatimento e também as trancas na janela e na porta. Ela estava distraída e assustou-se com a entrada dos dois homens. O amigo abriu um sorriso.

— Não se assuste, menina, sou eu com seu pai. Viemos para lhe trazer novidades.

Agenor mantinha a cabeça baixa, sem dirigir um olhar para a filha. Josefa correu, beijando a mão de Luís.

— Que bom vê-lo! Faz dias que ninguém fala comigo, achei que ia enlouquecer. Sinto a cabeça girar, o corpo estremecer, e o mundo parece acabar.

Luís estendeu a mão para ela, sempre sorrindo.

— Calma, menina Josefa, quero que você e seu pai venham para minha casa. Lá tudo vai melhorar, você terá bastante gente para conversar. Dentro de alguns dias deverão estar se mudando.

O semblante da moça se iluminou em um sorriso de esperança. Talvez pudesse retomar a vida normal, e o pai até voltasse a falar com ela.

— Vamos construir mais um cômodo no fundo, aí virei ajudá-los a arrumar a mudança. Minha querida menina, tenha confiança e paciência que encontraremos a melhor solução.

Agenor não participou da conversa. Permaneceu de cabeça baixa, aparentemente alheio a tudo. Luís despediu-se com um abraço, tentando animar o amigo. Ao chegar em casa narrou em detalhes o drama que atingira aquela pequena família. Maria também ficou emocionada com a difícil situação.

— Luís, acho que você agiu de forma correta. Lívia era minha prima, devemos amparar sua filha e Agenor nesta hora tão crítica.

Luís abraçou carinhosamente a esposa.

— Eu não tinha dúvida de que seu coração amoroso iria aprovar minhas atitudes. Você é um anjo, minha Maria.

Ela retribuiu o abraço.

— Não, meu querido, apenas sou humana e muito grata por tudo que Agenor e Lívia fizeram para nos apoiar nos momentos de dificuldade. Penso que nunca devemos esquecer os favores que recebemos nesta vida.

Os dois caminharam abraçados e sorridentes até a cozinha, onde estavam as crianças. O casal tinha quatro filhos, três meninas e um menino ainda de colo. A mais velha, Aline, de doze anos, veio juntar-se ao abraço dos pais.

— Papai, venha ver os bonecos que eu e minhas irmãs fizemos para brincar amanhã.

— São lindos! — exclamou o pai, sorrindo diante da simplicidade dos brinquedos. — Vocês parecem artistas.

Todos riram, e a menina ficou encabulada. A mãe pegou-a pela mão.

— Papai e eu temos uma notícia para dar.

Luís tomou a palavra:

— Vamos construir um cômodo ligado ao quarto que era da vovó, e tio Agenor e a filha virão morar aqui.

As crianças bateram palmas, eufóricas. Aline falou:

— Que bom! Poderemos brincar com Josefa.

Luís e Maria se entreolharam.

— Sim, minha querida, mas Josefa já está uma mocinha — lembrou a mãe. — Não sei se vai querer brincar. De qualquer modo, agora vamos fazer nossa refeição.

A família sentou-se à mesa. Enquanto Maria dirigia-se ao fogão, Aline colocava os pratos. A conversa durante o jantar girou em torno de Agenor e Josefa.

No dia seguinte Luís começou a construir o cômodo, com a ajuda de Agenor. À medida que subiam as paredes, diminuía o abatimento do sapateiro. O convívio dos últimos dias com a alegria da família do amigo parecia diminuir o seu sofrimento.

Finalmente estava tudo pronto; pai e filha se mudaram para o novo lar. Acendia-se a esperança de dias melhores. Josefa, muito magra e abatida, recebeu atenção especial de Maria.

— Minha querida menina, você precisa alimentar-se, levantar o ânimo e a cabeça. Eu sei que o que aconteceu vai deixar marcas para sempre, porém o que está feito não tem volta. É preciso assumir e seguir em frente, pedindo forças a Deus.

Josefa enxugava as lágrimas, sem nada dizer. Agenor continuava sem trocar uma palavra com a filha, a despeito dos conselhos de Luís. Agora ele tinha muitas encomendas de sapatos, o que às vezes o obrigava a ficar trabalhando depois do anoitecer.

João Custódio descobriu através de um amigo que Josefa e o pai tinham saído da antiga casa e que os vizinhos desconheciam o novo endereço. Sentiu-se aliviado com a noticia. Poderia voltar à sua vida desregrada, gastando tudo o que lhe era mandado. Com frequência nem terminava o mês e ele pedia mais dinheiro. O pai, doente e abatido, não deixava de socorrer as necessidades do filho, mesmo contra a vontade da esposa.

— Manuel, eu já lhe disse tantas vezes, você estraga seu filho! Ele gasta muito dinheiro, você está acamado e nossa fortuna não tem crescido como antes. No dia em que seus olhos se fecharem, esse rapaz vai acabar com tudo o que tiver.

— Não me aborreça, dona Fátima. Quero que meu filho tenha todo o conforto, por isso trabalhei minha vida inteira.

Maria de Fátima saía do quarto batendo os pés. Um dia falou baixinho, desabafando com a filha:

— Maria da Glória, tenho tido muitos pressentimentos. Acho que seu irmão está medido em grandes confusões, e também sinto que vamos terminar nossos dias na miséria.

— Mamãe, quanto pessimismo! — a moça olhou-a assustada. — Somos ricos, não devia pensar assim.

— Eu sinto isso. Não confio em José Pedro, acho que está nos roubando, e confio menos em seu irmão. Os dois nos deixarão na miséria.

— Não quero que a senhora faça esses comentários com papai, ele está tão doente! Sempre foi um homem tão bom... Merece viver seus últimos dias em paz.

Maria de Fátima não pôde evitar as lágrimas.

— Manuel nos fará muita falta; nem sei como iremos sobreviver sem ele. Deus nos livre da miséria.

CAPÍTULO

25

A DESPEDIDA DE MANUEL

A manhã estava chuvosa e muito escura. As nuvens carregadas anunciavam chuva para o dia todo. Maria de Fátima se levantara muito cedo, preocupada com o marido, que piorava a cada dia. Ordenou ao empregado:

— José, vá chamar o doutor Duarte. Estou muito preocupada com dom Manuel. Voltaram as dores fortes do peito.

— Vou atrelar o cavalo e sairei imediatamente; talvez demore um pouco por causa da chuva.

O homem, que aparentava trinta e poucos anos, saiu o mais rápido que pôde. Fazia muitos anos que trabalhava com a família e a estimava muito. Quando o médico chegou, Manuel agonizava, e no leito de morte só tinha nos lábios o nome do filho querido. Maria de Fátima e Glória choravam baixinho ao lado da cama. O doutor chamou a mulher para o quarto ao lado.

— Seu marido está à beira da morte. Tenho avisado sobre a fragilidade de sua saúde, e dona Fátima deveria ter comunicado ao seu filho. Dom Manuel só consegue pensar nele e chamar por ele. Às vezes acho que está vivo somente na esperança de se despedir do rapaz.

A mulher explicou, entre lágrimas:

— Doutor, mandamos muitas cartas e o nosso cocheiro foi pessoalmente buscá-lo, mas meu filho não tem coração. Arruma desculpas, sempre se diz ocupado e não vem; morro de pena ao ver a ansiedade com que meu esposo o espera. Ficou muito decepcionado quando o cocheiro voltou sem

João Custódio. Por isso piorou demais de ontem para cá; parece que desistiu de despedir-se do filho, entregou-se para morrer.

Glória, que acompanhava a mãe, chorava baixinho. As duas mulheres voltaram para o quarto do moribundo, cercando-o de amor e carinho.

— Meu pai, o senhor precisa reagir. Eu mesma irei buscar João Custódio. Papai querido, não poderemos viver sem o senhor.

Manuel abriu levemente os olhos e falou com dificuldade:

— Eu também gostaria de não partir, mas Jesus me chama, acho que chegou minha hora. Gostaria de pedir que João Custódio tomasse as responsabilidades da casa e amparasse você e sua mãe; assim poderia ir mais tranquilo.

O esforço foi excessivo para o coração cansado, que parou de bater. Todos choraram, pois amavam aquele homem bom e generoso. Como era de seu desejo, foi enterrado na colina onde desabrochavam muitas flores na primavera. Maria de Fátima tomou a decisão de não comunicar nada ao filho; sabia que sem dinheiro voltaria bem rápido para casa.

Passados trinta dias da morte de Manuel, numa tarde calorenta, montado a cavalo, o belo rapaz que partira contente na companhia do pai ao encontro de uma nova vida voltava para casa. Glória, que colhia flores no jardim, correu alegre para receber o irmão.

— João Custódio, meu irmão querido, quanta saudade!

O rapaz desceu do cavalo e abraçou a irmã.

— Como está bonita! Transformou-se numa bela donzela, para nosso orgulho.

O elogio encabulou a moça.

— Onde está papai? E nossa mãe?

— Mamãe está na cozinha — ela falou de olhos baixos –, e nosso querido pai morreu já faz um mês. Não aguentou esperá-lo mais, morreu com seu nome nos lábios, chamando por você. João, meu irmão, por que não veio quando nosso cocheiro foi buscá-lo?

João Custódio inclinou a cabeça para não deixar a irmã perceber a verdade em seu íntimo.

— Estava em provas; se as perdesse teria de repetir o ano, e papai tem feito tantos sacrifícios... Achei que não era tão grave e que quando terminassem as avaliações daria para vir vê-lo. Infelizmente cheguei tarde demais.

Glória falou com doçura, pegando no braço do irmão e caminhando para o interior da casa:

— Tenho a certeza de que, onde estiver, papai sabe que você diz a verdade e vai continuar a abençoá-lo.

João Custódio corou e deu um sorriso dissimulado, sem nada responder. Maria de Fátima não se surpreendeu com a presença do filho; não teve nenhum gesto de carinho, embora o rapaz se aproximasse para um abraço.

— Só chegou um mês atrasado para despedir-se de seu pobre pai que tanto amor lhe dedicou. Você foi a pessoa que ele mais amou neste mundo, e da qual merecia um pouco de atenção na hora da morte.

João Custódio mantinha a cabeça baixa, fingindo-se emocionado.

— Eu sei que o único motivo que o trouxe foi dinheiro. Acontece que não sou seu pai, e de mim não vai ter mais um tostão. Terá de trabalhar para sustentar-se. Já não somos ricos, os últimos tempos exigiram grandes sacrifícios de seu pai para lhe mandar as pequenas fortunas de todos os meses.

João Custódio ergueu os olhos. O rosto avermelhado demonstrava a ira que sentia.

— Sempre fomos muito ricos. Papai dizia que o que tínhamos daria para nos manter com luxo sem precisarmos trabalhar. Acho que a senhora só quer me humilhar com essas afirmações. Eu estou aqui porque quero a minha parte da fortuna.

As palavras finais saíram em tom áspero. Maria de Fátima sentiu o rosto esquentar. Sua vontade era esbofetear o filho com violência. Impedida pelo olhar de Glória e dos criados, bateu fortemente na mesa.

— Filho ingrato, ainda o verei a arrastar-se na sarjeta da pobreza, esmolando um prato de comida. Você não é mais meu filho! Nos anos derradeiros seu pai doente perdeu muito dinheiro; não tinha um filho para ajudá-lo a conservar o que possuía. Você conseguiu gastar as nossas últimas moedas; estamos falidos, não temos mais nada, a não ser esta propriedade.

João Custódio aproximou-se da mãe com ar ameaçador.

— Pois quero que a venda! Preciso de dinheiro, exijo a minha parte.

Maria de Fátima levantou a mão, estalando-a na face do filho.

— Seu maldito, vai deixar sua mãe e sua irmã desamparadas? Quer se desfazer deste pedaço de chão que seu pai tanto amava e onde está enterrado? Só não vou impedir se estiver morta! Agora vá, e nunca mais ponha aqui seus pés imundos. Este lugar é sagrado e você está maculando o que aqui existe de melhor. Saia e esqueça que um dia teve uma família, à qual nunca soube dar valor.

João Custódio bateu os pés com raiva.

— Acho que nunca a considerei minha mãe, e a senhora jamais me encarou como um filho. Ainda voltarei porque quero minha herança; recuso-me a crer que estamos na miséria, como afirma a senhora. Faz isso para não me dar o que me pertence por direito, mas virei receber o que é meu.

O rapaz passou pela mesma porta que cruzara ao entrar, batendo os pés na saída. Todos os presentes, atônitos, custavam a acreditar nas cenas a que acabavam de assistir.

Glória correu a amparar a mãe, que dava a impressão de que ia desmaiar. Maria de Fátima equilibrou-se nos braços da filha e falou com os dentes cerrados:

— Esse canalha não parece ter saído do meu ventre, nem ser filho de um homem bom como foi dom Manuel. Não quero nunca mais ouvir seu nome. Eu o amaldiçoo. Não terá paz em lugar algum, nunca encontrará quem o ame, o mundo o fará curvar a cabeça orgulhosa até o pó que cobre o solo. João Custódio, eu o amaldiçoarei enquanto for viva e morrerei amaldiçoando-o.

— Mamãe, não diga isso, essas palavras lhe farão muito mal! Lembra-se de como papai o amava? Não deixe seu coração mergulhar no ódio. Ele é seu filho e sempre o será.

Fátima virou o rosto transtornado para a filha e bradou:

— Todos estão proibidos de falar o nome maldito na minha frente. José, quero que você ponha esse desgraçado para fora da minha propriedade, que o expulse e não o deixe mais entrar.

Em seguida ela caminhou cambaleante até seu quarto, com o apoio da filha, e deitou-se chorando convulsivamente.

João Custódio subiu o morro até localizar a sepultura do pai, ajoelhou-se e ali depositou algumas flores que colhera pelo caminho. Lembrou-se dele sentindo um pouco de carinho, recordou seu amor e o desvelo com que o tratava. Todavia, nada lhe faria tanta falta quanto a vida boa que o velho pai lhe proporcionava. Levantou-se, montou o animal e saiu em disparada, sem olhar para trás.

Foi longa a viagem de regresso à cidade de Coimbra, em meio a reflexões. Teria de procurar viver de favor nas casas dos amigos ricos. Estava revoltado, não aceitava o que lhe dissera a mãe. Sempre haviam sido muito ricos, achava que Maria de Fátima só queria puni-lo. Ela reprovava as atitudes do pai para com ele, e agora estava se vingando.

Chegou a Coimbra quando caía a noite, e foi logo para a casa do amigo. Chorando muito, contou-lhe a sua versão da história. Agora teria de correr atrás de sua legítima herança, negada pela própria mãe. Mário, comovido, dispôs-se a hospedá-lo até que pudesse acertar a situação.

Habituado às farras e extravagâncias, João Custódio sentia-se traído e a cada dia aumentava sua revolta. Se não conseguisse efetivamente algum dinheiro, teria de arrumar um trabalho. Sabia onde José Pedro comandava os negócios do pai, na cidade do Porto, e resolveu procurá-lo. Acompanhara Manuel algumas vezes, por isso foi fácil encontrar seu sócio.

Pedro, homem altivo e arrogante, olhava pela janela e notou sua aproximação. Torceu o bigode farto com ar de aborrecimento e nervosismo. Não tinha como esconder-se, porque ele o reconhecera ainda quando estava na rua. O rapaz bateu suavemente, sua última esperança era aquele homem.

José Pedro atendeu à porta com expressão de desagrado e, sem cumprimentá-lo, pediu que entrasse. João Custódio estendeu a mão. Sem achar outra estendida, recolheu-a contrafeito.

— Dom José Pedro, quanta honra em vê-lo!

O homem respondeu com um sinal de cabeça. Fez um gesto frio para que entrasse e outro para que se sentasse. Percebendo que não era bem-vindo, o visitante logo abordou o assunto.

— Dom José Pedro, com a morte de meu pobre pai decidi procurá-lo, já que era seu procurador e sócio nos negócios. Como sou seu legítimo herdeiro, vim tomar posse do que me cabe.

O homem permanecia de pé, com a insatisfação estampada no rosto. De repente soltou uma gargalhada, provocando espanto no rapaz pela mudança de atitude.

— A falta de dinheiro tirou o rato da toca! Você nunca se interessou nem pela saúde de seu pai, nem pelo seu trabalho. A única coisa que lhe importava era gastar! Agora quer sua herança?! Chegou muito tarde. Sua família não tem mais nada, o teimoso do seu pai lhe deu com muito sacrifício seus últimos tostões.

João Custódio levantou-se, espantado.

— Eu não acredito. Meu pai sempre dizia que tinha dinheiro suficiente para ele e para nós nunca trabalharmos.

O homem soltou outra gargalhada.

— Para manter uma fortuna é imprescindível trabalhar, não apenas esbanjar, e nos últimos anos seu pai consumiu tudo o que tinha.

— Isso é mentira, você roubou tudo do meu pobre pai. O luxo desta casa demonstra que está muito rico. Você é um ladrão!

José Pedro deu-lhe um tapa na face, com tanta força que derrubou o rapaz no chão.

— Eu não admito que um preguiçoso e aproveitador, um moleque atrevido, venha me insultar na minha própria casa. Tudo que tenho é fruto do meu trabalho; você, sim, foi o grande usurpador da fortuna de seu pai.

Tocou uma sineta e apareceram dois homens robustos e mal-encarados.

— Antônio e Manuel, ponham este moleque para fora. Não quero mais vê-lo aqui na minha casa.

Os dois capangas abriram a porta e jogaram o rapaz na rua. João Custódio bateu a boca nas pedras, fazendo um corte do qual jorrava muito sangue, que lhe corria fartamente pela roupa. Tentou estancá-lo e entrou numa igreja, para esconder-se do sol e dos olhares indiscretos.

Sentado no último banco, chorou de raiva. Seu desejo era vingar-se do homem que lhe tomara toda a fortuna. Procurou o padre na sacristia; este limpou seu ferimento e lhe providenciou outra roupa.

— Meu filho, eu conheci dom Manuel — dizia o padre Antônio enquanto limpava o corte. — Era um bom homem, porém não soube escolher aquele que administrava seus bens. Embora ninguém ignorasse que tinha um filho, você nunca veio ajudar seu pai. Hoje o que se comenta pela cidade é que José Pedro é muito rico porque se apossou de toda a fortuna de dom Manuel. A doença de seu pai o afastou do trabalho e possibilitou que o sócio manipulasse toda a fortuna.

João Custódio revelou o ódio que lhe habitava o íntimo, esmurrando a mesa.

— Aquele maldito ainda me paga!

Padre Antônio continuava passivamente tratando de estancar o sangue.

— Meu filho, a vingança só dá frutos amargos. Você não tem como provar que foi roubado. Procure viver a sua vida, com honestidade e trabalho; talvez até reconquiste sua fortuna. José Pedro é um homem rico, poderoso e perigoso; deve ficar atento com a sua pessoa. Se quer prezar a sua integridade física, acho que deve sair da cidade e não mais retornar.

João Custódio sabia que o padre tinha razão. Percebera que, mesmo machucado, fora seguido pelos homens de José Pedro.

— Padre Antônio, preciso que me dê abrigo por esta noite; e amanhã, antes de clarear o dia, deixarei a cidade.

O padre concordou que o mais sensato que o jovem podia fazer naquele momento era se afastar dali.

Bem cedo, montado em seu cavalo, João Custódio pegou o caminho para Coimbra. Na saída da cidade, entretanto, jurou em memória do pai que um dia voltaria para se vingar.

Capítulo

26

Domínio da tristeza

Os meses transcorreram velozes. Josefa não mais saía de casa, por causa da gravidez avançada. Agenor não permitia que levasse os pares de sapatos para os seus fregueses; não queria sujeitar a filha à curiosidade alheia, tampouco expor sua honra. Quanto mais o tempo passava, mais aumentava o ódio de Josefa por João Custódio. Ninguém tocava no nome do rapaz para não magoar os amigos, mas pai e filha não conseguiam tirá-lo do pensamento por um minuto. No fundo do coração Agenor ainda tinha esperança de que ele assumisse a paternidade da criança.

A mocinha, quase uma menina, agora adquiria feições de mulher. As transformações que seu corpo experimentava a desagradavam profundamente.

Naquele dia luminoso, Josefa não sentia disposição para sair da cama. O pai, que trabalhava desde o alvorecer, sentiu sua falta e foi verificar o que ocorria. No final da tarde a jovem trazia ao mundo um lindo menino, a quem Agenor deu o nome de seu pai, Argemiro.

O choro do recém-nascido encheu a casa de alegria. A mágoa e a tristeza do avô desapareceram diante do neto perfeito e do milagre de uma nova vida. Josefa, abatida, parecia não se contagiar pelo contentamento geral. Maria desdobrava-se em atenções, cuidava do pequeno com desvelo de mãe.

A criança foi colocada num pequeno cesto junto da mãe, que se mantinha indiferente. O amigo Luís, entusiasmado, chamava Agenor para olhar o bebê:

— Venha aqui, vovô, veja como ele se parece com você.

— Acho que é parecido com Lívia — dizia Agenor, sorridente. — Se fosse uma menina, teria o nome da avó.

Os dias corriam, e Josefa não se interessava em cuidar do filho; ficava deitada, alheia ao seu choro. Maria muitas vezes largava seus afazeres para cuidar do bebê; até mesmo Aline, a filha mais velha do casal, ajudava a alimentá-lo ou trocá-lo. Uma tarde, Luís procurou Agenor, que trabalhava na parte da frente.

— Meu amigo, você anda tão ocupado que não se apercebeu das condições de sua filha.

Agenor parou o que fazia, erguendo o olhar interrogativo. Luis prosseguiu:

— Josefa passa o dia deitada, alheia a tudo e a todos. Quando interrogada, mal responde; nega estar doente, mas não tem cuidado do bebê. A princípio achávamos natural, tinha sido um parto difícil; só que já se foram dois meses, e se minha esposa e a Aline não cuidassem do bebê, creio que teria morrido.

Agenor baixou a cabeça, cobrindo o rosto com as mãos; algumas lágrimas desceram pela face cansada.

— Não quero que sofra mais, meu amigo. Vim apenas dizer que eu e Maria estamos com o propósito de chamar um médico; Josefa deve estar doente e esconde isso de nós.

Agenor mostrou a face triste e precocemente enrugada.

— Sim, tenho algumas economias que devem ser suficientes para pagar um doutor. A questão é que não conheço nenhum.

— Não se preocupe, meu amigo, o doutor Paulo vinha muitas vezes quando minha mãe estava doente. É um médico competente e também uma ótima pessoa. Hoje mesmo Maria irá procurá-lo.

À tardinha o médico dobrava a esquina em direção à casa de Luís. No quarto humilde, Josefa, de costas para o doutor, recusava-se a ser examinada e a responder a qualquer pergunta formulada por ele. Aos poucos, conduzida com paciência, a mocinha concordou em manter um dialogo. Maria, dedicada e prestativa, incentivava-a:

— Vamos, menina, o doutor Paulo veio para ajudá-la. Estamos muito preocupados com a sua saúde; se você não se ajudar, vai morrer nessa cama.

Depois de examiná-la e manter um dialogo amistoso, o médico encerrou a consulta, encaminhando-se para a parte da frente, onde Luís e Agenor o aguardavam.

— Doutor, o que tem a minha filha? — indagou o sapateiro.

— Está um pouco debilitada. Segundo as informações de dona Maria, tem rejeitado alimentação. No entanto, o problema maior é que sua filha está totalmente desinteressada da vida; parece que não existe nada que a prenda a este mundo, nem mesmo o lindo bebê. Ela é ainda muito jovem e imatura para tantos abalos e decepções; precisa de amor e dedicação. É fundamental que volte a se interessar, a se alimentar; se não conseguir sair desse desânimo, não vejo futuro para essa jovem.

Agenor chorava baixinho. Luís, muito pálido, insistiu com o médico:

— Será possível que não haja um remédio que ajude a menina Josefa?

— Meu amigo Luís, posso até receitar alguma coisa, mas depende dela, de vocês e de Deus. Josefa está muito deprimida e sem nenhum estímulo para viver. Parece que nada mais lhe atinge o coração.

O médico pediu que Luís providenciasse alguns remédios, que teriam de ser administrados imediatamente. O homem correu para comprá-los.

Agenor caminhou até o quarto pobre onde a filha estava deitada, com o rosto voltado para a parede. Depois de muitos meses, seria a primeira vez que lhe dirigiria a palavra. Sentiu-se culpado diante da sua doença. Sentou-se na beira da cama, falando baixinho:

— Minha filha, sei que não lhe tenho dado atenção. Deixei que meu coração machucado de pai ditasse meu procedimento rude. Não quero que continue assim. Se sua mãe estivesse aqui, tudo seria diferente. Temos agora o pequeno Argemiro, que precisa muito de você. Não lhe negue, minha filha, o seu amor. Na verdade ele só tem a nós dois, e acho que não queremos que fique sem sua mãezinha.

Josefa continuou imóvel, sem abrir os olhos; parecia surda ao que o pai lhe dizia. Seu único sentimento era de revolta contra aquele a quem culpava por sua desgraça. Não mais procurava solução para seus problemas, pois acreditava não haver nenhuma.

O tempo fluía, o garoto crescia forte e bonito. A jovem mãe repelia qualquer tipo de ajuda. Só Aline conseguia fazê-la comer alguma coisa. Não tomava os remédios receitados pelo médico, não trocava uma palavra com ninguém. Nem Maria, que cuidava dela e do filho, sabia dos seus sentimentos.

Agenor, desesperado, via a filha definhar sem nada poder fazer. Todos se movimentavam em torno da moça para animá-la. Josefa nunca olhava para o rosto do pequeno Argemiro. Por mais que o mostrassem, ficava sempre com o rosto virado para a parede e os olhos permaneciam fechados.

O doutor Paulo, testemunha da aflição de Agenor, fazia constantes visitas sem cobrar honorários. Estava sensibilizado frente ao estado crítico de Josefa.

Quando o pequeno Argemiro completou um ano de vida, sua jovem mãe o deixou órfão sem jamais lhe haver dirigido um olhar ou um gesto de carinho. Os poucos sons que ele balbuciava eram para a boa Maria, que o tinha como filho.

Agenor estava muito envelhecido por todo o sofrimento dos dois últimos anos; parecia carregar o mundo nas costas. Luís não desistia de lhe dar apoio.

— Meu amigo, agora tem de criar o neto que Deus lhe ofertou. Não pode desanimar ou se entregar, como fez Josefa. A vida continua.

— Não sei o que faria sem vocês — ele desabafou, abraçando o amigo. — Acho que foi Deus que o iluminou no dia em que nos convidou para virmos aqui morar. Se ficássemos lá teríamos morrido todos; eu não suportaria tanta dor. Perdi meu bem maior, minha esposa, e agora a filha tão jovem, que me deixa o compromisso de criar novamente um bebê.

— Nós estamos aqui e vamos ajudá-lo a criar Argemiro. Maria o considera como filho, o menino está tão acostumado conosco que vai crescer forte e sadio, junto com meus filhos. Queremos que ele saiba que teve uma mãe chamada Josefa. Devemos deixar sempre viva a imagem de sua filha.

Agenor secou as lágrimas que para ele já eram uma constante.

— Sabe, Luís? Antes de todas essas desgraças, acho que meu coração pressentia acontecimentos tão tristes. Nos meus sonhos, minha Lívia sempre me pedia muita paciência. Tem razão, meu amigo, a vida continua e tenho agora o pequeno Argemiro para criar.

Capítulo 27

Tempos difíceis

Quando João Custódio chegou a Coimbra já era noite. Cansado da viagem, procurou Mário e comunicou sua situação.

— Terei de arrumar um emprego para me manter. Todo o meu dinheiro se acabou, não conseguirei terminar o curso.

— Você poderá ficar alguns dias na minha casa — ofereceu o amigo. — Sabendo como é meu pai, não poderemos comentar que perdeu sua fortuna. Seja como for, pelo menos abrigo por alguns dias eu lhe darei.

Após vários meses fazendo pequenos trabalhos, João Custódio mal se sustentava. Precisou mudar-se para um bairro distante. Sua ideia fixa era enriquecer de novo e vingar-se do homem que julgava causador da sua desgraça. Um dia, andava pela rua quando encontrou um velho amigo de dom Manuel. Homem de idade madura, reconheceu João Custódio e se comoveu à lembrança do amigo. João contou-lhe os reveses de sua vida e declarou que José Pedro tomara a fortuna de sua família.

— Rapaz, seu pai foi um grande amigo e fico indignado ao ouvir seu depoimento. Sei da luta e do trabalho que teve para chegar onde estava e para fazer uma fortuna. Você sabe que possuo muitos bens, tenho uma frota de navios que cruzam os mares trazendo e levando mercadorias de nossas colônias, principalmente do Brasil. Caso lhe interesse, poderia vir trabalhar comigo.

— Dom Mário, estou mesmo procurando trabalho — o jovem abriu um sorriso ao responder. — Larguei os estudos porque não tenho mais dinheiro para me manter.

— Procure por meu filho — disse o velho sorrindo também. — Vou colocá-lo a par de nossa conversa e ele o encaminhará.

No dia seguinte, logo cedo, João Custódio buscou o endereço indicado. Carlos, o filho, não tinha a mesma aparência simpática do pai. Mediu com os olhos o rapaz que, sensível à fria observação, aproximou-se com cautela.

— Bom dia, sou filho de dom Manuel. Ontem seu pai pediu que o procurasse para indicar-me um trabalho.

— Ele sempre acha que temos obrigação com os outros — Carlos falou com ar de enfado. — Seu coração é maior que sua fortuna. Se não cuido, é capaz de fazer como seu pai: jogá-la pela janela.

João Custódio não gostou das insinuações do rapaz.

— O meu pai foi vítima de um homem sem escrúpulos, um ladrão que roubou tudo que tínhamos.

Carlos riu, irônico.

— Seu pai estava muito doente, cabia a você cuidar do seu dinheiro. Não devia ter dado oportunidade para que dom José Pedro o roubasse. Todos sabiam de suas trapaças ao longo de anos.

João Custódio baixou os olhos e não retrucou.

— Meu pai tem muitos navios mercantes; gostaria de trabalhar em algum?

— Na situação em que me encontro, aceito qualquer coisa — João Custódio respondeu.

— Dentro de quinze dias chega um navio trazendo mercadorias do Brasil; esteja aqui para que eu possa encaminhá-lo.

O jovem contou os dias, até que afinal embarcou num navio que acreditava ser sua salvação para conquistar fortuna. Imaginava-se em terras distantes, enriquecendo e podendo regressar a Portugal e jogar muito dinheiro aos pés de sua mãe que tanto o humilhara. Pensativo, examinava os contornos das terras portuguesas a se perderem no horizonte. A brisa do mar batia em seu rosto, trazendo-lhe uma sensação agradável.

O trabalho era exaustivo. João, acostumado que fora com os confortos da vida, tinha enorme dificuldade para seguir os companheiros de jornada. O comandante, exigente, não lhe dava trégua para descanso. Em variados momentos era tocado por uma saudade imensa das terras e da brisa perfumada do lugar onde nascera, do carinho do pai, da boa vida que levava em Coimbra. João Custódio começava a perceber o quanto o pai carinhoso lhe fazia falta. Às vezes pensava na irmã gentil e amorosa e na mãe exigente, sempre tão enérgica.

A monotonia da paisagem o entediava, sabia que não era aquele o tipo de vida que queria. Finalmente, numa ensolarada manhã, alcançaram o porto de Salvador, na Bahia. João Custódio encantou-se com a beleza da colônia, a exuberância das paisagens, a amplidão das praias. Depois rumaram para o Rio de Janeiro, onde o rapaz não mais quis retornar à embarcação; decidiu que ali ficaria rico novamente.

O navio do velho amigo de seu pai zarpou de volta para Portugal. Com o dinheiro recebido pela prestação de serviços a bordo, João conseguiu um lugar para se alojar. Queria andar, pesquisar; sabia que o pai tinha velhos conhecidos que eram sócios nos negócios de exportação, iria procurá-los. Tinha a certeza de poder fazer um trabalho rendoso.

A cidade do Rio de Janeiro não agradava a João Custódio, acostumado com a sociedade de Coimbra. A circulação dos escravos pelas ruas barrentas, os logradouros malcuidados e o calor excessivo o deixavam profundamente irritado. Muitas vezes buscava alguma praia deserta, onde a brisa e o mar azul lhe acalmavam os nervos. Diante do mar sentia uma saudade imensa da sua terra natal, recordava a infância florida ao lado do pai amoroso e da irmã gentil e carinhosa. Os pensamentos voavam até a terra distante, como andorinhas fugindo do inverno rigoroso. Queria regressar para seu querido Portugal, a saudade o estava matando.

Por outro lado, João Custódio se lembrava das últimas palavras da mãe e de sua hostilidade. Queria voltar rico, precisava provar a ela sua capacidade e vingar-se de José Pedro, que lhe roubara a fortuna. Era movido por sentimentos de ódio e vingança.

Pela natural desenvoltura, aliada à inteligência e às maneiras de pessoa instruída, muito se diferenciava da grande maioria inculta e analfabeta. Infiltrado entre homens de negócios de importação e exportação, não demorou a ser contratado para trabalhos de escrita que lhe rendiam algum dinheiro.

João Custódio procurava cultivar amizades junto das autoridades portuguesas na cidade, entre elas o senhor Antônio Gusmão, que era procurador geral da coroa. Por conhecer bem as leis, logo se tornou o seu braço direito. O amigo Antônio sabia avaliar e apreciar a inteligência do rapaz.

Passaram-se dois anos, durante os quais João nunca tentou obter notícias da mãe e da irmã. Estava mais habituado à cidade quente e poeirenta e tinha conquistado certo prestígio, o que o enchia de orgulho.

Um dia Antônio Gusmão chegou preocupado.

— Meu caro João Custódio, tenho uma notícia. Recebi uma correspondência que me obriga a me apresentar à coroa; vou assumir um cargo importante junto ao rei.

O jovem ouviu o anúncio com surpresa.

— Fico feliz por você. Enfim irão reconhecer o seu grande valor, e voltará para a civilização.

— Você sabe que me afeiçoei a esta terra — falou o outro, com olhar expressivo. — Ao contrário de você, aqui vou deixar meu coração e muitos amigos.

João baixou os olhos para que o amigo não notasse seus sentimentos.

— Gostaria muito de estar em seu lugar. A saudade que tenho de nossa terra dói aqui no peito. Além do mais, você é o melhor amigo que tenho; é o irmão que não tive.

— Por que não vai comigo?

João continuava cabisbaixo.

— Só irei quando alcançar os objetivos que você sabe quais são.

Antônio colocou a mão no ombro do amigo.

— Posso arrumar-lhe um cargo de confiança junto da corte, o que lhe trará prestígio.

— Mas não me trará a fortuna de que preciso. Jurei que sairia rico desta terra.

— Você é muito teimoso e orgulhoso — disse Antônio a sorrir.

João também riu, abanando a cabeça.

— Não, apenas tenho grandes aspirações para o meu futuro.

— Sabedor de sua intenção de ficar, indiquei o seu nome para um cargo na Capitania de São Vicente. Eles têm conflitos com a coroa; acho que com sua habilidade poderá resolver muitos problemas e despertar a simpatia do governador.

João declarou com ar preocupado:

— Já considero o Rio de Janeiro o fim do mundo, e você está querendo me meter num lugar ainda pior!

— Acho que deveria meditar na minha proposta. Depois de algum tempo, e se conseguir cumprir as ordens da coroa, poderei indicá-lo para cargos melhores, até mesmo em Portugal.

João sentou-se, com a cabeça entre as mãos.

— Temo que vá desaparecer naquele lugar inexpressivo, no meio de um bando de mestiços, índios e portugueses que já esqueceram o que é civilização.

Antônio Gusmão puxou uma cadeira, sentando-se à sua frente.

— Se você continuar no Rio de Janeiro, não poderei mantê-lo na sua função. Meu substituto vai nomear alguém de sua confiança. Pense, João, é uma oportunidade para iniciar uma carreira. Com o tempo irá galgando cargos mais importantes.

— Vou pensar — disse, levantando-se. — Dê-me alguns dias para resolver se aceito ou se arrumo outra colocação por aqui.

Ele tratou de procurar um novo emprego por intermédio de seus outros amigos, na tentativa de não sair do Rio. Como nada surgiu, depois de alguns dias decidiu aceitar a proposta de Antônio Gusmão.

Passaram-se dois meses. Antônio voltou para Portugal e João rumou para São Vicente, com recomendações escritas do amigo. Sentia a mesma tristeza de quando deixara sua terra natal. Se a cidade do Rio de Janeiro não lhe agradava, São Vicente muito menos.

Na capitania, apresentou-se ao capitão Justino. O homem, de estatura média, aparentava trinta anos. Apertou a mão de João, tendo no rosto um sorriso aberto.

— Seja bem-vindo, rapaz. Já recebi ordem do senhor governador para colocá-lo a nosso serviço. Sei que está cansado da viagem; vou hospedá-lo em minha casa, e amanhã discutiremos como levar adiante as ordens expedidas pela coroa.

Faminto e cansado, João Custódio atravessou a vila na direção da pequena morada do capitão. O homem era casado com uma mestiça, filha de índia com português. A moça veio recebê-lo com gestos de carinho e amabilidades.

— Dom João Custódio, quero apresentá-lo à minha esposa, Potira.

A bela jovem, de olhos negros e cabelos longos caídos sobre os ombros, fitou o rapaz com a simplicidade que lhe era própria. Envergonhada, balançou a cabeça, murmurando palavras que João não conseguiu ouvir.

O capitão sorriu do embaraço da esposa.

— Potira se acanha na presença de estranhos, porém é excelente companheira e muito boa mãe. Acho que não encontraria esposa igual entre nossas patrícias.

João Custódio espichou os olhos para a moça.

— Boa tarde, senhora, muito prazer em conhecê-la. Seu marido convidou-me para me hospedar aqui; espero não lhe trazer nenhum incômodo.

Potira sorriu timidamente. A casa, muito simples, abrigava pouca mobília; três crianças pequenas, dois meninos e uma menina, estavam sentadas em volta de uma mesa tosca, cada uma com um prato na mão.

— Dom João, estes são os belos filhos que Deus nos ofertou; são a maior riqueza de nossa casa.

Depois de algumas horas de conversa, João Custódio acomodou-se em um canto para dormir numa rede oferecida pelo capitão. Incapaz de conciliar o sono, sentia-se desolado no meio de selvagens, num lugar distante de tudo o que imaginava civilizado.

No dia seguinte, o sol já se apresentava radioso desde as primeiras horas da manhã. O capitão abriu alguns pergaminhos, para discutirem posições que teriam de ser tomadas.

— Dom João Custódio, é de seu conhecimento que nosso rei tem elevado interesse em descobrir ouro e pedras preciosas. A Espanha tem tirado muitos metais preciosos de suas colônias, e nosso soberano tem certeza de que nas entranhas desta terra selvagem existem grandes riquezas. Sabemos que os paulistas se têm embrenhado pelos sertões à caça de índios, mas queremos que sejam incentivados a buscar tais minas e, se forem localizadas, precisaremos de alguém que as fiscalize para a coroa portuguesa.

João ficou pensativo por um momento, até que respondeu:

— Não sou homem acostumado a enfrentar animais bravios, índios selvagens e lugares inóspitos. Sempre vivi no conforto de nossas cidades, minhas mãos são hábeis para usar uma pena. Não sei manejar arco e flecha, sequer conheço a língua do povo que habita esta terra. Portanto, o que está a me sugerir é impossível.

— Sua tarefa não é procurar minas pelo sertão — disse o capitão, sorridente. — Sabemos que é um homem culto e inteligente. As ordens de nosso governador são no sentido de que vá para a vila de São Paulo, lá ocupe o cargo de ouvidor, ganhe a confiança dos paulistas e os estimule a encontrar minerais preciosos. Se conseguir esse feito, ficará rico e terá o reconhecimento da realeza.

O capitão percebeu o impacto de suas palavras. Os olhos orgulhosos de João Custódio brilharam.

— Senhor capitão, acato as ordens de nosso governador; vou para a vila de São Paulo assumir o cargo que me propõe.

— Tenho certeza de que vai atingir todos os objetivos da coroa — falou o outro, satisfeito.

Começaram os preparativos para subir a serra e chegar ao planalto. O caminho era difícil, sobretudo para um rapaz que fora criado a distância das asperezas da vida. Durante a viagem, embrenhados na mata, à noite João Custódio chorava escondido dos homens rudes que o acompanhavam; durante o dia tentava disfarçar o que lhe ia na alma, temeroso de ser alvo de zombarias. Finalmente avistaram a vila pobre, de casas simples.

O grupo era composto de três índios, dois mestiços e um homem branco de nome Brás, que os conduzia. Este era experiente e conhecia muito bem o caminho; estava acostumado a transportar mercadorias do litoral para o planalto.

— Dom João Custódio, chegamos! Esta é a vila de São Paulo.

Os olhos do rapaz se embaçaram de lágrimas que teimavam em escorrer pela face queimada de sol. Dom Brás, apesar do aspecto rude, era um homem observador e profundo conhecedor da alma humana. Percebeu, durante a viagem, o quanto aquele rapaz era orgulhoso. Suas maneiras finas e aristocráticas demonstravam ser culto e inteligente. Sabia que era movido pela ambição, pois somente esse sentimento colocaria uma pessoa como ele em terras tão inóspitas. O homem pousou a mão em seu ombro.

— Sem pretender desanimá-lo, aqui não é lugar para alguém como o senhor. Acho que deveria ter ficado no reino. Este fim de mundo faz as pessoas se tornarem duras e ignorantes. Não espere amabilidades da gente deste lugar, habituada a lidar apenas com índios e animais selvagens.

João Custódio virou-se para dom Brás, enxugando o rosto.

— Não obstante minha aparência frágil, tenho aprendido muito nos últimos anos. Experimentei a aspereza e o desprezo de minha própria mãe. Acho que a indiferença de estranhos não me fará recuar em meus objetivos.

— Você precisa de muita habilidade e astúcia para lidar com esta gente, porque aqui vigora a lei do mais forte. Neste fim de mundo as pessoas vivem da própria sorte, não estão acostumados a receber ordens da coroa. Estas terras não trazem riquezas para nosso rei, por isso seus olhos de cobiça nunca enxergam a sua gente.

— Para sorte deles, a coroa não exerce pressão e acaba por lhes dar mais liberdade, quase esquecendo que existem.

Dom Brás afirmou com um sorriso:

— Acho você muito inteligente, meu rapaz, para viver em uma terra de ninguém.

— No entanto, é aqui que está o meu destino — disse João, de cabeça erguida. — Talvez consiga ficar rico.

Dessa vez a resposta veio após uma gargalhada:

— Rico, nesta terra pobre? Isso é só ideia de quem sonha muito alto e tem sonhos impossíveis. Aqui todos subsistem do que a terra dá. Distantes da corte, vivem com a ilusão de serem livres; são brutos porque só assim conseguem sobreviver. Entram rasgando as matas, manejam arco e flecha como índios e usam mais a língua dos selvagens do que a nossa. Não gostam de intrusos, principalmente se indicados pela coroa. Os paulistas são diferentes, por isso é necessário ter muito trato com eles para conquistar sua confiança.

— Fico muito grato por suas informações — João declarou com um sorriso. — Vou procurar ser cauteloso.

CAPÍTULO

28

DOM AVELINO

A vila tinha algumas centenas de habitantes; outra parte da população morava nas fazendas vizinhas. Da pequena capela se avistavam as montanhas ao fundo, e no vale o córrego Anhangabaú. Dom Brás procurou os padres e foi recebido com muita alegria. Logo todos ficaram sabendo que chegara o novo ouvidor enviado pela coroa. João Custódio captou os olhares desconfiados dos moradores. Dom Brás o alojou numa pequena casa, moradia de seu precursor no cargo, e reuniu alguns índios que ficariam a seu serviço.

Exausto, o jovem procurou o leito para se recuperar da viagem longa e cansativa. Seu propósito era começar já no dia seguinte a executar os planos. Não tinha a mínima intenção de passar o resto da vida naquele lugar pobre, no meio de gente rude e ignorante.

Logo pela manhã recebeu a visita dos líderes da vila, entre os quais estava dom Avelino. Homem de aparência rústica, sem meias palavras, vinha acompanhado do genro Antônio, que parecia dever-lhe obediência cega. João Custódio não simpatizou com nenhum dos dois, e seu olhar evidenciava a aversão. Apesar de tudo, procurou ter gentileza no trato e na postura, mostrando ser um homem culto, o que irritou ainda mais dom Avelino, que durante a conversa chegou a ridicularizar suas maneiras refinadas. Depois que todos se foram, dom Brás alertou com certo brilho nos olhos:

— Dom João Custódio, como já lhe falei, tome cuidado com os homens desta terra, em particular com dom Avelino e seu cão fiel, Antônio; parece que você não lhe caiu nas graças.

— Eu também notei que de todos ele é o mais grosseiro e desconfiado. Mas, meu amigo, não se preocupe: ele tem força bruta e eu tenho inteligência.

— Esse homem tem família grande. Não teve filhos homens, só mulheres, que são ao todo sete; isso o deixou muito acabrunhado. Agora seu genro Antônio é como filho, seu braço direito; muito ambicioso, dom Avelino sonha descobrir pedras preciosas e ouro.

— Dom Brás, sabe por que aqui estou? Vim a mando de nosso rei, que deseja encontrar o que esses homens buscam. Eles são bravos e destemidos, conhecem bem as entranhas desta terra; tenho de convencê-los a organizarmos entradas para acharmos o que o rei tanto deseja. Não tenho dúvida de que com a ajuda deles realizaremos nossos planos.

Dom Brás coçou a cabeça.

— Necessário é ter muito jeito para convencê-los a dividir os tesouros encontrados.

— Eles não têm recursos, dinheiro para organizar uma entrada com muitas pessoas — João deu um sorriso. — E será esta a minha proposta: a coroa entrará com os recursos financeiros. Certamente não poderão recusar oferta tão tentadora. Por isso preciso de seu auxílio; quero sua opinião sobre cada morador desta vila, pois o senhor deve conhecer todos.

— Sei a história de cada um, suas proezas e realizações. Sei quem tem condições para ajudá-lo a organizar tal expedição. Só que antes terá de ganhar-lhes a confiança; não dão crédito a qualquer um que chegue ao povoado. E sei o que você deve fazer para logo ser considerado um deles.

João Custódio esfregou as mãos com satisfação.

— Ótimo, preciso de todas as informações. Vou sair daqui muito rico.

— Já lhe disse, tome cuidado — o ar do interlocutor era desconfiado. — Está lidando com pessoas rudes; se trair a confiança deles, você paga com a vida.

Ao responder João contemplava a paisagem tranquila pela janela:

— Sou inteligente e astuto. Eu vim para ficar rico, não para morrer neste fim de mundo. Vamos ao que nos interessa.

Os dois se sentaram em frente a uma mesa tosca. A tarde caía, um vento frio entrava pela janela anunciando a noite. João se ergueu para fechar a janela e acender uma vela, que colocou sobre a mesa. Já era muito tarde e ainda se via uma tênue luz no interior da casa simples.

O dia amanhecera encoberto por nuvens escuras. Dois índios sentados na soleira esperavam que dom Brás os chamasse com alguma ordem. Quando a porta se abriu, o homem apareceu resmungando algumas palavras na língua indígena. Os rapazes saíram rapidamente, retornando dali a alguns minutos, com água e leite tirado de uma cabra no curral.

João Custódio tinha a aparência de quem não dormira bem. Dom Brás, depois de muitas recomendações, anunciou que viajaria de volta para São Vicente dentro de uns dez dias, o que deixou o rapaz ainda mais acabrunhado. Contudo, até a partida de dom Brás ele já estava mais ambientado com a vila. Conhecia seus moradores e seus problemas, relatados pelo amigo.

Dom Avelino tinha quatro filhas solteiras. A casada com Antônio era a mais velha, Míriam. A mais jovem, Augusta, era também a mais bonita; quase uma menina, mal entrara na adolescência. João Custódio percebeu os olhares acanhados que lhe endereçava e logo imaginou que poderia tirar algum proveito; se ganhasse a confiança de dom Avelino, seria mais fácil conviver na vila. Em três meses estavam assumindo compromisso para um futuro casamento e a formação, logo em seguida, de uma entrada para procurar pedras preciosas, com financiamento da coroa.

Embora logo estivesse adaptado ao lugar, eram muitas as noites em que o rapaz sonhava ter regressado a Portugal. Sentia saudade de Coimbra, do Porto, imaginava-se numa vida faustosa, com muita opulência, desfrutando luxo e prazeres. Aquela vila singela o enchia de tédio e muita tristeza. Augusta, ainda que muito jovem, era doce e gentil. Acostumada aos labores da casa, tinha tudo para ser uma boa esposa. João, porém, não podia avaliar as qualidades daquela criatura. Só tinha condições de visualizar os proveitos que tiraria da relação.

Chegou o dia da união do jovem casal. Depois de muita festa, anunciou-se que o grupo partiria em busca das riquezas guardadas nas entranhas da terra. A esposa ficaria com a mãe e as irmãs, mulheres acostumadas ao trabalho pesado devido à ausência sempre prolongada dos homens, que não raro demoravam anos para retornar à vila.

A despeito de saber de todas as dificuldades que enfrentaria para atravessar as matas, João estava eufórico. Sentia que enfim poderia conquistar fortuna e voltar para Portugal. Quanto mais penetravam na selva, mais cresciam as dificuldades. O calor insuportável, a forte umidade, o excesso de insetos e todos os outros obstáculos e perigos faziam que muitas vezes João pensasse em desistir. O temperamento agressivo do sogro aumentava muito a animosidade existente entre os dois. Não passavam um só dia sem discutir suas divergências, acentuando os problemas do relacionamento. Uma tarde, por motivos banais, genro e sogro se atracaram numa luta corporal, tendo de ser separados pelo grupo.

Dom Avelino, de gênio violento e acostumado a ser obedecido, não suportava a altivez do genro e já começava a pensar em uma forma de se livrar dele. Todo o financiamento para a entrada viera da coroa, interessada nos metais preciosos, e João Custódio a representava. Além do mais, como poderia deixar a filha viúva? Antônio, não ignorando os pensamentos do sogro, procurava usar de toda a sua influência para demovê-lo da ideia.

João Custódio, inteligente e ardiloso, depressa adivinhou a intenção do sogro. Sabedor de seu temperamento belicoso, ficava alerta e arquitetou um plano para livrar-se dele primeiro. Numa tarde chuvosa armou uma emboscada, junto com alguns comparsas que lhe eram obedientes e simpatizantes. Assim, assassinou o sogro e o cunhado de modo vil e covarde, dando a transparecer ao grupo que fora um acidente.

A expedição seguiu em frente, sem Avelino e Antônio, que ficaram enterrados ali mesmo, numa cova rasa, distante das esposas e dos parentes. João Custódio respirava aliviado, acreditando estar livre de seu pior inimigo. Não suspeitava que ali iniciara um pacto de ódio que atravessaria os séculos, com enorme sofrimento para ambos os lados.

Decorridos muitos meses de pesquisa infrutífera, o grupo, sem recursos, maltrapilho e exausto, se vira obrigado a voltar para a vila de mãos vazias. As viúvas, mãe e filha, receberam com total desolação a notícia da morte de seus esposos. Para Augusta, a tristeza foi compensada pela alegria de reencontrar o marido vivo, nem de longe supondo que fora ele o causador de tanta desgraça para sua família.

João Custódio perdera a esperança de enriquecer. A coroa não lhe forneceria mais recursos para uma nova entrada; não existia dinheiro para outra aventura. Sem essa perspectiva, o rapaz alimentava o sonho de logo regressar a Portugal.

Apesar da dedicação e do amor da jovem Augusta, ele não conseguia nutrir por ela nenhum sentimento. A sogra, atenta ao desinteresse do rapaz por tudo que o rodeava, incentivou-o com o projeto de juntar tudo o que tinham para a formação de uma nova expedição, na tentativa de encontrar os ambicionados tesouros.

O genro continuava dispersivo e distante. Passaram-se meses, até que a sogra entregou nas mãos de João tudo o que tinha depositado, confiante na possibilidade de uma nova vida para a família.

Na verdade, João Custódio não queria mais explorar as riquezas do sertão. Em sua mente persistia o plano de voltar a sua terra, agora de posse da fortuna tão desejada.

Numa noite de verão, com tudo preparado e alguns homens, saiu sorrateiro para São Vicente e de lá para Portugal, deixando a família praticamente na miséria. A esposa, desesperada, só não atentou contra a própria vida por pensar no filho que carregava no ventre.

A principio dom Avelino e Antônio, aturdidos com a morte do corpo físico, não conseguiam compreender os acontecimentos. Mais tarde, quando tomaram consciência do que ocorrera, revoltados assistiram à infelicidade dos familiares, descarregando seu ódio no homem que fora o causador de sua desdita.

João voltou para Portugal, sentindo-se aliviado ao pisar novamente o solo pátrio. Procurou a mãe e a irmã. Ao se aproximar das terras que lhe traziam doces recordações, seu coração ficou apertado. Ao longe constatou a devastação da propriedade que o pai tanto amara. A casa de pedra, antes sempre florida, agora era rodeada de mato. Os passos ficaram pesados, tudo parecia abandonado. A casa estava vazia, ninguém lhe atendia ao chamado. Subiu até o cume do morro onde o pai fora enterrado e lá deparou com mais duas cruzes, deduzindo serem as sepulturas da mãe e da irmã querida. Desconsolado, chorou durante horas. O remorso começava a despontar-lhe na alma.

Interrogando os vizinhos, ficou a par da história triste. Logo após sua partida, em meio a dificuldades extremas, a irmã Maria da Glória contraíra a tuberculose que a levaria para o túmulo, e a pobre Maria de Fátima definhara de tristeza, sem deixar de amaldiçoar o filho até a hora da morte.

João Custódio refugiou-se em Coimbra, para viver seus últimos dias corroído pelo remorso, mendigando um prato de comida. Agenor, que continuava seu trabalho de sapateiro para sustentar o neto, passava por ele sem reconhecer o homem que tanto mal causara a sua filha Josefa. Amava profundamente o neto, que o tinha como pai e era sua motivação para viver. Muitas vezes estendeu a mão para dar uma moeda ao mendigo João Custódio.

Míriam fitou irmão Tibúrcio com os olhos marejados.

— As leis divinas são de justiça, indubitavelmente; no entanto, são igualmente de amor e de misericórdia. Meu pai, dom Avelino, o tem procurado incessantemente com seu ódio e seu desejo de vingança. Apesar de estar reencarnado, João carrega um forte sentimento de culpa, o que os mantém atrelados um ao outro.

— O coração um dia se cansa de sofrer e de viver na escuridão — o mentor falou com doçura. — Os olhos se abrem para receber a luz que se aproxima, na alvorada radiosa que vem proporcionar alívio para as dores. Logo traremos dom Avelino a viver uma nova realidade. Oremos ao Pai celeste: que sua alma se abra às bênçãos da renovada oportunidade para o perdão e que possa desmanchar-se o ódio que calcifica seu coração como uma rocha.

O sorriso de Míriam iluminou-lhe o semblante suave e tranquilo.

Capítulo

29

Momento decisivo

João se mostrava mais sereno, embora dormisse o tempo todo. Avelino já não podia achegar-se a ele com a mesma desenvoltura; algo que não sabia o que era o impedia. Afastado, tentava controlá-lo a distância. Fizera de tudo para impedir que Zefa se hospedasse na casa de Agenor e Lívia, onde tudo se tornava difícil demais; até Antônio, que lhe fora tão fiel, dava a impressão de o haver abandonado. Zefa não mais seguia suas sugestões; agia como se tivesse esquecido todo o ódio que sentia por João.

Bem que Luando o avisara para tomar cuidado com esses seguidores do Espiritismo; teriam eles a proteção dos anjos do céu? Tudo ia muito bem, e de repente estava perdendo as rédeas. Precisava ir pedir ajuda a Luando.

Novamente o senhor Lima e a esposa visitaram a casa de Agenor, verificando que João estava melhor; abria os olhos, murmurava algumas palavras e o olhar ficara mais lúcido. Com a colaboração mediúnica da companheira, o dirigente soube que o obsessor estava mais afastado e que João começava a recuperar o domínio da própria mente, a salvo da sua interferência direta.

Irmão Tibúrcio avisara Lima de que logo mais, durante o sono físico, conduziriam Avelino ao centro espírita, para realizarem o trabalho de desobsessão.

Agenor continuava a levar Zefa para o tratamento de passes, e a cada dia o seu coração se pacificava um pouco mais. As mensagens do Evangelho, lidas e explicadas antes do passe, caíam sobre ela como um bálsamo, aclarando-lhe o entendimento. No íntimo, queria reconstituir sua vida com muito amor, ao lado do filho que tanto desprezara no passado.

Quanto a Glória, cujo interesse de início era unicamente pela saúde do namorado, cada vez mais sentia-se atraída pelas reuniões espíritas. Lívia comentava as passagens do Evangelho com tanta desenvoltura e coerência que a encantava com o recente conhecimento. Agenor lhe dera "O Evangelho segundo o Espiritismo", que agora ficava na cabeceira de sua cama; todos os dias, antes de dormir, ela procurava ler e absorver todas as palavras, pelo raciocínio e pelo coração.

Fátima fora visitar João algumas vezes na casa de Agenor. Sentia piedade e constrangimento diante do rapaz, parecia que toda a inteligência dele havia desaparecido. Achava que nunca mais seria o mesmo. Acalentava a esperança de que a filha, quando se convencesse da impossibilidade da cura, desmancharia o noivado. Não falava no assunto com Glória, mas insistia para que o marido a aconselhasse.

— Mané, eu só quero que você mostre a realidade à nossa filha. Esse rapaz está louco, perdeu por completo o juízo, e você e Glória não enxergam. Ela terá de sustentá-lo pelo resto da vida. João perdeu até a lucidez dos olhos. Você acha justo o sacrifício da nossa menina? Nem se casou com ele, por isso não tem nenhum compromisso!

Manuel encarou a esposa e argumentou:

— João está apenas passando por momentos críticos. Tudo não demorará a ser como era antes. Ele terminará a faculdade e retomará seu posto no escritório da fábrica, onde executa muito bem seu trabalho. Acho que ao invés de alimentar ideias negativas devíamos pedir a Deus pelos nossos filhos. Não diga nada disso a Glória; ela ama aquele rapaz de todo o coração e nada nem ninguém pode separá-los. E também para ela esta fase não tem sido fácil, por isso tente ajudá-la. Se não tem boas palavras a lhe oferecer, ao menos não diga nada.

— Há outra coisa que me preocupa: ela tem ido ao centro espírita e traz livros que fica lendo pela casa. Não acho que Lívia seja boa conselheira; jamais gostei dessa gente que se envolve com bruxarias e espíritos. Estou pasma com você, que, como eu, sempre foi contra essas coisas. Será que eles estão enfeitiçando você e Glória, que eram tão católicos?

Manuel fixou-a nos olhos, falando com a sinceridade habitual:

— Eu continuo católico; não deixei de ir à missa, principalmente agora que precisamos de muitas orações. Quanto a Agenor e Lívia, são pessoas excelentes, e não estão envolvidos com bruxarias; somente têm uma crença diversa da nossa, que devemos respeitar. O contato de Glória com a nova doutrina tem ocorrido na casa de Agenor, e sei que eles procuram viver dentro dos conceitos morais dos ensinamentos de Cristo.

— Pelo que vejo, até você está influenciado por essa gente — Fátima deu um sorriso irônico, que provocou irritação no marido.

— A senhora é muito ignorante, não tem capacidade para perceber as coisas boas da vida; por isso não vamos mais conversar sobre esse assunto. Só quero que deixe nossa filha em paz; ela tem equilíbrio bastante para saber o que fazer da própria vida.

Manuel virou as costas, saindo para o quintal. Estava triste e contrariado demais para manter uma discussão com a esposa.

O céu carregado anunciava que ia cair muita chuva. O homem ergueu os olhos nublados de lágrimas e pensou no afilhado. Ajoelhou-se e com os braços estendidos fez uma prece sentida, rogando ao Criador pelos seus filhos João e Glória. Sentiu que grossos pingos de chuva se misturavam às lágrimas que caíam abundantes na face marcada pelo tempo. Fátima, que olhava o marido pelo vidro da cozinha, sentiu o coração apertado e arrependeu-se do que dissera. Reconheceu que viviam um período complexo e que devia conter os seus ímpetos. Foi até o fogão para fazer um chá. Manuel entrou, secando o rosto molhado de chuva e lágrimas. Fátima conservou o olhar no fogão, incapaz de encará-lo.

— Mané, desculpe-me. Como você mesmo disse, sou ignorante. Mas também estou preocupada com Glória e, apesar de todas as minhas críticas, aprendi a gostar de João e a admirá-lo. Não o aborrecerei mais com meus comentários.

Manuel limitou-se a fazer um sinal com a cabeça, saindo da cozinha. Caminhou para seu quarto e fechou a porta.

Fátima ficou pensativa. Pegou a xícara de chá, sorvendo-o lentamente. Ela não entendia a cabeça do marido e da filha, e se indagava o porquê de alguém que quer o melhor para a família ser assim tão criticada. Como eles não enxergavam os problemas que estavam acarretando sem necessidade? Maria de Fátima não conseguia ver com o coração, apenas olhava os próprios interesses de maneira egoísta.

Todas as noites, Agenor, Lívia e Zefa sentavam-se em torno da mesa, colocavam ali uma jarra de água e liam o Evangelho. Comentavam a página e faziam orações. A princípio João resistira a lhes fazer companhia. À medida que os dias corriam, Agenor, com grande paciência, o trazia para a cozinha.

Se no início parecia totalmente alheio, pouco a pouco ele passou a tomar consciência do que acontecia ao seu redor. Gumercindo, assistente de irmão Tibúrcio, ia gradualmente afastando Avelino. A fé e o empenho das duas esferas da vida beneficiavam tanto João quanto seu obsessor.

O jovem sentia que a mente intrusa não mais atuava tão intensamente. As preces proferidas por Agenor ou Lívia lhe propiciavam alguma paz, eram um refrigério na mente escaldada de aflições. Começava a despertar para a necessidade de elevar o pensamento na oração, em busca de alívio.

Uma tarde, quando Zefa e Agenor se acercaram do leito, João abriu os olhos. Ergueu o braço, à procura da mão de Zefa. A mulher, emocionada, ajoelhou-se abraçando o rapaz.

— Meu filho, eu gostaria tanto de vê-lo curado!

Ele desatou num choro incontido. Agenor colocou a mão no seu ombro.

— Calma, João; não se desespere, confie em Deus.

— Eu preciso de ajuda para sair do inferno onde estou alojado. Minha mente parece dominada, um demônio grita dia e noite, sinto-me perdido, não tenho controle sobre mim.

Agenor comoveu-se com a dimensão do drama vivido pelo amigo. João, de certa maneira, tinha consciência de que era escravo de outra mente e não sabia libertar-se.

— É preciso ligar seu coração a Deus. Imponha-se, peça ajuda através do pensamento, una-se a nós quando oramos, procure a paz. Confie, que nosso mestre Jesus nunca nos desampara.

João deixou as lágrimas rolarem pelo rosto. Zefa segurou a mão do filho, apertando-a entre as suas para lhe dar força.

— Tenho alcançado muita paz aqui na casa dos nossos amigos. Meu coração descobriu uma fé e um equilíbrio que eu não imaginava existirem. Tenho a certeza de que logo você também vai ficar muito bem; voltaremos para nossa casa e seremos felizes. Quero que você participe e descubra o que tenho aprendido. Nunca é tarde para descobrirmos os verdadeiros caminhos do bem.

João lutava para acompanhar o raciocínio da mãe. Sua mente, atrelada à do obsessor, era impotente para se desvencilhar do fluido denso e escuro que impedia suas ideias de se alinharem com clareza. Não obstante, o ambiente harmonioso e salutar começava a se refletir no seu organismo. Todos os dias se estudava o Evangelho, e Glória fazia questão de estar presente. Sua dedicação era evidente para todos. De igual modo, a jovem não deixava de comparecer ao centro espírita. O senhor Lima logo percebeu, por sua conduta responsável e amorosa, que teria nela uma grande colaboradora.

Assim que João foi capaz de caminhar com desenvoltura, Agenor e Glória o levaram para o tratamento de desobsessão. Tibúrcio e seus assistentes, que já vinham distanciando Avelino de sua vítima, pelo enfraquecimento progressivo dos laços fluídicos que os ligavam, ali conseguiram separá-los por completo. Gumercindo aplicou passes magnéticos em Avelino, que adormeceu, ficando no próprio local, enquanto João voltava mais tranquilo para casa.

As providências ali adotadas atestavam que o centro espírita é efetivamente um pronto-socorro para encarnados e desencarnados. Míriam foi informada de que Avelino fora enfim recolhido e de que em breve ela poderia estar junto dele.

Tibúrcio avisou ao senhor Lima que haveria uma reunião com a família de João e alguns médiuns, durante o repouso físico. Por volta da meia-noite, o mentor encarregado chegou com o senhor Lima, a sua esposa, médium da casa, e mais duas senhoras também boas colaboradoras; Agenor e Zefa trouxeram João adormecido. A irmã Gertrudes veio com Glória, que, inicialmente apreensiva, acalmou-se ao perceber irmão Tibúrcio conduzindo os trabalhos.

Míriam estava no canto direito da sala, apenas observando. O mentor aproximou-se e comunicou:

— Logo iniciaremos nossa tarefa. Oremos a Deus para que possamos servir num clima de amor, e que a sua misericórdia esteja presente para obtermos os resultados esperados.

A moça fechou os olhos, buscando na oração o equilíbrio necessário para um momento tão relevante.

— Irmão Tibúrcio, nossos companheiros encarnados têm consciência da importância do trabalho desta noite?

— O senhor Lima, dirigente desta casa há mais de vinte e cinco anos, é um homem íntegro e um espírita cônscio da tarefa que assumiu, ainda quando desencarnado. Os outros médiuns da casa também estão preparados para trabalhos desta amplitude. Na realidade, somos como uma orquestra onde cada músico deve fazer a sua parte para o bom desempenho geral. Alguns recordarão o ocorrido, quando despertos; outros guardarão poucas impressões, e há os que de nada se lembrarão. Os médiuns de maior desenvoltura terão lembranças pormenorizadas.

Avelino foi trazido de maca, adormecido. Gumercindo aproximou-se, ministrando-lhe um passe e o despertando. Ele parecia atordoado, sem ter noção do que se desenrolava à sua volta. Olhava a sala com curiosidade, até encontrar João junto de Zefa e Agenor. Enfurecido, tentou saltar sobre o rapaz, sendo impedido pelos assistentes de Tibúrcio.

— Maldito, maldito! Quero destruí-lo como você destruiu minha família.

João estremeceu ao ouvir seus urros. Tibúrcio pediu que Gumercindo aplicasse passes que o acalmassem, diluindo os fluidos escuros que se condensavam na região do cardíaco do obsessor. Com voz branda, porém enérgica, incitou Avelino a se conter, visto que estavam ali para uma reconciliação.

— Eu não quero reconciliação, quero vingança! — revoltou-se ele. Quero justiça por tudo o que me fez sofrer e sobretudo por ter arruinado minha família. Acho que o senhor não sabe, mas este infame roubou, enganou, matou, destruiu minha honra e fugiu com tudo o que era meu, deixando minha esposa e minhas filhas na mais vergonhosa miséria. O inferno é pouco para esta criatura. Demorei muito a encontrá-lo, agora se esconde numa carcaça muito diferente; ainda assim continua o mesmo, por isso o descobri.

Irmão Tibúrcio falou com carinho:

— Dom Avelino, o senhor não acha que deveria deixar para Deus fazer justiça? Além do mais, ao longo de três séculos João tem expiado suas culpas. Não é a nós que compete fazer justiça, e sim ao Criador.

— Tudo que tem passado é muito pouco. Ele merece o fogo eterno, merece ficar queimando suas culpas para sempre.

O orientador espiritual continuou a falar pausadamente, imprimindo compaixão à voz:

— Olhe para si mesmo, veja seu aspecto: suas vestes estão em trapos, suas feridas abertas há três séculos ainda sangram e o seu coração não tem paz. Na sua busca equivocada de justiça, é o senhor que sai ferido primeiro; não dá trégua ao ódio que lhe massacra o coração. Conseguiu puni-lo, mas sem querer o ajuda a resgatar os erros do passado e o coloca no caminho da redenção.

— Ele não pode escapar, minha vingança está quase consumada! Luando tem me ensinado muitas maneiras de subjugá-lo, e não vou desistir; sua mente não me opõe obstáculos, tem recebido minhas ordens sem nenhuma resistência. Eu preciso continuar, só falta um pouco para mandá-lo para o inferno. Ele se destruirá por si mesmo.

João, abraçado a Zefa, chorava baixinho, inconsciente do que acontecia à sua volta. Tibúrcio solicitou a Gumercindo que aplicasse recursos magnéticos no centro coronário e cerebral do rapaz, de modo a despertar o passado adormecido em sua memória.

Desdobrado pelo sono físico, ele parecia acordar de longo pesadelo. Sofria transformações no aspecto físico, assumindo características de João Custódio nos últimos anos de decadência em Portugal. Os seus olhos encontraram os de seu algoz. Soltando-se dos braços de Zefa, ajoelhou-se aos pés de dom Avelino e, com o linguajar lusitano peculiar ao século XVIII, implorava-lhe perdão.

Avelino adquiriu uma postura de repulsa diante das súplicas de quem considerava inimigo.

— Você destruiu o que eu tinha, roubou tudo o que era meu, deixou minhas filhas e minha esposa na miséria, e ainda quer perdão? Quero justiça, quero que vá para o fogo interminável do inferno. E ainda é pouco; para vingar o que me fez, nem tudo isso é suficiente.

Tibúrcio e seus assessores espirituais permaneciam mergulhados em pensamentos salutares, envolvendo as duas entidades, à espera de que através do diálogo encontrassem o entendimento e o perdão.

João continuava de joelhos junto de seu perseguidor. Tinha o coração dilacerado pelo sentimento de culpa que o acompanhava desde o final da encarnação como João Custódio.

— Dom Avelino, não pode avaliar o quanto tenho sofrido pelos atos insanos que pratiquei. Não tenho um minuto de paz, sou a última de todas as criaturas. Preciso de perdão, do senhor e dos outros que tanto fiz sofrer. Sei que mereço seu ódio, mereço todo o sofrimento; mas por mais que sofra não consigo aplacar este sentimento de culpa que atravessa meu coração, como um punhal que o faz sangrar todos os dias. Eu não suporto tanta dor. Senhor, não me negue seu perdão, pelo amor de Jesus, que tanto sofreu na cruz sem nada dever.

As últimas palavras de João tocaram o coração de Avelino. A imagem de Jesus lhe surgiu na mente, lembrou-se das pregações que o padre sempre fazia na igrejinha. Nunca dera importância ao que dele ouvia, achava que religião era coisa de mulher.

Tibúrcio aproximou-se e falou com muita suavidade na voz:

— Jesus veio ao mundo para ensinar o caminho que nos leva ao Criador, o caminho da paz e do perdão. A vingança e o ódio amargam nosso coração, arrojam-nos ao inferno íntimo, privam-nos da companhia dos entes amados. Quem odeia é quem mais sofre, estacionando e sendo escravo dos próprios sentimentos negativos. Perdoar é libertar-se, é voltar ao convívio daqueles a quem se ama.

Avelino, sentindo as vibrações amorosas do mentor, recordava a família e os momentos felizes do tempo em que viviam juntos na vila de São Paulo. Tais reminiscências o comoveram a ponto de traduzir os sentimentos entre lágrimas.

— Meu Deus, eu daria qualquer coisa para ver de novo minha família. Sofro demais sem o amor das filhas e da esposa. Se tivesse havido oportunidade de vê-las, talvez não estivesse perdido.

— Dom Avelino, estar com seus entes queridos depende de você — disse Tibúrcio com ternura. — Depende do perdão e da procura do amor, da confiança em Jesus, nosso mestre, para seguir um novo rumo em sua existência de espírito imortal.

— Estou mergulhado no abismo do ódio e não tenho saída; serei eternamente um desgraçado voltado para o mal.

— Não, dom Avelino, somos todos filhos do Pai misericordioso que sempre nos busca e ampara, por mais decaídos e afastados do caminho do bem. Mas é necessário que se volte para Deus e assim possa reconhecer-lhe a proteção. Rompa com o sofrimento e a amargura, alivie seu coração, deixe o perdão e o amor falarem mais alto, e a misericórdia divina se fará presente em seu coração que precisa aprender a amar e encontrar a paz.

— Meu Deus — ele exclamou em pranto –, abrande meu coração, ajude-me a aliviar o ódio que me faz sucumbir num mar de lama; liberte-me desse sentimento que me envolve, me arrasa e me mantém escravo de mim mesmo. Jesus, ensine-me a perdoar, guie-me para o caminho da luz de seu amor infinito.

Avelino olhou para João, que em silêncio permanecia ajoelhado aos seus pés.

— João Custódio, levante-se. Hoje sou eu quem pede perdão por todo o mal que lhe tem causado; sou eu quem precisa ser perdoado para poder viver em paz.

Lágrimas furtivas caíam dos olhos de Zefa, que em face de todo o sofrimento e da dedicação do filho já lhe concedera o perdão. Gumercindo levou João para seu lado de novo, dando-lhe um passe para que adormecesse.

Míriam, muito comovida, em prece agradecia pelos benefícios recebidos naquela noite. Tibúrcio a chamou para que se aproximasse do pai. Este abriu os braços para receber a filha querida.

Os assistentes espirituais retiraram Avelino, acompanhado de Míriam. Ele iria para um posto de refazimento muito próximo da Crosta, dada a necessidade de reajustes para a sua caminhada espiritual.

Tibúrcio encerrou os trabalhos com uma comovida prece de agradecimento a Deus e a Jesus pelos bons resultados da noite. A madrugada ia alta; logo o sol romperia o dia com os primeiros raios. Todos os encarnados partiram ao encontro de seus corpos físicos que dormiam um sono reparador.

Capítulo

30

Enfim o equilíbrio

Era um dia magnífico. Os raios dourados iluminavam a baía da Guanabara, onde já se viam muitos pescadores jogando a rede em busca de peixes para o sustento de suas famílias.

Agenor levantara-se ao romper da aurora, com as impressões vividas durante a noite nítidas na mente. Extremamente emocionado pelos acontecimentos, tomou o café calado, sem vontade de conversar com a esposa. Tinha convicção de que o amigo João iria melhorar, e de que para isso não faltaria o empenho de todos os que o amavam.

Zefa também se levantou em silêncio. Lívia aproximou-se, beijando-lhe o rosto cansado.

— Minha querida, parece não estar bem hoje!

— Sinto-me cansada — afirmou, passando a mão pelo rosto –, como se a noite me tivesse trazido grandes emoções. Tive sonhos confusos, em que via um homem de aparência horrível dizendo palavras muito pesadas ao meu filho. Acordei com o travesseiro molhado de lágrimas, e estou emocionalmente exausta.

— Vou fazer-lhe um chá, daqueles que aprendi com minha avó — Lívia falou com um sorriso amigo. — Vai ver como daqui a meia hora se sentirá bem melhor.

— Você e Agenor são pessoas maravilhosas. Não existe ninguém no mundo como vocês; foi a bondade Deus que colocou os dois no nosso caminho. Às vezes imagino como eu viveria sozinha na minha casa, com João doente. Acho que ficaria louca como ele.

Lívia colocou a xícara na mesa.

— João não está louco. Brevemente estará de novo trabalhando e voltará à universidade. Eu e Agenor não somos tão bons como a senhora diz; vocês merecem o melhor que possamos fazer. São nossos amigos, e se precisássemos estariam fazendo o mesmo por nós. Conhecemos o seu coração e o de João. Na verdade, sinto como se fôssemos da mesma família; mais fortes que os laços de sangue, são laços de amor que nos unem.

Emocionada com as declarações da moça, Zefa chegou às lágrimas.

— É nos momentos mais difíceis que vemos as pessoas como são. O lado bom de tudo o que está ocorrendo é o fato de conhecer vocês, assim como o senhor Manuel e a Glória. Aquela menina vale ouro, ama meu filho e estou convencida de que o fará muito feliz.

Lívia sorriu, igualmente tomada pela emoção.

— Acredito que tudo na vida é aprendizado. Às vezes a lição é muito complicada, mas saímos fortalecidos, mais maduros. Passamos a valorizar o que antes nem conseguíamos ver, aprendemos a agradecer a Deus por tudo o que temos nesta vida. Ainda somos muitos pequenos e imaturos espiritualmente, temos um extenso caminho a percorrer para descobrir o verdadeiro sentido das coisas.

De cabeça baixa, Zefa refletia sobre as considerações da amiga.

João abriu os olhos com lentidão. Estava cansado, tinha tênue lembrança dos episódios ocorridos durante a noite; seu pensamento divagava. Ficara tanto tempo vinculado fluidicamente a Avelino que agora sentia-se vazio, aturdido, a mente estava desabituada ao controle do corpo físico. Gumercindo fora encarregado de acompanhá-lo e assisti-lo nas primeiras horas. Aplicando-lhe um passe no coronário, dispersou todo o fluido escuro que ali se acumulara, dando maiores condições para o jovem dominar a mente que parecia adormecida.

João sentou-se na cama quando Zefa e Lívia entraram no quarto.

— Meu filho, Deus seja louvado! Parece um milagre!

João olhou para a mãe aturdido e respondeu à sua maneira:

— Vamos, dona Zefa, devagar.

Ele olhava o quarto sem reconhecer onde estava; confuso, encarou Lívia.

— Aqui é o quarto dos meus filhos. Como estava doente nós o trouxemos para cá, juntamente com Zefa, para que ela tomasse conta de você.

João continuou a examinar o quarto.

— Eu estou doente?

Com um sorriso, a amiga segurou o braço de Zefa e fez um gesto pedindo que ela nada falasse.

— Esteve doente, mas agora está bem melhor.

— Aqui é a casa do Agenor? — ele fez a indagação passando a mão pela cama.

— É, sim — respondeu Lívia.

— Eu não me recordo de como vim parar aqui. Ainda não me sinto bem; estou muito cansado, preciso ficar deitado.

Zefa correu, acomodando o filho.

— Filho, você se lembra de mim?

João olhou para a mãe e deu um sorriso.

— É lógico que sim. Só se estivesse louco, ou tivesse perdido a memória, esqueceria essa negra bonita, que por acaso é minha mãe.

Zefa encostou a cabeça no peito do filho, em pranto, tendo a mão carinhosa de Lívia em seu ombro.

— João, não repare, sabe que sua mãe é chorona; ficou um tempão sem vê-lo porque estava trabalhando.

— Mãe, a senhora parece esgotada; ainda vou tirá-la do emprego e lhe dar uma boa vida.

— Eu sei, meu filho, agora estou certa disso — ela acariciou-lhe a testa.

Lívia foi até uma escrivaninha e pegou "O Evangelho segundo o Espiritismo".

— Dona Zefa, vamos nos sentar e agradecer a Deus pela volta do João para casa.

Zefa levantou-se e respondeu comovida:

— Sim, minha filha, vamos agradecer e pedir pelo seu total restabelecimento. Esta manhã o meu coração dizia que tudo iria melhorar.

Quando Glória chegou, à noite, teve uma grata surpresa. João, apesar de não estar completamente bem, conseguia manter uma conversa coerente. Respondia às suas perguntas e interessava-se pelos assuntos que surgiam no diálogo. Ela ficou tão animada que ligou para o pai, contando a novidade.

— João, amanhã iremos ao médico. Sem dúvida ele ficará muito animado com o seu restabelecimento. Estou tão feliz que gostaria até de cantar e dançar.

João esboçou um sorriso, sem entender o porquê de tanta animação da namorada.

— Não exagere! Só estou cansado, mas não doente. E o melhor é que sinto paz.

— Meu bem, estamos no caminho certo — ela sorriu, satisfeita. — Graças a Deus, nunca mais vamos sair dele. Através dos problemas que tivemos nos últimos tempos, descobri na Doutrina Espírita respostas para todos os meus anseios e questionamentos. Não paro de agradecer a Lívia e Agenor por nos terem dado essa oportunidade. Hoje tenho uma visão mais ampla da filosofia cristã. Deus e Jesus ganharam ainda maior grandeza para mim... A vida adquiriu uma nova dimensão.

João apenas movia a cabeça afirmativamente, sem condição de entender o que Glória dizia. Pelo tempo que vivera com a mente atrelada à do obsessor, tinha ainda dificuldade para assumir total controle de si mesmo; além disso, os remédios fortes que vinha tomando o deixavam parcialmente fora de si.

Com a chegada de Agenor, que viera acompanhado do senhor Luís, dono da fábrica, a alegria ficou ainda maior. O patrão, entusiasmado, achava que em uma semana João poderia estar de volta ao seu posto no escritório.

— João, meu filho, estamos ansiosos para vê-lo novamente trabalhando com a gente.

Agenor colocou a mão no ombro do patrão.

— Amanhã levaremos João ao médico; ele deverá diminuir as doses de remédios que o mantêm muito sonolento. Aí ele dirá quando João poderá retomar suas atividades.

João se limitava a abanar a cabeça em concordância com o amigo.

Lívia serviu refrigerantes, o dia estava muito quente. Zefa, contente, mantinha conversação com o senhor Luís a respeito do filho e de seus progressos.

No dia seguinte, Manuel estava pontualmente com seu táxi na porta de Agenor, às oito horas, para levar o afilhado ao médico. João conseguiu caminhar sozinho até o carro, fato que trouxe grande alegria a todos. O psiquiatra ficou animado com o progresso do paciente, reduzindo as doses de medicamento.

— Senhor João, a partir de amanhã vamos diminuir o medicamento, e se a resposta for positiva logo poderei dar-lhe alta. Dependendo da próxima consulta, talvez até o libere para retornar ao trabalho e ao estudo.

— Tenho sentido falta de uma ocupação e também dos meus amigos — disse ele com um sorriso.

Os dias foram passando, e o jovem melhorava muito. Já conseguia acompanhar com lucidez o estudo do Evangelho, sentia-se bem indo ao centro espírita. Glória era a mais entusiasmada.

— João, no próximo ano vamos fazer escola de médiuns. Eu gosto muito de vir aqui, sinto tanta paz!

O rapaz começou também a se interessar. Não só se submetia ao tratamento, como levava livros para ler em casa e depois trocava ideias a respeito com Glória.

Depois de passar pelo médico e receber alta, João e Zefa resolveram voltar para casa. A mulher, abraçada a Lívia, chorava muito.

— Mãe — brincava João –, nós só vamos para a nossa casa, não estamos mudando de país.

Zefa enxugava as lágrimas ao explicar:

— É que estou tão apegada a Lívia e aos meninos que será muito difícil ficar sem eles. Mesmo com todos os problemas, fui muito feliz aqui.

Lívia pegou a mão da amiga com carinho.

— Por que vocês não ficam aqui definitivamente?

Zefa olhou para João fazendo cara de choro.

— Agradecemos por tudo, do fundo do coração — ele declarou. — Não existem amigos como vocês. Mas a casa é pequena, temos a nossa, não está certo continuarmos a dar tanto trabalho!

De repente o rosto de Lívia se iluminou.

— João, por que vocês não alugam a casa do senhor José, aqui ao lado? Os atuais inquilinos devem sair em um mês.

Zefa, eufórica, observava a reação do filho.

— Está aí uma boa ideia. Gosto deste bairro; embora seja mais distante da fábrica, é próximo da universidade. Dependendo do aluguel, poderemos vir para cá e deixar minha querida mãe mais feliz.

— Seria a maior felicidade vir morar pertinho dos meus netos, da Lívia e do Agenor!

João ficou comovido com a alegria da mãe.

— Lívia, por favor, fale com o proprietário. Quem sabe poderemos ser vizinhos?

— Amanhã mesmo. Por certo ele vai querer que vocês venham morar aqui.

No dia seguinte João apresentou-se para o trabalho no escritório. A notícia de seu regresso espalhou-se pela fábrica e todos queriam saudá-lo. Ele teve de passar sua hora do almoço cumprimentando um a um. Estava tão feliz com a recepção que quase esquecera o drama de que fora vítima.

Logo estava entrosado com a rotina e suas habilidades intelectuais tinham recuperado a normalidade. Na universidade os amigos também o receberam com alegria. Como ainda faltavam alguns dias para o início das provas, tinha esperança de não perder o semestre.

Procurou o professor Adriano, queria saber como andava seu processo. O velho professor sentiu-se emocionado ao ver o pupilo tão bem. Na última visita, na casa de Agenor, seu estado emocional não lhe causara boa impressão. Tivera medo de que o jovem caminhasse para a demência absoluta.

— João — falou com um abraço caloroso –, que felicidade a minha ao ver meu aluno mais brilhante voltando para o curso!

Nos olhos do jovem estudante luziam lágrimas de emoção.

— Querido mestre, estou tão feliz por voltar! Quero agradecer por todo o apoio e pelo seu empenho! É nas provações que descobrimos as grandes almas, os amigos sinceros e a sua capacidade de doação. Nunca poderei retribuir o que o senhor fez por mim e pela minha família nos nossos momentos mais difíceis.

— Não agradeça — o velho professor tentava conter a comoção. — Não se deve deixar que a injustiça prevaleça no mundo. É preciso lutar a fim de que ele fique melhor para as futuras gerações. E, além disso, como permitir que um aluno do seu quilate fosse tragado por tramas de criaturas invejosas e maléficas da nossa sociedade? Acredito, meu rapaz, que você ainda fará muita coisa boa pelo nosso mundo.

— Professor, acho que vou ficar convencido com tantos elogios! Apenas tenho metas e sonhos e me esforço para alcançá-los. Penso que todo sofrimento tem de trazer um amadurecimento, e eu descobri que nossos ideais devem ir muito além da matéria. Sinto-me tão grato a todos que quero retribuir de algum modo ao mundo, às pessoas que sofrem sem amigos como os que tenho.

— Tenho convicção de que vai conquistar muitas alegrias e ter numerosos casos importantes no seu currículo profissional e humano. Agora, porém, quero dar-lhe algumas notícias. O delegado, que foi meu aluno, me mantém informado sobre as investigações. Todos os implicados no homicídio acabaram inocentando você, e também não existe nenhuma prova que o envolva ou o incrimine no caso. Sendo assim, cremos que o processo deverá ser arquivado. Sua avaliação será na próxima semana.

João abraçou o mestre, chorando.

— Professor, não sabe o quanto me faz feliz com essa notícia! É o que falta para que minha vida volte totalmente ao normal.

O caso de João foi realmente encerrado, para desafogo de todos. Começaram as provas e o rapaz tranquilamente ia acumulando notas excelentes.

Zefa não cabia em si de contentamento. Lívia conseguira que o dono da casa vizinha alugasse o imóvel por um bom preço.

— Agora sim — exultava a mãe de João –, nada me falta! Estou junto de todos os meus filhos e netos.

Todos riam quando ela dizia isso acariciando as crianças. Lívia vibrava com a felicidade da amiga, ainda mais por saber o quanto sua família colaborava para que assim fosse.

— Dona Zefa, minha mãe morreu quando eu era menina; fui criada por minha avó. E agora a vida me presenteou com uma mãe como a senhora.

Zefa enxugou uma lágrima no canto do olho.

— Acho que foi a mim que Deus presenteou. Nunca tive família, ninguém que me orientasse. Daí veio meu filho João, que é uma joia, e depois apareceram você e o Agenor, duas preciosidades que são como filhos, que me têm indicado o verdadeiro rumo na vida. Serei eternamente grata e vocês, terão para sempre o meu amor.

As duas riram, felizes pelo encontro que a vida lhes proporcionara.

Capítulo 31

Correção de rumo

João voltou a frequentar a casa do padrinho. No princípio Fátima ainda ficava a observá-lo, tentando identificar qualquer anormalidade em seu comportamento. Fazia alguns comentários com o marido, que sempre se irritava muito com suas insinuações.

O rapaz, por sua vez, procurava ser gentil e educado, desarmando as investidas da futura sogra, que não achava nenhum motivo para criticá-lo.

Glória tivera um aumento de salário e começava a fazer planos para o casamento. Fátima ainda esperava que as coisas não dessem certo, mas começava a admitir que sua aspiração era vã. Parecia não existir nada no mundo que os pudesse separar. Os dois deixaram de assistir à missa na igreja do bairro. Iam todas as semanas ao centro espírita de que Agenor participava, o que desagradava muito a Fátima, que vivia resmungando com o marido.

— Mané, você deveria dar uns conselhos ao seu afilhado. Está levando nossa filha a se afastar de nossa religião.

— Deixe, mulher — Manuel contemporizava –, eles estão tão felizes... Penso que deve ser um bom lugar, pois Agenor e a esposa são ótimas pessoas. Se fosse ruim eles não iriam.

Fátima ficava aborrecida, mas reconhecia que Manuel não iria tomar nenhuma atitude em relação ao assunto.

Enquanto os meses se sucediam, João e Glória se entrosavam cada vez mais com os novos amigos do centro coordenado pelo senhor Lima.

João recebera uma oferta de emprego melhor, numa multinacional. Ainda se sentia em dúvida quanto a aceitar, devido à consideração que tinha pelo patrão. O senhor Luís, quando tomou conhecimento da proposta, não achou justo impedir o progresso de seu funcionário; não queria que João perdesse a grande oportunidade.

Foi com lágrimas nos olhos que o jovem se despediu de todos os amigos que nunca mais esqueceria. Saiu sem olhar para trás, não desejando encarar aquilo como uma despedida definitiva. Em sua memória estava gravada a imagem do velho prédio da fábrica, com a pequena casa dos fundos, o seu primeiro endereço na vida. Levava o coração cheio de afeto pelos companheiros que ali deixara, pelo senhor Luís e seu filho Afonso, que tanto o haviam apoiado na grave situação que enfrentara.

A despeito de todas as dificuldades, a vida lhe colocara no caminho muita gente boa. Sentia-se rodeado de amor e carinho. Ergueu os olhos para o céu e, comovido, agradeceu a Deus por tudo o que lhe acontecera. Sentia-se mais preparado para viver, queria melhorar como pessoa, ser mais caridoso, conquistar o mundo não financeiramente, e sim espiritualmente.

Alcançou a orla marítima. A brisa fluía mansa. João pensou no novo emprego e nos desafios que viriam. Havia sido indicado por um renomado professor da universidade, e experimentava certa preocupação em não desapontar o mestre. Mais uma vez sentiu o coração apertado. Relembrando a saudade que tinha de Portugal, alegrou-se: talvez estivesse próxima a ocasião de conhecer as terras que tanta impressão lhe causavam. Tirou os sapatos e andou pela areia, com uma sensação de liberdade. Cantarolou uma canção portuguesa que seu Mané lhe ensinara quando era menino. Pensava em Glória e na mãe, a quem finalmente poderia dar algum conforto; compraria uma casa para ela e a tiraria do emprego.

Lembrou-se de que devia apressar-se; era o dia de ir com Zefa ao centro espírita. Sempre esperava ansioso pelas reuniões. Fora naquela casa simples de oração que encontrara a paz e o verdadeiro sentido da fé. Descobrira a importância da renovação de si mesmo, da reformulação de velhos valores enraizados há séculos em seu interior. A cada dia João compreendia melhor tudo o que lhe ocorrera e aprimorava a noção de que era necessária uma vontade firme para alterar sua conduta, para reformar sua maneira de pensar e agir.

No fundo da alma, ele agradecia ao obsessor porque indiretamente o conduzira à mudança. Todas as noites pedia a Jesus que lhes desse uma chance para o bendito reajuste, na senda da evolução. Sentindo a presença de mentores amigos, chorava agradecido pela conquista da paz no coração.

Zefa aguardava com ansiedade o retorno do filho.

— Meu João, você demorou! Não quero chegar atrasada.

— Não seja afobada, ainda temos muito tempo. — sorriu, abraçando a mãe.

Vou tomar um banho e já iremos.

— O senhor Luís e o filho ficaram chateados com a proposta de emprego que você recebeu? — perguntou ela, curiosa.

João saiu do quarto com uma toalha de banho na mão.

— Os dois são pessoas maravilhosas, acharam que devo aceitar. Além de ter um bom salário, vou trabalhar na área jurídica da empresa. Poderei usar tudo que tenho aprendido na universidade.

— Filho, estou tão orgulhosa de você! — Zefa exibia um largo sorriso. — Até que enfim vai ter o que merece por seu esforço e sua inteligência.

— Acho que Deus me tem dado muito mais do que mereço — respondeu João, trancando a porta do banheiro. De repente abriu-a novamente.

— Dona Zefa, esqueci de lhe dizer uma coisa: vou acertar todos os detalhes da admissão e devo começar a trabalhar na próxima semana; portanto, prepare-se para sair do seu emprego.

— Mas, filho — resmungou Zefa –, meu dinheiro pode fazer falta! E gosto muito de dona Angélica, não quero parar de trabalhar!

João fechou a porta, falando alto para a mãe escutar:

— É uma ordem, não um pedido. Agora eu tomo conta da senhora! Cuidar da nossa casa já é mais do que suficiente; e durante as tardes vai poder participar do bazar beneficente, junto com a esposa do senhor Lima.

Zefa se alegrou muito com a sugestão do filho. Fazia tempo que tinha vontade de ajudar no bazar, e se via impedida pela obrigação do trabalho.

— Então preciso dar um tempo para que dona Angélica arrume outra pessoa.

João saiu do banheiro enxugando a cabeça:

— Tudo bem, explique sua situação e lhe dê o tempo necessário. Vai ser bom para nós dois. A senhora poderá preparar uma comidinha, para eu jantar antes de ir à escola.

Os dois caminharam para o ponto de ônibus. Lá encontraram Agenor, que também esperava o coletivo; ele abraçou o amigo.

— Fiquei feliz ao saber do novo emprego!

João retribuiu o abraço.

— Tenho de aproveitar a oportunidade. Entre tantos alunos, o professor selecionou cinco para indicação; eu consegui ser escolhido para a vaga depois de uma semana de testes e entrevistas.

— E quando falo que meu filho é o mais inteligente do mundo as pessoas acham que eu exagero, Agenor!

Os dois amigos riram do excesso de entusiasmo de Zefa. Pegando-a pelo braço, João declarou:

— Esta é a dona Zefa, minha mãe coruja. Só falta dizer que sou o mais bonito do mundo!

— Ora, e por acaso não é? — ela fitava o filho com admiração.

Agenor e João se entreolharam, rindo muito.

— João, aqui só faltava a Glória para engrossar o coro!

— Olhe aqui, meu filho — respondeu a mulher –, minha nora tem muito bom gosto, por isso soube escolher tão bem.

O ônibus vinha chegando. Os três passageiros entraram e não demoraram a atingir seu destino. Glória já os esperava do lado de fora.

O salão do centro espírita estava repleto. Sentados, todos aguardavam o tratamento de passes. Agenor se aproximou de uma pequena tribuna à frente, para fazer as preces iniciais e depois passar à leitura do Evangelho. Com antecedência os mentores haviam preparado o ambiente para receber os pacientes que vinham em busca de alívio e consolo para seus males. Numerosos eram os beneficiados, tanto encarnados como desencarnados.

Num canto da sala, junto de irmão Tibúrcio, atento e emocionado Avelino ouviu a leitura e em seguida as explicações dadas por Agenor.

— Irmão Tibúrcio, como são belas as palavras de Jesus! Quanto consolo trazem ao nosso coração! Parece que estive surdo e cego por séculos!

— Todos nós um dia temos de progredir. Muitas vezes ficamos estacionados, porém é preciso despertarmos.

Avelino voltou os olhos para João, que ao lado de Zefa concentrava a atenção na mensagem lida por Agenor. O orientador espiritual percebeu o que ia em seu coração.

— Eu sei que perdoar é muito difícil para um coração que ficou mergulhado no ódio. Todavia, você notou a mudança de João, o seu arrependimento sincero e a imensa vontade que tem de se harmonizar com seus ex-inimigos.

A emoção fez Avelino baixar os olhos.

— Sim, todas as noites ele não me esquece em suas preces, o que me proporciona muita paz e tem me ajudado a converter o ódio em perdão.

Delicadamente o mentor colocou a mão no ombro de Avelino.

— Meu irmão, João anseia por receber você e Antônio como filhos, no lar que programa construir com a noiva; quer transformar os laços de ódio em liames de amor. Sei o quanto tal pensamento lhe constrange a alma, mas será um passo decisivo para todos vocês. Glória, sua futura mãe, é uma alma generosa; vocês serão criados à luz da Doutrina Espírita, num lar cristão e de boa moral.

— Eu sei disso. Míriam tem incentivado muito a mim e a Antônio. Concordo que esse é realmente o melhor caminho para nós, e gostaria de me preparar para o retorno a um corpo físico. Míriam recebeu permissão para unir-se a nós como irmã, felicitando-nos os corações com imensa alegria.

Dom Avelino olhou para Glória, que, sentada perto de João, seguia atentamente a leitura do Evangelho. Seu rosto expressava suavidade e paz. O antigo obsessor, atraído pela ternura que transparecia no semblante da moça, sentiu-se acariciado e embalado por tão doce criatura.

Com a percepção clara das ideias que lhe povoavam a mente, o amigo espiritual aduziu:

— Glória é meiga e gentil, será mãe dedicada e amorosa. Ensinará os filhos que nascerem no seu lar a amar o meigo Nazareno e a usar o bálsamo do perdão. Representa para você e Antônio um grande recomeço, e terá em Míriam a filha dedicada que a secundará na tarefa de reencaminhá-los na trilha do amor. Ela nascerá primeiro; você e Antônio terão tempo de se preparar para a volta.

Avelino continuava observando Glória, com simpatia crescente; seria muito bom estar na sua companhia e na de Míriam. Sentiu-se mais reconfortado com a perspectiva de retornar à vida física.

— Irmão Tibúrcio, quero preparar-me. Tenho de me refazer para encontrar João no mesmo lar. Preciso pedir a Deus que me dê resignação e força de vontade suficientes para superar todos os obstáculos.

— Fico feliz com sua decisão — disse o protetor a sorrir. — Por você e por todos. É indispensável que haja muito empenho e determinação para se reconstruir o caminho em busca do progresso espiritual e intelectual. Deus, em sua misericórdia infinita, sempre nos reserva novas oportunidades. Cabe a cada um de nós saber aproveitá-las.

Capítulo 32

Amigos inseparáveis

Decorridos dois anos, João cursava o último semestre na universidade. Estava ansioso para terminar os estudos, já que o diploma lhe garantiria uma promoção na empresa em que trabalhava.

Ele e Glória haviam comprado um apartamento em construção. Juntos pagavam as parcelas do financiamento; assim que ficasse pronto receberiam as chaves e poderiam marcar a data do casamento.

Zefa gostaria de continuar morando perto de Lívia e Agenor, porém João não queria deixá-la só e insistia:

— Não adianta dizer que vai ficar, está tudo acertado entre Glória e eu. Quando nos casarmos a senhora irá junto; compramos um apartamento espaçoso com esse objetivo.

— Meu filho — ela argumentava –, fico muito feliz por você desejar que eu vá, mas prefiro ficar; aqui tenho muitos amigos, e estaria deslocada naquele bairro grã-fino.

— Está decidido, eu não discuto — era a resposta.

— Então você se casa com Glória, vão para o apartamento novo e depois, quando chegarem os filhos, eu vou morar junto; aí terei a certeza de não atrapalhar. João, sua noiva vai se casar com você, não comigo. Embora goste muito dela, e ache que não poderia ter uma nora melhor, quero que vocês vivam um tempo sozinhos.

O rapaz saiu batendo a porta. Desde menino tinha um forte instinto protetor em relação a Zefa. Sentia que ela era desamparada e carente e sempre dizia a si mesmo que jamais a deixaria só. Culpava-se pela vida infeliz que a mãe tivera, e queria recompensá-la por tudo o que sofrera.

Zefa pegou alguns conjuntos de tricô que estava fazendo para o bazar e se dirigiu para a casa de Lívia. Prometera à amiga ficar com os meninos enquanto ela fosse até o hospital visitar uma amiga doente.

As crianças logo correram ao portão para recebê-la.

— Oi, vovó — disse o caçula, Gustavo –, você demorou! Estávamos esperando para mostrar os desenhos que fizemos.

Zefa o pegou no colo com carinho.

— Vovó já chegou e vai ficar aqui a tarde toda. Vamos fazer muitos desenhos.

Lívia saiu da cozinha sorridente, dando um beijo na amiga.

— Acabo de tirar um bolo do forno; e temos leite e chocolate para vocês tomarem o lanche.

André, o mais velho, logo foi perguntando:

— Mãe, é aquele delicioso, de chocolate, que você faz?

— É, só podia ser bolo de chocolate, do jeito que os três gostam!

— Lívia, eu sou velha mas não sou boba — Zefa brincou –, e gosto de tudo que é bom, principalmente de bolo de chocolate.

— E nós também! — gritaram os meninos em coro.

Lívia foi até o quarto, trazendo a bolsa.

— Dona Zefa, a visita tem hora, o hospital é muito longe e o ônibus pode demorar. Vou indo, ou não conseguirei chegar a tempo. Quando voltar conversaremos!

— Vá sim, minha filha, eu e os meninos vamos comer quase todo o bolo. Prometemos deixar um pedaço para você e outro para o Agenor.

Contente, o pequeno Gustavo exclamou:

— A vovó Zefa é a melhor vó do mundo, toda vez me deixa comer mais de um pedaço; não é, André?

— É muito legal, vovó Zefa, por isso gostamos de você para sempre!

A mulher ficou emocionada diante de tantas demonstrações de carinho. Passaram algumas horas cheias de alegria e brincadeiras. Lívia retornou no final da tarde.

— Dona Zefa, cheguei! — gritou da porta da sala.

Zefa apareceu com os dois garotos

— Já voltou? Você foi tão rápido! — ela franziu as sobrancelhas, num gesto peculiar.

— Eu estava preocupada — disse Lívia num sorriso. — Já passa das dezessete horas.

Gustavo abraçou as pernas de Zefa.

— Vovó, fique para jantar com a gente, daqui a pouco chega o papai!

— Não dá, preciso fazer a minha janta!

Lívia a pegou pelo braço, levando-a para a cozinha.

— Vai ficar para jantar, sim. João só chega à meia-noite, porque vai direto do serviço para a faculdade. Além do mais, hoje temos nosso Evangelho, e quero que participe.

— Depois de um convite tão convincente, não posso recusar. Só não quero atrapalhar!

André respondeu pela mãe com um gesto de carinho, abraçando Zefa.

— Vovó, nós gostamos tanto da senhora! Queríamos que viesse morar aqui!

Zefa deu um beijo no rosto do menino e respondeu:

— Eu também gosto muito de vocês, mas tenho de cuidar do meu filho!

Lívia, que começava a preparar o jantar, sorriu.

— Isso é um bom sinal, quer dizer que a senhora é muito querida!

— Sabe, Lívia? Assim que o apartamento do João e da Glória estiver pronto, eles vão marcar casamento; será no máximo em seis meses.

— Que boa notícia! Já faz tanto tempo que aqueles dois namoram!

— Só que eu disse ao meu filho que não quero ir morar com eles, e João não aceita nem conversar. Gosto deste lugar porque aqui moram você, Agenor e os meninos, que são como minha família, e todos os meus amigos, além do pessoal do centro espírita.

Lívia se virou para encarar a amiga e percebeu a tristeza em seu olhar.

— Mas o apartamento é num bairro tão bonito, próximo da praia... E os dois fazem tanta questão que a senhora vá morar junto!

Zefa enxugou as lágrimas que já lhe corriam pelo rosto.

— Aquele lugar é para grã-finos, e eu sou muito simples, vou me sentir fora de meu ambiente. Não vou ter nem coragem de sair do apartamento... Acho que meu filho e minha nora sentirão vergonha de mim; não sei me vestir nem falar, sou quase analfabeta.

— Que bobagem! — respondeu a amiga, preocupada. — Certamente a senhora irá se adaptar.

— Não, Lívia, já não sou jovem e na minha idade as pessoas não se adaptam mais a grandes mudanças. Quero ficar aqui no bairro, mesmo que tenha de enfrentar o João. Eu não vou morar com eles, tenho saúde e condições para ficar sozinha. Vocês são meus vizinhos, estamos sempre juntos. Quero lhe pedir um favor. Acho que se você e Agenor explicarem como me sinto, meu filho conseguirá entender.

Lívia deu um sorriso e fez uma expressão de apoio.

— Vamos tentar convencê-lo, embora sabendo que não será fácil. Uma coisa lhe digo, dona Zefa: seu filho ainda vai ter muito progresso material. Agenor comentou que ele está para ser promovido e ganhará um ótimo salário; isso significa que se hoje a senhora não quer ir com João porque o lugar é sofisticado, amanhã ele poderá morar em outro de nível mais elevado e a senhora precisará se acostumar. Pelo menos terá de ir visitá-lo, por isso é bom se preparar desde já para novas mudanças.

— Eu já estive pensando a mesma coisa, mas enquanto puder viver sozinha é aqui que quero ficar. Para mim, este bairro é um luxo, comparado com os lugares onde já morei.

João ficou bastante irritado com a decisão da mãe, e por mais que ela e os amigos explicassem não entendia o porquê. Depois de muita insistência, terminou por aceitar a escolha de Zefa.

— Mãe, já que não lhe farei falta, vou concordar que fique, e passarei todos os dias para vê-la. Logo que puder comprarei uma casa aqui por perto para a senhora, de modo a senti-la mais amparada. Quero uma casa que tenha na frente um jardim com muitas flores, como sempre sonhou; as paredes serão pintadas de rosa e na janela haverá uma floreira.

— Como você sabe dos meus sonhos, meu filho? — Zefa o olhava emocionada.

João abriu um belo sorriso.

— Quando eu era pequeno a senhora sempre dizia que queria uma casa assim. Eu jurei para mim mesmo que iria realizar esse seu sonho.

Zefa levantou-se, beijando o filho.

— Nem eu me lembrava mais disso. A vida sempre complicada faz a gente esquecer coisas que só mesmo um filho bom como você pode recordar. É por isso que Deus o abençoa. Você merece tudo o que existe de bom.

João retribuiu o beijo da mãe.

— Engano seu, querida. Eu sei quantos erros cometi em encarnações passadas, e agora que descobri o caminho de Jesus quero apenas resgatar dívidas, corrigir abusos que pratiquei e fazer felizes as pessoas que me cercam.

— João, você, com a sua capacidade de amar e se doar, foi capaz de transformar o coração áspero e amargo de sua mãe. Eu só tinha ódio e rancor, queria ver meu próprio filho destruído, e você reagia com bondade e amor, sempre pensando no meu conforto, na minha felicidade, enquanto eu nunca havia pensado na sua. Eu não via você como filho. Desde que meu ventre começou a crescer sentia revolta contra a criaturinha que ali se desenvolvia; tinha olhos unicamente para seu irmão, que tanto me fez sofrer. Você me ensinou o que é ser tolerante, amável, o que é amar sem esperar recompensa. Conseguiu amar uma inimiga que vivia com você, dentro de sua casa, e que era sua mãe.

Zefa caiu em pranto, abraçada a João. O rapaz procurava conter a emoção.

— Como seria possível não amá-la? Eu acompanhei sua vida sofrida, vi a mágoa que meu pai lhe causou ao abandoná-la com dois filhos, soube o quanto a vida lhe cobrava! Meu coração doía de tristeza por vê-la tão desiludida e triste! Uma mulher assim ferida é como uma flor que não recebe água e sol para desabrochar. Quem não conhece o amor não sabe como amar. No entanto, bastou um pouco de sol e água para que esse coração vicejasse numa linda flor perfumada. Eu sempre amei essa mulher, apesar do aspecto rude, porque sei do coração que habita esse peito. Não era a mim que a senhora odiava, e sim ao mundo que muito a maltratava.

Zefa continuava chorando quando voltou a falar:

— Sei que muito errei, principalmente em relação a você, meu filho. O mundo também o maltratou e o seu coração só teve amor, inclusive para com os seus inimigos.

João levantou a cabeça de Zefa, que estava caída no seu ombro.

— Não vamos falar mais nesse assunto, só quero vê-la muito feliz. Como aqui está a sua felicidade, eu também concordo que a senhora fique, mas virei vê-la todos os dias.

O acordo estava feito.

Capítulo 33

Sonhos realizados

Começaram os preparativos para o casamento. Fátima não cabia em si de contentamento; a filha iria morar num bairro de classe média, a três quadras da praia. O futuro genro finalmente alcançaria excelente situação financeira. A mulher parecia ter esquecido a oposição que sempre fizera ao namoro de Glória. Contou a todos os vizinhos sobre a promoção de João.

Fazia questão da presença do rapaz nos almoços de domingo. Todos notaram a diferença de atitude, que agora chegava à bajulação. Glória ficava alarmada e aborrecida com as suas maneiras.

— Mãe, pare de falar da nossa vida para a vizinhança — reclamou certo dia. — A senhora está sendo muito indiscreta.

— Eu nunca consigo compreender vocês — Fátima fechou o semblante. — Quando não aprovava o seu relacionamento com o João, vocês me criticavam; hoje que só tenho elogios, continuam na minha marcação.

Glória olhou para a mãe e procurou ser bem clara:

— A senhora é muito exagerada para criticar ou para elogiar. Houve época em que desprezava o João; depois que ele melhorou financeiramente, está interessada em tudo. Pergunta-lhe quando vai trocar de carro, quanto vai ganhar com a promoção, o preço das roupas que usa!

Fátima ficou vermelha, e Glória prosseguiu:

— Qualquer pessoa nota por que a senhora mudou de atitude, e eu não gosto de seus comentários na vizinhança.

Fátima levantou-se do sofá, decidida a sair da sala.

— A gente cria os filhos com sacrifício e só quer para eles o melhor. Depois que crescem se dão ao luxo de nos julgar severamente!

Manuel entrou na sala e ouviu as últimas palavras. Logo imaginou qual era o assunto.

— Glória tem razão. Você não deveria fazer comentários inconvenientes, especialmente para os vizinhos.

Fátima saiu resmungando:

— Sou sempre crucificada nesta casa. Acho que não vou falar mais, ficarei muda para sempre.

— Se acontecesse tal fato, seria um presente dos céus — falou Manuel em tom galhofeiro.

Gloria riu das palavras do pai.

— Papai, não exagere!

Afinal chegou o dia da formatura. Naquele momento de celebração, João não continha as lágrimas que lhe corriam pela face. Vieram-lhe à mente a vida sofrida, os dias e noites em que engraxava sapatos, o apoio do futuro sogro. Graças a ele tinha concretizado seus sonhos. Pensou no amigo Agenor, que nunca deixara de estar ao seu lado nas horas mais difíceis. Lembrou-se do senhor Lima, diretor do centro espírita, e do quanto seu apoio significara para seu reequilíbrio. Ao comemorar tão importante vitória, agradeceu a Deus por tê-lo colocado perto de pessoas boas e amigas, que tanto haviam contribuído para sua transformação moral e material.

Foi com indizível alegria que João adentrou o auditório da faculdade junto com os demais formandos. Ele fora escolhido para ser o orador da turma, e de maneira brilhante discursou sobre a responsabilidade de cada um perante Deus e o próximo, para que se faça justiça acima das injustiças que a sociedade possa cometer.

O rapaz foi aplaudido de pé por todos os presentes no auditório. A comoção não permitia que Zefa parasse de chorar. Todos aqueles que conheciam o passado de sacrifícios do rapaz estavam emocionados. Os professores e o próprio diretor fizeram questão de abraçá-lo. Terminada a cerimônia, João voltou ao aconchego dos parentes para um abraço. Foi então que, em sua solenidade particular, ofereceu o diploma ao padrinho Manuel.

— Meu querido pai — é assim que o considero –, ninguém merece este diploma como o senhor. Foi sua dedicação a um pobre menino carente que conseguiu modificar o rumo da minha vida. Sua alma nobre soube ver no menino de rua que fui, um ser humano que precisava de amor e carinho para descobrir o mundo à sua volta. No meio de tanto desprezo, meu coração encontrou o seu coração generoso e amigo. Por isso todo o mérito deste diploma é seu, meu pai Manuel.

O português de pele clara e olhos sonhadores deixou que as lágrimas rolassem pelo rosto onde já apareciam as primeiras marcas do tempo. E com um sorriso de felicidade nos lábios falou:

— Você e minhas filhas são o que Deus me deu de melhor. Este diploma é muito seu, porque é um vencedor. De todos os obstáculos soube fazer um degrau para ir mais longe. Agora, de você, quero que ponha em prática o que disse no discurso. E que faça minha filha feliz e me dê netos!

Todos riram. Zefa pegou no braço de Fátima e comentou:

— Na verdade os desejos do senhor Manuel são os nossos: queremos que sejam felizes e nos dêem muitos netos.

Glória se aproximou, beijando a mãe e a futura sogra.

— Vamos ser felizes porque nos amamos, e receberemos com muito amor os filhos que Deus nos der.

Depois de alguns meses Glória e João se casaram numa cerimônia simples. Os noivos ofereceram uma recepção aos mais íntimos. Zefa continuaria morando na mesma rua de Lívia e Agenor, que considerava como filhos. Sabia como sentiria falta de João, porém sobrepunha aos seus sentimentos a felicidade do filho.

Fátima ficou frustrada com a singeleza da comemoração. Ela, que queria uma grande festa, amargou a decepção de não receber apoio de ninguém para que assim fosse.

Passados os vinte dias da viagem de lua-de-mel, o casal se instalou no novo apartamento. Era outro sonho realizado após muita luta e longa espera. Glória continuaria trabalhando; além disso estava estudando à noite, pretendia terminar o curso de ciências contábeis.

Seis meses depois, feliz, ela deu ao marido a notícia de que esperava um bebê. Os avós receberam a novidade mais entusiasmados que ninguém, já que para os três seria o primeiro neto.

Na primavera do ano seguinte nasceu uma bela garotinha, a quem Glória e João chamaram Míriam. Combinando os traços da mãe e a cor do pai, a pequena deixou todos encantados.

Associado a dois amigos da faculdade, João montou uma empresa de assessoria jurídica; a companhia em que trabalhava desativara o departamento e passaria a ser uma de suas clientes. Inicialmente Glória teve medo de não dar certo, mas a nova firma não demorou a crescer e dobrar o número de funcionários.

João pôde, enfim, comprar a casa com jardim para a mãe, no próprio bairro onde já morava. Sendo a construção grande e espaçosa, Zefa convenceu Lívia e Agenor a irem morar com ela; assim não pagariam mais aluguel e poderiam economizar para adquirir uma casa própria.

Certa tarde, João chegou eufórico, com alguns papéis na mão.

— Glória, passei em uma agência de turismo e peguei algumas informações. Míriam está com quase três anos, portanto já podemos viajar tranquilos.

— Para onde, meu bem? — ela indagou a sorrir.

João fez ar de suspense antes de responder:

— Para o lugar dos meus sonhos. Vou procurar a casa de pedra... Vamos para Portugal, visitar seus avós.

— João, que bela surpresa! — disse Glória cheia de emoção. — Conhecer meus avós é um desejo que me parecia irrealizável.

— Como Clara se casa no mês que vem, só poderemos ir depois. E ainda tenho mais novidades.

— Fale logo, ou eu morro de ansiedade.

— Vamos levar a nossa pequena, os seus pais, sua irmã Joana e minha mãe.

Ela sorria e batia palmas de contentamento, como uma menina.

— Meu bem, isso vai ser mesmo possível?

— Lógico! Vou tirar férias de trinta dias. Estamos indo muito bem na firma; trabalhamos honestamente e com seriedade, temos boas referências, por isso não paramos de progredir.

— Eu preciso contar aos meus pais — disse a jovem com entusiasmo.

— Vamos agora mesmo à casa deles. Eu estou planejando faz tempo, apenas queria que vocês soubessem quando estivesse tudo definido.

— João, você é um amor, sempre pensando nas pessoas e no bem-estar de cada um. É por isso que eu o amo cada vez mais.

Glória se aconchegou ao marido e lhe fez um carinho. A pequena Míriam, que alegre sorria para os pais, esticou os bracinhos pedindo colo. João a carregou, dando-lhe um beijo na face.

— Minha querida, papai vai levá-la para conhecer a terra dos sonhos; finalmente Deus me permitiu chegar lá.

A menina, sem entender nada, sorriu e lhe deu um beijo.

Fátima e Manuel, que não costumavam ver a filha e o genro durante a semana, a princípio se assustaram; como os dois estavam sorridentes, logo se descontraíram. Glória chamou todos na sala, porque queria fazer uma surpresa. Fátima foi logo se adiantando:

— Já sei, vamos ganhar outro neto. Vai ser bom aumentar a família!

— Não é isso, não — respondeu a filha. — Acho que ninguém aqui é capaz de adivinhar.

— Fale logo, senão morro de curiosidade — Joana estava impaciente.

— Depois do casamento da Clara, o João vai levar todos nós a Portugal.

Fátima e Joana tiveram uma explosão de alegria. Quanto a Manuel, ficou parado e muito pálido com o impacto da notícia. Por mais que quisesse, nunca tivera condição de voltar para rever os pais e matar a saudade.

João percebeu que o sogro não passava bem e se apressou a ampará-lo. Todos ficaram mudos, Fátima correu para pegar um copo de água.

— Padrinho, fale comigo. O que o senhor está sentindo?

Manuel respondeu com certa dificuldade:

— Estou bem, é que a emoção foi muito forte. Só mesmo você para trazer tanta alegria ao meu coração. Tenho recebido muitas cartas de minhas irmãs, meu velho pai gostaria de ver-me antes de morrer.

— Agora o senhor deve escrever e avisar que iremos no mês que vem.

Glória abraçou a irmã.

— Joana, você e a mamãe terão de providenciar o passaporte. Dona Zefa também vai; combinarei com ela e tiraremos todos juntos.

João olhou para a sogra e anunciou:

— Dona Fátima, para a senhora que tem vontade de conhecer Paris: vamos ter tempo de dar uma escapadinha até lá.

— Vai dar para conhecer Madri, Paris e Londres — acrescentou Glória com um sorriso.

— Ai, minha Nossa Senhora! — Fátima gemeu, com o olhar espantado.

Não estou preparada para andar de avião, tenho medo.

Todos riram e Manuel falou animado:

— Se não perder o medo terá de ficar. E estou certo de que não deixará de ir nem que precise viajar no banheiro do avião.

Todos riram. E já começaram a fazer os planos para a viagem.

Foram dias de intensa agitação, divididos entre os preparativos do casamento de Clara, a filha mais velha, e os da tão sonhada viagem.

Num primeiro momento Zefa não queria ir; sempre achava que atrapalhava. Dessa vez quem a convenceu do contrário foi a própria Fátima, há muito tempo arrependida da forma como rejeitara o genro. Era testemunha da felicidade da filha, João cumprira o que prometera; tratava Glória como uma princesa, procurando atender todos os seus desejos. Um dia Fátima comentou com o marido:

— Manuel, hoje me arrependo de tudo o que fiz para nosso genro João. Apesar de tudo, ele sempre me trata com carinho, que não mereço. Nem o marido de Clara nem o melhor rapaz que a Joana possa encontrar vão conseguir um lugar tão grande no meu coração como o que é dele.

Manuel dirigiu à esposa um sorriso ao reafirmar sua posição:

— Eu gostei do João desde a primeira vez em que o vi. Apesar de ser um pobre garoto de rua, logo notei sua inteligência, sua maneira humilde de ser. E mesmo se ele continuasse pobre, trabalhando naquela lanchonete ou como marceneiro, não deixaria de lhe dar apoio. Fátima, o dinheiro não deve mudar os nossos conceitos. Nossa filha tem tudo o que você sonhou para ela, porém tenho a certeza de que seria feliz com João em qualquer lugar, porque para Glória o mais importante é o amor.

— Como você diz, o dinheiro não é importante; só que vai levar você para rever seus pais em Portugal.

— Não é disso que estou falando, acho que não vai entender nunca.

— Vou passar um café fresco na cozinha — disse Fátima, levantando-se.

Eles estavam passando por um período tão bom que nenhum dos dois queria iniciar uma discussão.

Manuel entrou comovido na igreja, conduzindo a filha mais velha; agora só faltaria a caçula. Ele acreditava ter completado sua tarefa com as filhas, mas o excesso de emoções dos últimos tempos o deixara abatido.

João, preocupado, queria que o sogro procurasse um médico.

— Meu filho, alegria demais também faz mal.

— Por isso é preciso ir ao médico: para diminuir sua ansiedade, administrar todas as emoções que ainda estão por vir.

Manuel concordou. Foi constatado que o português não estava com a pressão arterial normal. Alguns medicamentos o ajudaram a diminuir a tensão.

Capítulo

34

A volta ao passado

Chegado o dia do embarque, ninguém conseguia esconder a grande emoção. Reunido mais uma vez, o grupo retornava ao palco das experiências de encarnações passadas. O vôo foi para Lisboa, onde alugariam um veiculo para irem às terras onde moravam os pais de Manuel.

A chegada a Portugal fez João modificar-se. Fechado, não pronunciava mais que monossílabos. Perdera o bom humor, estava triste e calado. Todos notaram, embora ninguém comentasse nada. Glória, a sós com o marido, questionou:

— Meu bem, tenho visto você tão triste, tão quieto... Logo você, que estava mais entusiasmado que meu pai! Portugal não está correspondendo às suas expectativas? O que o tem chateado?

O rapaz sentou-se na cama do hotel e pôs o rosto entre as mãos:

— Sinto o peito apertado, um forte sentimento de culpa, o coração parece explodir! E meus antigos sonhos com a casa de pedra da colina... Vejo-a abandonada, um vento forte parece fazer o lugar gemer; caminho em meio ao mato crescido até atingir topo da colina, onde vejo três cruzes. Esse pesadelo se repete todas as noites.

Glória pegou a mão do marido entre as suas.

— João, já conversamos muito com a Lívia, com o Agenor, e sobretudo com o senhor Lima. Você tem mediunidade aflorada, e aprendeu como usá-la na escola de médiuns. Não pode deixar que o sentimento de culpa volte a dominá-lo; pensamos que o tinha superado. É como já lhe disse o senhor Lima: todos cometemos muitos erros no passado; uma nova encarnação é oportunidade bendita de os retificarmos, e caminharmos para o contínuo aperfeiçoamento.

— Eu sei, Glória, e tenho tentado superar. Todavia, a vinda para cá trouxe novamente as recordações tristes de um passado tenebroso. Todas as noites tenho procurado forças no Evangelho, tenho pedido ajuda espiritual; ainda assim, as lembranças insistem e não me dão paz.

— Talvez possamos encontrar a casa da colina e, se pedir perdão junto às cruzes, você consiga aliviar a consciência.

João apertou a mão da esposa.

— E como encontrar um recanto dentro de um país? Eu não sei onde é esse lugar, não tenho nenhuma referência. Afinal, tais acontecimentos devem datar de séculos.

— A gente nunca sabe! Acredito que viemos para você se libertar das algemas que o prendem ao passado.

Depois de dois dias em Lisboa o grupo seguiu para Coimbra. Ali ficariam mais dois dias, pois João sentia grande atração pela cidade e queria conhecê-la. Por fim, iriam para a aldeia na qual moravam os pais e irmãos de Manuel.

A cidade lhe causou impacto profundo. As cenas vividas como João Custódio voltavam-lhe à mente, via-se com outras vestimentas, sentia-se atraído por ruas, era capaz de descrever locais em minúcias; e quando levava os demais, tudo era exatamente igual à sua descrição.

Todos estavam impressionados. Manuel, que não acreditava em reencarnação, buscava outros motivos que justificassem o fato.

— João — dizia ele –, você sempre amou esta terra sem conhecê-la; tem suas imagens em muitas revistas, e é de lá que vem essa familiaridade.

— Não, eu já estive aqui. Andei por estas ruas em outros trajes, possivelmente do início do século XVIII. Vejo-me jovem a passar por estes caminhos, sou português e vim estudar nesta cidade.

Glória chegou perto de Manuel.

— Papai, respeito suas crenças, sei que é difícil para o senhor, mas João é médium, e por necessidade evolutiva vem tendo regressões espontâneas. Mesmo sem aceitar, deixe-o contar o que lhe acontece. Ele está em seu juízo perfeito, não há perigo de se desequilibrar com as regressões. Ao contrário, deverá achar respostas para suas culpas e superá-las.

— Está bem, minha filha. Vou procurar ouvir sem dar minha opinião, apesar de não acreditar em nada disso. O mais complicado vai ser fazer sua mãe ficar quieta.

— Por incrível que lhe pareça, minha mãe acredita em vidas passadas — disse Glória a sorrir. — Está convicta de que o que João diz é a verdade, e não fruto de sua imaginação.

João percorria os diferentes pontos da cidade e aos poucos recordava alguns episódios: fora estudante de direito, porém gostava de vadiagem, era perdulário e gastava todo o dinheiro que recebia do pai rico. Lembrou que tivera aventuras amorosas e desonrara uma mocinha simples e humilde. À noite, deitado na cama no hotel, narrava todos os fatos à esposa, que o acompanhava atentamente.

— As ocorrências de ontem parecem estar ligadas ao meu presente, de modo tão natural e real que retornam à minha memória. Tenho certeza de que logo saberei identificar todos os personagens que viveram comigo o drama de outrora. Não fique apreensiva, meu bem. Sinto-me equilibrado e preparado para todas as lembranças.

Ele abriu o Evangelho, lendo um trecho em voz alta; depois fez algumas orações e se acomodou para o descanso físico.

Desprendido do corpo pelo sono, sentia-se no passado. Percorria as ruas de Coimbra, bem vestido, com roupas da época; a cidade era bem diferente. Afastou-se do centro, percorrendo um bairro mais pobre. Parou diante de uma casa simples e viu uma jovenzinha, quase uma menina, que lhe sorria da janela. Entrou na casa e ela lhe apresentou o pai, que o recebeu com um sorriso.

João identificou, a despeito da aparência alterada e dos trajes antigos, que aquele homem era seu amigo Agenor. Estarrecido, reparou na jovem, que dizia: "João Custódio, este é o meu pai". Observou os olhos da menina e constatou serem os de Zefa, sua mãe.

Despertou assustado, chamando pela mulher. A moça acordou e acendeu a luz.

— Glória, a jovenzinha da qual lhe falei, é agora minha mãe, Zefa, e Agenor era na época o pai dela.

João chorava muito, enquanto a esposa esclarecia, com grande emoção:

— Se ontem, como diz, você a cobriu de lama, hoje a tem amparado, deu-lhe um lugar decente para morar, dedica-lhe amor e carinho, apesar do abandono e do desprezo que ela lhe impôs quando era uma criança. Se no passado a fez sofrer, no presente só tem pensado em sua felicidade. Conseguiu converter em amor o ódio que ela nutria por você. Conquistou o seu perdão.

João se deitou novamente e fechou os olhos. Glória fez o mesmo, afirmando com tranqüilidade:

— Meu bem, acho que finalmente iniciamos nossa caminhada.

No dia que amanhecera luminoso, o grupo se preparava para a partida em direção à província onde moravam os parentes de Manuel.

Zefa se mostrava feliz por estar ali, conhecendo lugares novos. João aproximou-se e de surpresa lhe deu um beijo.

— Está tão bonita hoje, parece até que rejuvenesceu!

— É mesmo, meu filho, eu me sinto tão disposta! Acho que são os ares deste lugar bonito! Imagine se o pessoal da Rocinha soubesse que a Zefa está na Europa!

João riu do comentário da mãe.

— Eu prometo que vamos voltar mais vezes e conhecer muitos outros lugares! Quero que a senhora tenha tudo o que merece!

— Deus já me deu um filho bom como você, uma nora que gosta muito de mim, uma neta bonita e bons amigos. Não preciso de mais nada!

Glória aproximou-se, pegando no braço da sogra:

— Vamos. É meu pai que vai dirigir a perua hoje e todos já estão acomodados.

João contemplou Coimbra sem culpa. Da estrada viu a cidade se distanciar; pensou na sua vida, em seus sonhos e realizações, deixando para trás o passado que ali vivera.

Poucas horas depois já se avistavam os campos floridos, o cheiro da terra infundia alegria em todo o grupo de viajantes.

Manuel ficava mais emocionado à medida que se aproximava da região em que passara a infância e onde haviam ficado seus pais e irmãos. Hoje podia revê-los, graças ao genro e à filha. Fátima não disfarçava o entusiasmo: com tantos anos de casada, pela primeira vez ia encontrar a sogra e o sogro; por outro lado, conhecer a terra de seus pais lhe fazia muito bem

João vinha com os olhos fixos na paisagem, como se tivesse intimidade com cada curva da estrada. Coração aos saltos, tinha a impressão de que a cada momento veria surgir a casa de pedra da colina.

Transcorreram ainda algumas horas até que Manuel avistou a aldeia. O pequeno povoado não possuía mais que vinte casas, e todos os habitantes correram para receber as visitas. Manuel logo viu a irmã com o cunhado, a quem só conhecia por fotos. A emoção tomou conta de todos, que choravam e se abraçavam, como para compensar uma ausência de mais de trinta anos. Os sobrinhos se apresentavam, também abraçando os tios e primos. O irmão caçula, que era apenas uma criança quando Manuel partira, alegre festejou:

— Até que enfim, mano, podemos reunir a família ao redor da mesa, como sonha nossa mãe.

— Que homem forte se tornou nosso franzino Fernando! — exclamou Manuel, enlaçando o irmão.

A nora conduzia pelo braço os velhinhos, pais de Manuel. Passada a indescritível emoção do reencontro, dona Margarida e o filho ficaram ali, unidos num abraço que parecia tentar eliminar os longos anos de separação.

— Minha mãezinha, o tempo branqueou seus cabelos, marcou seu rosto, mas os seus olhos amorosos continuam com o mesmo brilho quando vê os filhos!

— Sempre pedi a Nossa Senhora de Fátima que não me deixasse morrer sem ver meu filho que mora distante; ela atendeu meu pedido. Está forte e saudável, vê-se que tem uma esposa que o trata bem!

Manuel chamou Fátima e apresentou-a:

— Esta é minha companheira de uma vida, mãe de minhas filhas e aquela que me ajudou a obter tudo que possuo.

Fátima não esperava uma apresentação tão afetuosa e as palavras do marido a tocaram fundo.

— Há quanto tempo tinha vontade de vir conhecê-los! Graças a Deus apareceu a oportunidade de estarmos todos aqui.

Em seguida Manuel apresentou o genro, as filhas, a neta e dona Zefa.

As casas do povoado eram simples, não tinham as acomodações usuais nas residências modernas. Eram todas construídas de pedra. Na sala havia uma lareira, que servia de fogão a lenha; a mobília era muito simples e rústica. Mas todos estavam felizes pela ocasião tão esperada.

João estava impaciente para explorar a região. Queria sair a pé, aspirar o cheiro da terra, tirar os sapatos e caminhar, admirar os campos floridos da primavera, ver as ovelhas e seus pastores. Tudo parecia compor o cenário de sua infância; esquecera o Rio de Janeiro, sentia que era ali que estavam suas raízes e parte essencial de sua vida.

Glória não o acompanhou; preferiu que ele sentisse todas as impressões com certa privacidade. Depois de algumas horas, preocupada, perguntou ao tio se havia na redondeza uma colina com uma casa de pedra, e ao fundo da qual se avistava um rio.

Fernando ficou pensativo e então respondeu:

— Aqui temos muitas colinas, e casas de pedra são comuns; entretanto, há um local que de certa maneira preenche essas características; fica ao norte e se leva meia hora de caminhada até lá. Desde a morte de seus donos, faz muito tempo, só restou um velho empregado da família que mora na propriedade. Existe uma lenda antiga sobre essa casa.

A pedido de Glória, ele contou:

— Dizem que há séculos nela moravam um casal e dois filhos. O mais velho abandonou os pais e a irmã, que morreram de tristeza. Um dia ele regressou e, ao encontrar tudo devastado, enlouqueceu, virou mendigo e morreu maltrapilho, esmolando nas ruas. Sua alma não tinha sossego, sempre perambulando ao redor das cruzes da colina. Então veio um período em que a lenda foi esquecida. Nos últimos anos, porém, parece que o lugar voltou a ter alma penada e ninguém quer viver lá. Alguns acreditam ser o fantasma do filho ingrato, outros dizem que é o de um homem negro que sempre geme e clama por perdão.

O tio achou que a sobrinha estava muito abalada pela narrativa e aduziu:

— São apenas histórias, Glória. Aqui temos muitas superstições, que comumente passam de geração para geração. Pais contam aos filhos em noites frias, em frente à lareira. E na calada da noite tornam-se mais tenebrosas do que efetivamente são. Todos sabem histórias de almas penadas, de bruxas e de lobisomens. Eu não queria impressioná-la.

— Não se preocupe, tio Fernando, considero essas histórias até bastante interessantes. Aliás, gostaria muito de conhecer esse lugar.

— Sabe que seu marido me disse a mesma coisa? Ficou muito interessado e pegou o caminho para a Colina Verde, como a chamamos. Se você quiser, podemos ir agora.

Glória estava indecisa, talvez fosse melhor ir sozinha.

— Não quero atrapalhar os seus afazeres. Já que o João foi para lá, irei ao seu encontro; estou certa de que não terei como me perder.

— Não, é só seguir o caminho que vou indicar.

Glória tomou a estrada de terra que a levaria até a Colina Verde. Sentiu um arrepio ao olhar a paisagem; inquieta, pensava no marido e na história que ouvira do tio. Ao longe viu a casa de pedra. O lugar era de uma beleza majestosa, mesmo abandonado e apesar da aparência sinistra. O mato e as flores do campo enchiam o ar de perfume inebriante. Glória respirou fundo, galgando a colina em direção à casa. Parou, procurando e chamando por João. Ninguém respondeu. Conteve o forte impulso de entrar na casa; não se sentia à vontade para invadir algo alheio. Olhou em torno; nem gente, nem animal, nada.

A casa fora construída no meio da colina e uma trilha a levaria ao cume. Obedeceu ao instinto e continuou a subir. Chegando no topo, a vista maravilhosa: outras colinas verdejantes ao fundo e no vale um rio. As flores tinham um colorido especial nessa época do ano. Por um momento, diante da paisagem, Glória esqueceu o motivo que a levava àquele lugar. Um gemido a tirou do deslumbramento; junto a uma árvore enorme percebeu o vulto de um homem ajoelhado. Caminhando na sua direção, reconheceu o marido. Aproximou-se, colocando a mão em seu ombro.

— Meu querido, o que você tem?

João chorava copiosamente, com o rosto no chão.

— Glória, era aqui que eu sempre vinha; as três cruzes estavam ao pé desta árvore.

Glória ajoelhou-se ao seu lado.

— Meu querido, finalmente você encontrou a casa que tanto o atemorizou.

— Encontrei o meu passado — disse ele, erguendo o rosto sujo de terra.

Glória sorriu para o marido.

— Você falou uma grande verdade: encontrou o seu passado. O hoje é outra oportunidade, você tem a chance de virar a página para vivê-lo. Deus sempre nos oferece novas oportunidades, João. Não podemos permanecer no passado, fazendo de nossas culpas grilhões a nos prenderem. É necessário caminhar, viver o presente, abraçar as possibilidades benditas e avançar sem culpas para construir o futuro.

João voltou o rosto para o chão, chorando.

— Fui o filho ingrato que abandonou a família para morrer na miséria. As três cruzes marcavam as sepulturas de meus pais e de minha irmã.

Glória ficou em pé e passou a mão pelos seus cabelos.

— Hoje é um ótimo filho, que nunca deixou de amparar a mãe que Deus lhe deu. É o melhor dos maridos, um excelente pai e um bom amigo. João, levante-se e deixe seu passado. Hoje vivemos no Rio de Janeiro, o que aconteceu neste lugar acabou.

João ergueu o rosto.

— Havia aqui três cruzes; eram de meu pai Manuel, de minha mãe Fátima e de minha irmã, que é você, Glória.

Glória empalideceu, com o olhar na paisagem que lhe parecia familiar.

— Hoje sou a esposa que muito o ama e conhece seu coração generoso; o pai Manuel sempre lhe teve adoração e o considerou como filho; e a sogra Fátima, conquistada pela sua bondade, tem por você estima e admiração. Portanto, meu amado João, o passado ficou para trás. O presente é outro, muito mais bonito.

Glória falou com os olhos rasos d'água e fixos na colina ao longe. Encarando a esposa, João se levantou; limpou a terra das roupas, contemplou a paisagem e exclamou:

— Tudo aqui continua tão lindo... Nem parece que houve tantas mudanças! Vamos embora, Glória. O tempo corroeu as cruzes que aqui existiam. Você tem razão, ficaram no passado. É preciso continuarmos a caminhada para construirmos um futuro melhor. Hoje me sinto um novo homem. A Doutrina Espírita nos tem revelado a necessidade da reforma íntima para a superação dos vícios que se alojaram por séculos na nossa alma. Era essencial para mim lembrar o passado que tantas culpas me acumulara na alma. Sinto que encontrei a chave dos meus dilemas e pesares. Abre-se o horizonte que sempre me pareceu carregado de densas nuvens. Estou livre das amarras que me prendiam. É como iniciar uma nova página, que quero imprimir positivamente.

João deu a mão à esposa, e voltaram pela trilha que descia a colina.

No fim da trilha, abria-se uma clareira onde estava a casa de pedra. Os dois pararam. Um senhor de barbas brancas, sentado num toco de árvore defronte à porta, encarou-os assustado. Glória foi em sua direção, a sorrir.

— Senhor, quando passamos pela casa não havia ninguém; pedimos desculpas por invadir a sua propriedade.

O homem levantou-se, caminhando para os dois.

— Não os conheço, não são daqui. Poucas pessoas costumam vir para este lado.

Glória chegou mais perto.

— Somos brasileiros, meu pai é filho do senhor Martins.

— Conheço o senhor Martins e seu filho Fernando. Vivo sozinho, meus filhos foram embora; acham que este lugar é mal-assombrado.

— Por que dizem isso? — perguntou a moça, olhando de soslaio para o marido.

— Esta propriedade sempre foi cercada de muitos mistérios. Contavam-se histórias de um filho que abandonara a família e depois que morrera sua alma penada vivia chorando nas cruzes do cimo da colina. Meu velho pai repetia muito isso. O fato é que nunca o vimos ou lhe ouvimos as lamúrias, nem conseguimos encontrar as cruzes. Há alguns anos, contudo, a alma penada voltou a rondar a casa, com gemidos e gritos de pavor.

João olhou em volta, tentando organizar as ideias.

— Mas o senhor ouviu alguma coisa?

O homem respondeu após um sorriso:

— Meus filhos, sim, e fugiram com medo; chegaram a trazer o padre. Eu amo este lugar e nada vai me tirar daqui. Por isso vivo tão só; a maioria das pessoas tem medo.

— O senhor chegou a vê-lo? — Glória indagou.

— Não, sempre foi à noite, estava escuro; via-se apenas seu vulto, gritando por perdão. Os meus filhos diziam ouvir.

João cobriu o rosto com as mãos, enquanto o velho continuava:

— Pobre criatura, é uma alma que pena por causa da culpa; em vez de medo, sinto que precisa de muitas orações.

Glória olhou para o marido, que parecia transtornado.

— Vamos, temos uma boa caminhada e os nossos podem ficar preocupados.

João não disse uma palavra, apenas seguiu a esposa que se retirava. O velho percebera sua perturbação e imaginava que sua história os havia impressionado.

Os dois fizeram o percurso calados. Glória tentava conciliar todos os dados do que ouvira do velho. Ela foi a primeira a romper o silêncio:

— A tal alma penada que tem assustado o velho e seus filhos nos últimos anos é você, João.

O rapaz olhou confuso para a esposa, que lhe segurou a mão com firmeza.

— Quantas noites você veio, em espírito, até a casa de pedra da colina! Era a mediunidade dos filhos do velho que lhes permitia vê-lo. Você se sentia apavorado e voltava ao corpo físico banhado de suor. Quantas vezes Agenor e o próprio senhor Lima disseram que você tem facilidade para desdobrar-se e era o seu sentimento de culpa que o trazia para cá! Se está preso a este lugar, arrepender-se é ótimo e necessário. Nutrir um sentimento de culpa que nos aprisiona, nos cega, dificulta nossa vida presente e compromete nosso futuro; é uma doença da alma gerando doenças espirituais e físicas. Foi assim que você criou fortes laços com seus obsessores. A cura, João, só virá realmente quando conseguir superar esses sentimentos negativos e começar a aplicar sua mediunidade de maneira saudável, equilibrada, a serviço do mestre Jesus. O arrependimento é a conscientização de que se errou; mas levantar-se e seguir em frente, sem reincidir no mesmo erro, é fortalecer-se para não mais errar.

João deixou que as lágrimas corressem pelo rosto marcado por tantas emoções.

— Tenho tomado consciência disso nos últimos dias. Deus de infinita misericórdia permitiu que me lembrasse espontaneamente do passado miserável que tanto atormentava minha mente. Hoje me sinto com forças para dar um rumo novo à minha vida, quebrei as algemas do passado no qual pesadas culpas me mantinham mergulhado. Sinto-me mais leve e disposto a construir um futuro melhor.

Glória deu um sorriso, enxugando as lágrimas do marido.

— Agora vamos embora, temos uma boa caminhada. Enquanto isso poderemos apreciar a beleza deste lugar.

— Nada como caminhar num belo lugar ao lado de uma linda mulher — João era só alegria.

O rosto de Gloria estava iluminado quando afirmou:

— Este é o meu marido querido!

Os dois seguiram felizes, de mãos dadas, até a propriedade do avô. Quando Manuel viu a filha e o genro, correu para encontrá-los.

— Meus filhos, estávamos preocupados. Pensamos que tinham se perdido pelos matos.

João abraçou fortemente o sogro, com lágrimas nos olhos.

— Não, meu pai Manuel. Estávamos apenas passeando e apreciando a beleza da sua terra.

Manuel olhou para a filha com expressão de surpresa.

— João, meu filho, parece tão emocionado ao me ver! Dá a impressão de que não nos víamos há anos.

O afilhado o abraçou de novo.

— É que a cada dia que passa descubro mais e mais o quanto o amo como pai, e reconheço que Deus me deu o melhor pai deste mundo.

Manuel também ficou emocionado com a declaração do genro.

— Está fazendo um velho chorar de emoção. Sabe que o considero como filho. Na verdade, você é o filho que não tive e tenho a certeza que de ainda vai me dar um belo neto.

— Se depender de mim, nós lhe daremos muitos netos que encherão a casa de alegria.

Os dois olharam para Glória, que ficou encabulada.

— Vamos logo almoçar, papai, ou a vovó vai ficar muito zangada!

Os três caminharam alegres até a casa. Zefa e Fátima, que os observavam de longe, sorriram ao ver a alegria do trio.

— Meu marido gostou de seu filho desde que o conheceu — disse Fátima. — Houve uma época em que queria adotá-lo e dar um sobrenome a ele. Manuel dedica ao João o mesmo amor que tem pelas filhas. Agora eu só posso concordar que seu filho merece o amor de meu marido e de minha filha. É uma excelente pessoa, bom filho, bom marido e um ótimo pai.

Zefa acompanhava com os olhos os passos dos três. Olhou para Fátima e falou ironicamente.

— João é também um bom genro.

— Foi difícil admitir e enxergar que ele é uma boa pessoa — a sogra falou, meio sem jeito. — Eu não gostava dele, aprendi a gostar.

Josefa balançou a cabeça sem dizer nada, mas pensou: "Quando meu filho era pobre, não servia; agora que é doutor e tem dinheiro, a coisa é diferente".

A chegada dos três mudou o rumo das ideias de Zefa. A família se reuniu em volta da mesa para o almoço. João estava mais alegre e descontraído.

Foi ao lado do tio Fernando que ele passou mais tempo, naquela semana. Gostava de ver as ovelhas pastando, queria aprender as canções portuguesas da região. Bastaram apenas alguns dias para estar totalmente adaptado às danças e aos costumes locais. O pai de Manuel dizia que João era mais português do que o próprio filho, que ficara alguns anos distante e perdera os hábitos. João não mais voltara para a Colina Verde.

Chegara o dia de prosseguir a viagem, visitando as demais cidades programadas. Todos estavam chorosos, notadamente a mãe de Manuel.

João, abraçando a todos com carinho, prometeu que voltariam no próximo ano. Manuel, comovido, incapaz de segurar as lágrimas, quase não conseguiu despedir-se dos familiares.

— Gostaria de poder levá-los para o Brasil.

— Filho, eu e sua mãe estamos velhos. A viagem é muito longa, não temos mais idade para isso; fica mais fácil vir nos visitar. Seu genro me prometeu que os trará novamente.

Quando o avião levantou voo, João respirou aliviado. A imensa saudade que sempre lhe oprimira o peito parecia ter passado. Olhou o mar azul sem pesar; apenas sentia a alegria dos últimos dias. O semblante descontraído revelava um novo homem. Glória era a única que percebia a mudança do marido. O olhar brilhante de João se alongava sobre o mar somente para contemplar o esplendor da natureza.

Depois de alguns dias, a chegada ao aeroporto, no Rio, foi muito alegre. Clara e o marido. Agenor e Lívia e mais alguns amigos os esperavam com muita saudade. Só o rosto de Manuel revelava alguma tristeza, pelos familiares que haviam ficado em Portugal.

Agenor abraçou João, logo notando sua transformação.

— Acho, meu amigo, que sua estada em Portugal lhe fez bem.

Fortemente abraçado a ele, o amigo respondeu:

— É uma longa história que faço questão de lhe contar, já que você é um dos personagens.

Zefa não se continha de emoção ao abraçar Agenor e Lívia. Queria saber dos meninos e não via a hora de encontrá-los para matar a saudade.

Capítulo 35

O reencontro

A vida de nossos personagens voltou à rotina. João traçou novas metas para seu trabalho no centro espírita, do qual se tornou vice-presidente, braço direito do senhor Lima. Empenhou-se na implantação e assumiu a direção de um núcleo de atendimento a crianças carentes da comunidade, projeto há muito elaborado pelo dirigente da casa.

Glória sentia-se feliz ao ver o rumo que o marido dava à própria vida, dedicando-se cada vez mais ao bem-estar do próximo. Logo que voltaram da viagem ela engravidou novamente, para alegria de toda a família — em especial da pequena Míriam, que contava os dias para a chegada do irmãozinho.

Manuel não cabia em si de satisfação com a vinda do primeiro neto, já que Clara também tivera uma menina.

João Marcos era Avelino de regresso às vestes físicas. Chorava muito e exigia atenção permanente da mãe, que procurava preencher com carinho as carências do recém-nascido.

João sentia intensa emoção pelo nascimento do filho. E ao sentimento crescente de realização pessoal se somava o sucesso profissional. A empresa de que era sócio não parava de progredir. A cada ano aumentava o número de clientes e de funcionários, trazendo muita prosperidade.

A família não demorou a comprar um apartamento maior, em frente à praia de Ipanema. Glória esperava outro bebê e o antigo já se tornara pequeno. João quis então que Manuel, a sogra e a cunhada se mudassem para lá; além de ser mais confortável, ficariam bem próximos. Fátima vibrava de felicidade ao se mudar para perto da filha. A casa do português seria alugada e propiciaria um rendimento a mais. O genro comprou uma vaga em um ponto de táxi da redondeza e um carro novo, a fim de dar ao padrinho melhores condições para trabalhar.

Zefa continuava a morar junto de Agenor e Lívia; João reformara a casa da mãe, fazendo uma pequena ampliação.

Dois dias depois de completar quatro anos, João Marcos ganhou mais um irmão, Antônio Carlos. Era o companheiro de Avelino que também voltava à forma fisica. Como Glória tivera muitos problemas na terceira gestação, o médico os aconselhou a não terem mais filhos, pois a mãe poderia até correr risco de vida.

Miriam, já com sete anos, estava deslumbrada com os dois irmãos. Sempre muito carinhosa, desdobrava-se em atenções, principalmente, com o menor. Ela e Antônio Carlos se assemelhavam muito ao pai. João Marcos era parecido com Glória: a mesma cor de olhos de cabelos e o mesmo tom de pele; apenas o sorriso lembrava João.

O casal criava os filhos com o maior conforto possível, mas igualmente procurava infundir-lhes disciplina e boa conduta; logo que alcançaram idade suficiente, passaram a frequentar a escola de evangelização do centro espírita.

Desde cedo João Marcos se mostrava indisciplinado e arredio, sobretudo em relação ao pai. Ainda pequeno, quando ele se aproximava tentando agradá-lo, corria assustado para o colo da mãe. Menosprezava todos os mimos que João lhe trazia à noite, quando chegava do trabalho, enquanto os outros irmãos o enchiam de beijos e agradecimentos. O garoto fazia birra, muitas vezes atrapalhando o descanso do pai.

João o olhava apreensivo, sem poder se aproximar.

Uma noite, ao voltar do centro espírita, João encontrou todos acordados; na certa esperavam pelos chocolates que prometera trazer e que se esquecera de comprar. Ainda na entrada, Míriam e Antônio Carlos correram para abraçá-lo. João foi até a esposa e a beijou; depois caminhou para Marcos, que antes de ser alcançado mudou de lugar, tentando fugir ao seu contato. Magoado, ele olhou para Glória, que fez um sinal abrandando a situação.

Antônio Carlos aproximou-se pedindo colo.

— Papai, o senhor trouxe meu chocolate?

— Papai trabalhou muito e não teve tempo de comprar — explicou João com um sorriso. — Vamos descer agora e fazer isso.

O menino deu um grito de alegria.

Míriam aproximou-se por trás do sofá, dando um beijo no pai.

— Não faz mal, papai; o senhor está cansado, não precisamos sair para comprar chocolates.

Marcos, que ouvia a conversa da porta da cozinha, parecia explodir de raiva.

— Quantas vezes papai promete e não cumpre? Essa não é a primeira nem a última. Para mim não fazem diferença essas porcarias que ele traz. Na verdade, por mim, não precisa trazer mais.

Deu as costas, saindo em direção ao seu quarto. João ficou chocado com as maneiras hostis do filho. Glória levantou-se, seguindo o garoto.

— Isso é jeito de tratar seu pai? Ele é muito bom, sempre pensa no nosso bem, trabalha demais por nossa causa. Quero que vá até a sala e peça desculpas.

Marcos deitou-se, cobrindo a cabeça. A mãe o descobriu.

— Eu quero que você peça desculpas ao seu pai.

O garoto tampou os ouvidos com as duas mãos. Irritada, Glória o tirou da cama, colocando-o de pé na sua frente.

— O seu pai tem aguentado muita rebeldia sua sem merecer. Eu, no lugar dele, já teria perdido a paciência. Hoje você passou dos limites! Já está grandinho e, se é capaz de julgar mal seu pai, deve também ver as coisas boas que ele lhe faz. Eu não vou admitir mau comportamento de sua parte. Vá lá e peça desculpas.

— Eu não vou — teimou o garoto.

Glória puxou-o pela orelha.

— Você está me tirando do sério, hoje vai acabar levando umas palmadas!

Marcos, ao perceber que a mãe estava muito alterada, foi até a porta gritando:

— Papai, o senhor me desculpa?

João encarou o menino com lágrimas nos olhos.

— Sim, filho, papai até já esqueceu o que houve.

Marcos voltou ao seu quarto, enfiando-se na cama.

Glória voltou atrás do filho e se sentou perto dele. Procurou ficar mais calma, imprimindo doçura à voz.

— Marcos, nós o amamos muito. Quantos garotos gostariam de ter um pai como o seu! Trabalhador, bondoso e sempre carinhoso. Nós somos a vida dele, e fica muito triste quando você é malcriado.

O garoto não descobriu o rosto.

— Eu não gosto dele, queria que o pai do Rubinho fosse meu pai; ele, sim, é muito legal!

Glória ficou sem palavras diante do que ouvira. Levantou-se, passou pela porta e apagou a luz. Marcos sentiu-se aliviado, não teria de continuar a ouvir a mãe. Ela andou até o seu quarto, guardando uma tristeza no coração. O marido sempre se desdobrara em atenções com todos, em particular com os filhos, e não merecia tamanha ingratidão.

As afirmações de Marcos soavam aos seus ouvidos. Desde muito pequeno notara que ele rejeitava o pai, chorava muito quando João o pegava no colo; e já maior sempre buscava distância dele. De início achava que o filho tinha ciúme dos irmãos, por isso tentava compensá-lo com carinho e atenção constantes. Ela e João haviam comentado o quanto Marcos era arredio, mais ainda para com o pai, o que interpretavam como demonstração de ciúme. João se esforçava muito para conquistar o filho, porém tudo parecia em vão.

Depois de se preparar para dormir, Glória retornou à sala, Antônio Carlos adormecera no colo do pai e Míriam se entretinha com a lição de casa e lhe fazia perguntas a respeito. Glória parou, observando os três em perfeito entrosamento, e se indagou por que Marcos não conseguia se relacionar com João da mesma forma. Aproximou-se, tirando Antônio Carlos do colo do marido para levá-lo para a cama.

— Vamos dormir, Míriam! Já está ficando tarde. Amanhã você termina a lição. Se tiver qualquer dificuldade, eu posso ajudá-la; o seu pai deve estar muito cansado!

— Papai nunca está cansado quando se trata de ajudar os filhos — garantiu João, sorridente. — Venha aqui, minha querida, vamos continuar resolvendo suas questões de matemática.

Gloria ficou brava.

— Míriam, deixe seu pai descansar!

A garota levantou-se, recolhendo o material. Um gesto de João a impediu.

— Glória, não seja chata. Eu tenho tão pouco tempo com os meus filhos... Você sabe o quanto me agrada a companhia deles; deixe a Míriam aqui. As crianças são a recompensa da minha luta.

A menina lhe deu um abraço e um beijo.

— Meu paizinho, não existe ninguém melhor do que você no mundo. Minhas amigas morrem de inveja do pai que tenho, quando comento como você é inteligente, me ajuda a fazer as lições, nos leva passear e nos dá muito carinho.

João beijou a filha.

— Míriam, eu não tive pai, sempre vivi sozinho pelas ruas. Muitas vezes não tinha o que comer, o que vestir. Meu maior sonho era ter uma família, uma esposa e filhos para dar o amor que tinha no coração.

Glória se comoveu com o modo de falar do marido. Lembrou-se da cena que Marcos fizera e por seus olhos passou uma nuvem de tristeza. Ela se achegou, beijando os dois.

— Estou cansada, vou dormir. Boa noite!

Míriam retribuiu o beijo e respondeu:

— Boa noite, mamãe, você também é a melhor do mundo!

-Tá bom, minha filha — ela sorriu –, eu não fico com ciúme quando você mima o seu pai. A verdade é que tenho a mesma opinião. Além de ser o melhor pai, João é o melhor marido que uma mulher poderia ter!

.João exibiu um sorriso que iluminou seu rosto.

— Com tantos elogios acho que vou acabar acreditando e explodir de orgulho!

Míriam abraçou o pai.

— Papai, vou enchê-lo de beijos para o senhor acreditar!

Glória ficou olhando aquela menina sempre tão amorosa. Míriam estava agora com doze anos. Era aplicada na escola; meiga e delicada, conquistava todos que a cercavam. Com os irmãos tinha um carinho especial, era ela que conseguia harmonizar o ambiente. Muitas vezes, Marcos só se acalmava com a presença da irmã.

Após uma vida dedicada à Doutrina Espírita e à caridade, já em idade avançada o senhor Lima desencarnara e João assumira a presidência do centro, com a ajuda do amigo Agenor. Dariam continuidade à obra deixada pelo dedicado dirigente, que deixou enorme saudade.

João se desdobrava entre os encargos das obras sociais e os trabalhos espirituais da casa. Lívia, já com os filhos crescidos, procurava dedicar-se quase integralmente às atividades da casa espírita.

André e Gustavo tornaram-se belos rapazes. João os levou para trabalhar na sua firma de assessoria e os incentivou a estudar no período noturno. Os dois tinham tanto carinho por Zefa que nunca deixaram de chamá-la de vovó, e ela lhes retribuía com o mesmo amor que tinha pelos próprios netos.

Capítulo

36

Filho problema

Passados cinco anos, João ampliara muito o atendimento a crianças e adolescentes carentes. Além dos voluntários, havia funcionários que ajudavam a cuidar da creche e dos cursos profissionalizantes gratuitos. André, o filho mais velho de Agenor, se formara dentista e dedicava dois dias da semana para cuidar de pessoas necessitadas. Gustavo optara pela advocacia e continuava trabalhando com João. Lívia e Agenor estavam felizes pelo resultado obtido com os filhos.

Míriam se transformara numa bela jovem que, integrada à juventude da casa espírita, também oferecia algumas horas de serviço ao centro. Estava concluindo o ensino médio e se preparava para o vestibular de medicina.

Sua meiguice com as crianças carentes terminou por despertar um grande amor no coração de Gustavo. Foi com muita alegria que Lívia e Glória perceberam que os jovens se amavam. João sentiu-se ainda mais unido à família de Agenor, que considerava um irmão.

Marcos sentia muito ciúme da irmã. Fazia cenas de insatisfação e dizia não gostar do futuro cunhado. O namoro de Míriam o tornara ainda mais arredio à família. Saía para ir à escola, sem nunca frequentar as aulas; ficava horas vagando pela praia. Não gostava do centro espírita; depois de crescido, nunca mais a mãe conseguiu convencê-lo a participar das aulas da escola de evangelização.

Chamada pela direção da escola, Glória foi informada de que o filho não comparecia às aulas, nem mesmo aparecia para realização das provas bimestrais. O garoto já era repetente, e estava no mesmo caminho do ano anterior.

Glória, em casa, aguardava o retorno do filho que lhe trazia tantas preocupações. Antônio Carlos notou seus olhos vermelhos.

— Mamãe, você chorou? Aconteceu alguma coisa com o vovô Manuel?

Ela procurou disfarçar as preocupações:

— Não, meu querido; o vovô estava doente, mas já melhorou. Sou eu que não me sinto muito bem.

Antônio Carlos sentou-se ao lado da mãe no sofá, acariciando-lhe o rosto.

— Vou chamar o papai, assim ele cuida de você.

Glória deu um sorriso, esforçando-se para compor a fisionomia.

— Não precisa chamar seu pai. Estou apenas com um pouco de dor de cabeça, logo passa. Você precisa se arrumar para ir à escola.

— Eu já tomei banho e almocei, só falta vestir o uniforme.

— Deixe a mamãe ver se suas orelhas estão limpas — Glória falou puxando-o para perto.

— Limpei as orelhas e lavei o cabelo, sinta o cheiro bom!

A mãe encostou o nariz na cabeça do garoto.

— Que cheiro gostoso, que menino limpinho! É assim que eu gosto. E a lição, está bem feita?

Ele correu, trazendo o caderno para mostrar.

— Mamãe, fiz toda a lição de português. Quero ser advogado como meu pai e trabalhar com ele na firma.

Glória deixou que lágrimas lhe corressem pela face.

— Eu não sabia que você queria isso. Seu pai vai ficar muito feliz!

— Vou estudar bastante, não quero ficar preguiçoso como Marcos.

Com a menção ao outro filho o semblante dela se fechou.

— Seu irmão não é preguiçoso, apenas ainda não sabe o que quer da vida. Um dia vai se encontrar.

Antônio Carlos pegou o caderno, guardando-o na mochila.

— Acho que ele não gosta do papai. Sempre fala que gostaria que ele sumisse ou morresse, só assim se sentiria feliz. Diz que quando ficar maior vai embora de casa para nunca mais ver o papai.

Glória se levantou, caminhando para sentar-se mais perto do filho.

— Antônio Carlos, seu irmão falou por que não gosta de seu pai?

— Ele só disse que tem vergonha de ser seu filho, que morre de vergonha quando ele vai às festas do colégio. Detesta quando os colegas perguntam por que ele é branco e o papai negro. A Míriam já explicou muitas vezes o que é genética, só que ele parece não entender.

— O Marcos já falou sobre esse assunto com a sua irmã?

— Já, mãe. Míriam sempre explica muitas coisas, e o Marcos nunca entende nada.

Glória procurou dar outro rumo à conversa.

— Vamos, filho, você tem de se arrumar para não perder o horário da escola!

Em quinze minutos Marcos abriu a porta. Mochila nas costas, de uniforme, tinha o ar de quem voltava cansado da escola. Glória saiu da cozinha e lhe fez uma pergunta, esperando sua reação:

— Bom dia, meu filho, como foi na escola hoje?

Marcos respondeu sem olhar para a mãe:

— Muito bem, este ano vou conseguir passar, para sua alegria.

Ela andou até o sofá, pegando a mochila do filho.

— Para sua alegria! Eu já me formei! Agora é você quem tem de fazer a sua parte; estudar é sua obrigação, já que não tem outra responsabilidade na vida. Não está fazendo nenhum favor para mim nem para seu pai, porque é em seu próprio benefício.

Marcos fez um ar de ironia, sem que a mãe percebesse.

Glória abriu a mochila e tirou os cadernos. O rapazinho já se retirara da sala e nem viu os seus movimentos. Os cadernos não tinham quase nenhuma anotação, em alguns havia apenas rabiscos. Marcos, surpreendido ao vê-la entrar na cozinha com eles na mão, ficou pálido.

— Eu só quero uma resposta, e sem mentiras. Onde você vai todos os dias no horário das aulas?

— Estou na escola — Marcos gaguejou –, só que não consigo acompanhar as matérias; por isso não faço mais que rabiscos.

Glória jogou os cadernos na mesa, exasperada.

— Quer dizer que você fica dentro da sala de aula rabiscando os cadernos, enquanto seu pai paga todo mês uma das melhores escolas desta cidade?

O rapaz levantou-se, tentando sair da cozinha, e foi impedido pela mãe.

— Eu quero que você me responda.

O garoto baixou a cabeça.

— Estou com dificuldades e tive medo de lhe contar, mas fico todos os dias dentro da sala de aula.

Irritada, ela segurou o braço do filho, apertando-o.

— É mentira, acabo de vir da escola, e você não tem comparecido às aulas. A diretora queria saber o que está acontecendo.

O rapaz ficou vermelho e tentou soltar o braço.

— É mentira da diretora, tenho frequência.

Glória sentiu um forte impulso de esbofetear o filho, que sustentava a mentira com ar de desafio.

— Marcos, eu vi o livro de presença. O mentiroso nesta história é você, mas nós vamos até a escola resolver esse problema.

— Eu não vou! — gritou o rapazinho. — Não ponho mais os pés naquela escola, e em nenhuma outra. Não gosto de estudar e quero ver alguém me obrigar. Tenho catorze anos, quase quinze, não sou mais criança; quero tomar minhas próprias decisões. Não é você, ou muito menos o meu pai, que vai me obrigar a alguma coisa que não quero fazer. Só vou fazer o que gosto.

Quando conseguiu soltar o braço, que estava preso ao da mãe, ele correu para o quarto, fechando a porta por dentro. Glória bateu, sem obter resposta.

Antônio Carlos olhava assustado a cena da gritaria dos dois. Glória sentou-se no sofá, chorando desolada. O filho caçula, abraçado à mãe, chorava junto, pedindo desculpas pelo irmão. Glória procurou compor-se.

— Vamos descer, filho! Logo a perua vai passar para levá-lo à escola.

— Não fique triste, mamãe, ou então eu não vou para a escola.

Glória deu um beijo no filho.

— Mamãe só ficou um pouco nervosa, já está tudo bem.

Quando voltou, a porta do quarto de Marcos ainda estava fechada. Depois de várias tentativas vãs para que abrisse, ela desistiu. Não esperava aquela reação do jovenzinho. De repente percebeu os problemas que o filho iria trazer para a família. Não tinha nem ideia de onde ele estivera nos últimos dias e de quais eram as suas companhias. Levantou-se, indo até a cozinha para ver se encontrava algum indício na mochila

Estava tão nervosa que parecia ter perdido a capacidade de raciocínio. Ligou para Lívia. Queria pedir conselhos antes de levar os problemas ao marido. As duas marcaram encontro próximo à casa da amiga. Assim que iniciaram a conversa, Glória desabafou com lágrimas nos olhos:

— Lívia, você que é tão sensata e equilibrada talvez possa dar-me um conselho. Estamos perdendo o controle sobre meu filho Marcos. Ele está totalmente desequilibrado, revoltado, não sei que atitude tomar. Não tem comparecido às aulas, tem andado em más companhias e hoje senti cheiro de maconha nas suas roupas. Não sei o que vai acontecer daqui para a frente.

Carinhosamente, Lívia recomendou:

— Antes de mais nada, devemos confiar na misericórdia de Deus, nosso Pai, pedir que nos ilumine e também ao garoto. Não se desespere, minha amiga, porque ele nunca nos desampara e com equilíbrio acharemos uma saída.

Glória, que tinha o coração apertado pelo desespero, sentiu-se aliviada por essas palavras.

Pegando-lhe a mão, a amiga falou com segurança:

— Você sabe, Glória, que os problemas de Marcos não têm raízes nesta encarnação. Temos notado o quanto o garoto é arredio desde pequeno, com o pai mais do que com os outros. Antes de sair eu procurei orientação no Evangelho e li uma mensagem de Santo Agostinho que traz à tona exatamente o problema que você e João estão vivendo; está no capítulo XIV, "A Ingratidão dos filhos e os laços de família". Suas explicações são perfeitas. Quantos deixam a Terra levando suas paixões e ódios... No espaço, o espírito recebe esclarecimento e compreende que a senha é caridade e que sem o esquecimento das ofensas e das injúrias não é possível dirigir-se para Deus. Depois de muita hesitação, no embate entre sentimentos contraditórios, a boa resolução triunfa. Ele ora ao Pai, implora aos bons espíritos que lhe deem forças para aproveitar um corpo que se prepara na família do causador de suas grandes dores, talvez até da destruição de seu maior valor, a própria vida. Sabe que isso é necessário para seu progresso. Esse contato diário é uma prova terrível, da qual às vezes sucumbe, se sua vontade não for suficientemente forte. Dependendo de uma boa ou má resolução, será amigo ou inimigo daquele em cujo meio foi chamado a viver.

Após ligeira pausa, Lívia prosseguiu:

— João sabe e todos nós sabemos que seus meninos foram os obsessores que quase o levaram ao suicídio, e que a misericórdia de Deus concedeu aos três a oportunidade do resgate. Temos orado muito para que o amor floresça no coração de Marcos, que parece ser o mais endurecido. Você precisa ter fé, minha amiga; não há lugar que permaneça em trevas onde existe a luz do amor. Você e João têm procurado trilhar o caminho do mestre Jesus. Os nossos amigos mentores não os têm desamparado na orientação da conduta dos filhos que lhes foram confiados. Nós sabemos do grande esforço do João e seu para trazer Marcos ao progresso espiritual; vemos como seu marido fica abatido com a dureza do coração do filho.

Glória liberou a dor represada no coração e deixou que as lágrimas rolassem abundantemente pela face preocupada.

— Tenho medo, Lívia, de que o ódio em forma de revolta que meu filho tem no coração o leve a desatinos maiores. Ele não tem nenhuma perspectiva melhor de vida, apenas quer nos contrariar, sem perceber que o maior prejudicado é ele mesmo. Na tentativa de ferir o pai, está saindo muito machucado.

De olhos baixos, Lívia buscava uma forma de animar a amiga:

— Infelizmente, quem se deixa arrastar por paixões e ódios é sempre o mais infeliz. Quando tomamos a resolução de perdoar, o triunfo principal é nosso, porque ganhamos nova vida. Mas devemos ter fé. Marcos ainda é muito jovem, está entrando na adolescência, e necessita de todo o apoio dos pais, de amor e compreensão para superar as suas dificuldades. Já que não conseguem levá-lo ao centro espírita para um tratamento, acho que vocês deveriam procurar ajuda de um psicólogo. Conheço uma senhora que frequenta o centro e é excelente profissional. Tenho seu cartão na minha casa, estou certa de que poderá ajudar o nosso Marcos a se encontrar e descobrir o respeito por si e pelos outros.

Glória enxugou o rosto, enfim sorrindo.

— Graças a Deus me sinto mais calma. Acho que estou em melhores condições para dialogar com João.

Lívia prendeu-lhe a mão entre as suas.

— Vocês são para nós mais do que irmãos. Por isso, Glória, estaremos sempre junto de sua família. Fale com a psicóloga, e se for necessário levaremos o Marcos lá para casa. A Zefa gosta muito dele e talvez todos unidos possamos ajudá-lo.

Glória moveu a cabeça num gesto afirmativo.

— Hoje mesmo vou ligar para a psicóloga e marcar um horário. Quero também abordar o assunto com João de maneira suave e equilibrada. Acredito que com bom senso e com o auxílio de nossos amigos espirituais poderemos resolver os problemas, e também ter a certeza de estarmos agindo de maneira correta.

Lívia deu um sorriso que iluminou sua fisionomia.

— Minha querida, é a fé que nos ajuda a manter a serenidade e a confiança para solucionar nossos problemas. As pedras do caminho são para provar o nosso amadurecimento espiritual. Marcos está no lar certo, rodeado por pessoas que poderão apoiá-lo no progresso espiritual. No entanto, lembre-se de que cabe a ele a decisão do rumo que quer dar à sua vida; como todos, tem o livre arbítrio para isso. Seja como for, nós devemos fazer tudo o que estiver ao nosso alcance para a conscientização do garoto.

Depois da conversa com a amiga, Glória sentiu-se mais segura e confiante. Quando chegou em casa, Marcos continuava fechado em seu quarto. Joana, a moça que auxiliava Glória nos afazeres domésticos, estava ainda assustada, depois de presenciar a briga da mãe com o filho.

— Dona Glória, estou muito aflita. A senhora saiu nervosa e o Marcos está trancado desde aquela hora.

— Estou mais calma, Joana. Deixe o Marcos, na hora em que a fome apertar ele vai abrir aquela porta. Já está ficando tarde, é melhor você ir para casa.

Ela olhava pela janela quando viu o filho caçula chegar da escola. Foi até a porta do elevador para esperá-lo. O menino deu um grito de alegria quando a porta se abriu:

— Oi, mamãe, hoje você chegou cedo! Não foi até a creche?

Glória deu-lhe um beijo, pegando a mochila dele.

— Não, meu querido, a mamãe tinha um assunto para resolver. Como foi tudo na escola?

O pequeno respondeu animado:

— Foi tudo muito bem, hoje tive aula de inglês; eu gosto muito da professora, é bonita como você.

— Vamos entrar — disse ela, rindo do jeito espontâneo do filho.

— Mamãe, posso ir jogar bola na praia com os meus amigos do condomínio? Eles já estão lá — ele falou apontando o local.

— Vá tirar o uniforme, eu levo você. Tenho medo de que atravesse a avenida sozinho.

Antônio Carlos foi contente para o quarto, cantarolando uma canção. A porta se abriu e João entrou na sala com ar cansado.

Glória o olhou, inquieta.

— Você está doente, querido? Ainda é tão cedo...

João foi até o móvel da sala, guardando a maleta que trazia.

— Não, estou apenas cansado, está fazendo muito calor. Como hoje não temos trabalho no centro, decidi encerrar mais cedo meu expediente no escritório. Você está de saída?

— Não, apenas ia até a praia levar o Antônio Carlos para jogar bola com os garotos do condomínio.

— Só me espere trocar de roupa que vou junto.

Os três desceram. Glória olhou para o marido, que parecia cansado.

— Faz muito tempo que não caminhamos na areia. Vamos até a ponta da praia?

João estendeu a mão para a esposa, fazendo um gesto afirmativo.

— Nunca se diz não ao pedido de uma bela senhora.

Glória sorriu e encostou a cabeça no peito do marido.

— Por mais que os anos passem, você é sempre muito gentil.

— Não, minha querida, a cada ano que passa eu comprovo que companheira maravilhosa tenho ao meu lado.

João fitou o mar e seus olhos brilharam.

— Sabe que o mar me dá uma enorme sensação de paz, e caminhar na areia me dá prazer. Faz muito tempo que não andamos assim de mãos dadas.

— Nossos compromissos são tantos...

De olhos ainda fixos na água, ele abriu um sorriso.

— Quando eu era garoto, gostava de ficar horas contemplando o mar. Queria conhecer as terras que estão atrás do horizonte.

João pôs os olhos meigos no rosto da esposa.

— Eu sentia uma saudade que doía e parecia me sufocar. Era uma mistura de saudade com o sentimento de culpa de alguém que tinha deixado pendências graves a serem resolvidas. Hoje tenho vontade de voltar para rever nossos parentes.

— Tio Fernando troca correspondência com meu pai e sempre pergunta quando voltaremos. Na última vez em que lá estivemos Antônio Carlos tinha apenas dois anos.

Uma onda bateu mais forte, molhando os pés dos dois. Glória espantou-se e João sorriu, abraçando a esposa.

— Depois que assumi a presidência do centro, não mais tirei férias. Você sabe, meu bem, das minhas obrigações; somos um pronto-socorro para atendimento dos necessitados espirituais, tanto encarnados quanto desencarnados. O centro espírita é como um farol a iluminar a noite escura e que nunca pode ser desligado. Tenho um sério compromisso com a espiritualidade maior.

Glória sorriu ao emendar:

— Nós temos, meu querido, um sério compromisso. A Doutrina Espírita é a nossa luz, o nosso esteio, e tem nos ajudado a delinear o nosso caminho. Vamos nos sentar? Preciso conversar um assunto grave e urgente com você.

João olhou assustado para a esposa.

— É bom que seja fora de casa, assim teremos mais liberdade para tratar da questão — acrescentou ela.

Apesar de ser fim de tarde, o sol estava quente e João sentiu um aperto no peito ao perceber o ar severo no rosto da esposa.

Glória segurou a mão do marido entre as suas e falou, emocionada:

— Não existe alegria maior que a de trazer ao mundo uma criança. Sentimo-nos instrumentos de Deus na sua criação, dando oportunidade de vida para aquele que volta à Terra. Quando amamentamos, é como se a vida fluísse para o pequeno ser através do leite que o alimenta. Quando o acalentamos no peito e o seu coraçãozinho bate junto do nosso, nos emocionamos ao perceber o quanto depende de afeto e carinho. Criamos um vínculo de amor tão forte que é para a eternidade. Queremos dar aos nossos filhos o que temos de melhor, vê-los crescer saudáveis, física e espiritualmente, e achamos que os nossos exemplos e conselhos irão transformá-los sempre em homens e mulheres de bem. Contudo, os filhos crescem, procuram outras companhias, outros caminhos que muitas vezes nem conhecemos. Quando isso acontece, fica um vazio aqui dentro do peito. Você se pergunta onde errou: será que deu amor de menos ou amor demais?

Glória enxugou as lágrimas que corriam pela face entristecida, e continuou:

— Tínhamos projetos, sonhos de criar nossos filhos conhecendo as leis do Criador, queríamos que crescessem conhecendo nosso Mestre Jesus. Mas, meu querido, o que fazer quando não é esse o caminho que eles querem trilhar? O que fazer quando desafiam nossa autoridade de pai e de mãe e parece que toda semente que plantamos não pôde sequer germinar? Hoje sinto que a maldade do mundo alcançou meu filho, e nem sei se vou conseguir protegê-lo como fazia como quando era o meu bebê.

Glória contou detalhadamente todos os fatos ocorridos naquela tarde, até o encontro com Lívia. João ouvia o relato com os olhos no chão, sem dizer uma palavra.

— Agora Marcos está lá no quarto, trancado, e eu não sei o que falar ou fazer. Não sei se devo ser benevolente com seus erros e aconselhá-lo a não cometê-los mais, ou se devo ser dura e colocá-lo de castigo, talvez tomar medidas drásticas.

João levantou os olhos, fitando a esposa ao considerar:

— Meu bem, não devemos nos culpar pelos deslizes que Marcos cometeu ou venha a cometer. Deus é testemunha de tudo o que fazemos por nossos filhos; não somos pais ausentes. Marcos tem o seu livre arbítrio, e se o usar mal não será por nossa culpa. Temos ensinado a ele o caminho do bem. Lembre-se, Glória, sabemos de onde vem o corpo, não de onde vem o espírito. Teremos de lhe impor duras normas, somos seus pais e ainda responsáveis por ele; mora numa casa com outras pessoas e tem de saber que deve ser disciplinado. Vamos levá-lo à psicóloga, vamos também nos dispor a lhe dar o melhor tratamento, porém ele terá de entrar num acordo conosco. Precisamos ir até a escola e conversar com a diretora; quem sabe ele consegue passar de ano. Vou coloca-lo nas vibrações no centro e o levaremos para um tratamento.

Glória meneou a cabeça, reticente.

— Deus nos ajude, mas, se conheço bem Marcos, será muito difícil convencê-lo.

João voltou a olhar para o mar, tendo no rosto uma expressão de tristeza.

— Eu sei que os dois meninos nasceram no nosso lar para um reajuste comigo. Antônio Carlos é mais meigo e deixou que eu me aproximasse, por isso temos construído laços de amor de pai e filho. Quanto a Marcos, sempre foi distante, nunca permitiu uma aproximação. Apesar de todos os obstáculos que ele tem criado, eu o amo como filho e vou usar todos os meios que conheço para ajudá-lo.

Glória enxugou as lágrimas que lhe rolavam pelo rosto.

— Deus, em sua infinita misericórdia, nos iluminará para fazermos o que há de melhor para nosso filho. E tenho certeza de que todos nós vamos ganhar com isso em termos de aprendizagem. Agora vamos voltar; acho que o jogo já acabou e o Carlos deve estar à nossa espera.

De mãos dadas, João e Glória voltaram calados. O filho caçula os aguardava sentado na areia. Quando os viu, correu alegre.

— Papai, mamãe! Estou aqui.

O garoto beijou a mãe com carinho e estendeu a mão para o pai.

— Vocês demoraram! Os meninos queriam que eu fosse junto, mas achei melhor esperar.

João sorriu, passando a mão na cabeça do filho.

— Fez bem, meu filho; se não estivesse aqui iríamos ficar preocupados.

Os três atravessaram a avenida em direção ao prédio onde moravam. Ao chegarem no apartamento todos notaram que a porta do quarto de Marcos permanecia fechada, Glória foi à procura da filha, que estava em seu quarto, estudando.

— Boa tarde, filha.

Míriam levantou-se, beijando a mãe e respondendo ao cumprimento:

— Oi, mamãe, estranhei por não encontrá-la quando cheguei; bati no quarto de Marcos e ele não respondeu.

Glória foi até a porta, fechando-a por dentro.

— Precisamos conversar, e não quero que Antônio Carlos nos ouça.

Míriam franziu a testa.

— O que aconteceu? A senhora parece aborrecida.

Glória relatou tudo o que ocorrera durante o dia. A filha ouvia atenta e preocupada.

— Sabe, mamãe? Venho percebendo pequenas mudanças no comportamento de Marcos. Ele está arredio comigo e até com Carlos. Não me conta mais seus segredos, nem mesmo coisas banais do dia-a-dia. Achei que como não tenho lhe dado atenção pela falta de tempo esse fosse o motivo; agora vejo que as coisas são mais graves.

— Míriam, você sempre foi a pessoa que teve mais acesso ao seu irmão. Ele é arredio desde pequeno, e as dificuldades aumentaram com a entrada na adolescência. Vamos precisar muito da sua colaboração. Temos de afastá-lo das más companhias e incentivá-lo a se ligar a algum ideal.

Míriam ficou pensativa e então afirmou:

— Meu vestibular é importante, mas o Marcos é muito mais. Se for necessário vou acompanhá-lo à escola e até mesmo nas suas tarefas escolares de casa. Talvez ele possa praticar algum esporte.

Glória sabia que poderia contar com a filha, e sentiu-se mais animada.

— Sei que não será fácil. Marcos tem uma personalidade forte e parece que gosta de nos contrariar.

A jovem se levantou, fazendo um gesto para abrir a porta.

— Mamãe, deixe que eu converso com o Marcos antes da senhora e do papai. Quando vocês entrarem lá, tenho certeza de que ele estará mais receptivo. Depois tomaremos algumas resoluções juntos, com a participação dele.

Glória concordou. Ela e João esperariam até que a filha os chamasse.

A moça bateu e chamou baixinho pelo irmão, que a princípio não deu resposta. Foi tanta a insistência que ele acabou abrindo a porta.

— Míriam, estou com dor de cabeça, por isso não quero falar com ninguém.

Ela lhe deu um beijo e um abraço carinhoso, o que desarmou o rapaz.

— Vou buscar um comprimido para a sua dor de cabeça, vai passar rapidinho.

Logo Míriam estava no quarto do irmão, com um comprimido e um copo de água na mão. Depois de lhe dar o remédio, foi até a porta, trancando-a por dentro.

— Precisamos conversar. Talvez você queira apagar a luz e só deixar o abajur aceso.

Marcos não respondeu nada, apenas cobriu-se até a cabeça. Míriam sentou-se nos pés da cama.

— Você sabe que é muito importante para mim e sempre será o meu irmão querido.

O menino descobriu o rosto para encarar a irmã.

— É mentira sua. Depois que começou a namorar, não liga mais para mim nem para o Carlos. Nós já notamos como está diferente, você não tem mais tempo para nós.

Míriam deu um sorriso, fazendo um ar de satisfação.

— Eu não sabia que tinha dois irmãos ciumentos! Marquito, mesmo que um dia eu me case, não vou deixar de amar você e o Carlinhos. Somos unidos como unha e carne e jamais alguém vai conseguir nos separar. O meu problema não é meu namorado e sim o cursinho, que vem tomando muito o meu tempo.

O garoto sentou-se na cama.

— Você não foi mais ao cinema com a gente.

Ela passou a mão na cabeça do irmão.

— A partir de amanhã vou parar com o cursinho. Quero terminar o segundo grau e no ano que vem farei o cursinho para o vestibular. Sábado iremos ao cinema.

Marcos lhe deu um abraço.

— Você é a pessoa mais importante da minha vida. Se deixar de gostar de mim, acho que minha vida acaba.

— Isso nunca vai acontecer. Mas a mamãe, o papai e o Carlinhos também o amam.

O garoto baixou a cabeça ao declarar:

— Gosto muito da mamãe e do Carlos. Já o papai, não suporto nem que chegue perto de mim. Não gosto de seus conselhos, sempre com aquele ar de sabe-tudo. Tenho vontade de sumir só para não ver mais a cara dele.

Míriam pegou ternamente a mão do irmão.

— Papai é tão carinhoso e amigo, sempre prestativo... Seria capaz de dar sua vida pela nossa.

O irmão fez uma careta, desprendendo a mão.

— É justamente aquele ar de piedade e bondade que não me convence. Acho que ele assume atitudes que não fazem parte da sua personalidade. A bondade só está por fora. Às vezes sonho com ele e o vejo transformar-se num monstro que está prestes a nos engolir.

— Marcos, você tem sido tão duro com ele, que sempre o tratou com paciência e amor! Nunca levou uma palmada por suas agressões, apenas bons conselhos e alguns castigos leves. Na verdade, seus sonhos representam o que você pensa dele. É uma imagem muito negativa, para a qual não encontro razões, por mais que as procure.

— Míriam, no dia em que se casar posso morar com você? Eu não quero ficar aqui, a mamãe está sempre do lado dele.

— Meu querido, isso vai demorar — ela sorriu –, até lá você terá arrumado uma garota para se casar também.

— Só vou me casar se encontrar alguém como você.

— Precisamos conversar sobre um assunto muito sério que tem preocupado a todos nós.

Marcos se enfiou de novo na cama, cobrindo-se por inteiro.

— Já disse que não quero conversar hoje, por causa da dor.

Ela se aproximou, descobrindo a cabeça do irmão.

— É um assunto urgente, que não podemos deixar para amanhã. Quero que me diga por que não tem ido assistir às aulas e o que anda fazendo na rua nesse tempo vago. Como sua irmã e melhor amiga, tenho direito de saber.

Marcos cobriu a cabeça novamente.

— Não quero mais estudar. Tenho sido obrigado a ir à escola, mas agora não quero continuar. Não vou fazer o que papai manda. Não sou igual a ele e nunca vou ser. Quero ter meus amigos sem a interferência dele.

— Marcos, amigos que oferecem drogas não são amigos, são pessoas que querem o nosso mal. Já conversamos muito sobre isso. Quando nos viciamos viramos escravos, e a libertação fica muito difícil; o vício compromete toda a nossa vida futura. Você pode ter bons amigos sem a interferência do papai. Ele e a mamãe só querem o melhor para nós.

— Eu já tenho quase quinze anos. Quero ser eu mesmo. Só experimentar um pouco não vicia, e a gente se sente bem.

Míriam ficou com a fisionomia carregada pela preocupação. Lembrou-se dos amigos espirituais e pediu ajuda mentalmente. Precisava convencer o irmão do quanto o caminho que ele iniciava era tortuoso.

— Marcos, temos acompanhado muitos depoimentos de jovens que já foram viciados. Ouvimos palestras e conselhos sobre isso na própria escola. Você sabe o perigo que a droga representa na nossa vida. Eu quero que me prometa que não vai mais usar nem andar com essa turma a que se uniu nos últimos tempos.

O rapaz não lhe respondeu.

— Se você realmente gosta de mim, prometa. Estou tão preocupada que daqui para a frente não vou largá-lo um só minuto em que esteja livre. Marcos, pelo amor de Deus, diga que vai se afastar dessa turma.

— Está bem, não fique nervosa; eu não vou mais querer saber desses garotos. Agora me deixe dormir.

Míriam saiu do quarto muito pálida. João e Glória, na sala, pareciam duas estátuas com os olhos fixos na porta do quarto de Marcos. Ela fez um sinal pedindo que os dois a acompanhassem até seu quarto. Ao entrarem, fechou a porta.

— Marcos está decidido a não mais voltar para a escola e contou que anda com um grupo que lhe tem fornecido drogas. Não sei se está viciado e há quando tempo isso vem ocorrendo. Ele é muito rebelde e reluta em aceitar conselhos, principalmente os de papai. Sem dúvida vai ser contra qualquer posição do senhor.

Os pais estavam aturdidos com a confirmação das suas suposições. João sentou-se na cama.

— Acho que esta é a segunda situação mais complicada com que me defronto na vida. Sempre achei uma saída para os obstáculos, que não foram poucos. Diante deste, não sei que atitude tomar. Preciso muito da ajuda de Deus; que sua misericórdia nos ilumine, a mim e acima de tudo ao Marcos.

Glória chorava baixinho, sentada ao lado do marido.

— Meu filho é quase uma criança. Não é possível que esteja envolvido com más companhias. Nós lhe temos dado amor e muita orientação moral e religiosa. Sempre tivemos paciência para escutar seus desabafos, jamais estivemos desatentos aos seus problemas na escola.

Míriam ajoelhou-se, pegando as mãos da mãe entre as suas.

— Desde pequeno Marcos criou muitos problemas. Tinha brigas frequentes com as crianças do condomínio, não ia bem na escola e recebia castigos por ser indisciplinado. Quase não fez amigos, e os poucos que tem são os piores da escola. Nem parece fazer parte da nossa família, e seu comportamento divergente é notado e comentado por toda a vizinhança. Quantas vezes a senhora foi chamada na escola pelas transgressões dele? E mesmo aqui, nas reuniões do condomínio, quantas reclamações recebemos por escrito e nos constrangeram? Seja o que for que façamos por ele, parece que nada o desperta para uma realidade maior, e a cada dia se mostra mais e mais revoltado com tudo de melhor que recebe.

João levantou-se, decidido.

— Nós vamos estabelecer algumas normas, que ele terá de seguir. Se não quer estudar, vai ter de trabalhar; não pode ficar o dia inteiro sem fazer nada. Não vai mais ver dinheiro, nem de mesada nem para tomar um lanche. Sair de casa, só acompanhado. Se quiser jogar bola, será no condomínio, e ainda sob as nossas vistas. Vamos agora ao quarto dele, enfrentar a fera.

A porta do quarto estava fechada e, por mais que Glória e Míriam chamassem, o rapazinho não respondia. João se afastou, e quando voltou trazia um molho de chaves; na terceira tentativa conseguiu abrir a porta, para aparente surpresa de Marcos, que calmamente assistia à tevê. Com a entrada dos pais, enfiou-se na cama de cabeça coberta.

João puxou o lençol de maneira enérgica.

— Sua mãe esteve hoje na escola e me trouxe péssimas notícias a seu respeito. Quero saber o que você tem a dizer sobre o que está havendo.

Marcos, apesar de pálido, continuou mudo. Mantinha-se indiferente, como se não houvesse ninguém no quarto. João sentiu o sangue ferver.

— Eu lhe fiz uma pergunta e exijo resposta.

Míriam aproximou-se do irmão, pedindo que respondesse. Com os olhos injetados de ódio, Marcos fitou o pai e falou de forma grosseira:

— Pra você não tenho nada a dizer, e o que pensa também não me interessa.

João deu dois passos em direção ao filho. Glória e Míriam se colocaram no meio.

— Marcos, isso não é modo de falar com o papai. Ele se esforça muito para nos dar conforto, para que você tenha a melhor escola do Rio de Janeiro, e sempre lhe dedicou muito amor.

— Eu já disse que não quero nada que vem dele.

João foi até a televisão, desligando-a da tomada.

— Já que você não quer nada que vem da minha pessoa, vamos levar a tevê, as roupas de grife, os tênis, o *videogame* e tudo mais; neste quarto só fica a muda de roupa, a mais velha.

Marcos assustou-se com a atitude do pai, querendo impedir a mãe de abrir o guarda-roupa.

— Vocês não podem tirar as minhas coisas; são minhas e estão no meu quarto.

João pegou no braço do filho, impedindo que ele barrasse a mãe.

— Engano seu, tudo que há aqui fui eu que lhe dei. O dinheiro para ser comprado é fruto do meu suor, de um trabalho digno e honrado. Você não estuda, não trabalha e não está fazendo nada por merecer. Outra coisa, você não quer estudar. É verdade?

— Não gosto da escola, quero parar — o garoto estava de cabeça baixa.

— Então o que pretende da vida?

— Não sei... Quero tirar um tempo para descansar e distrair a cabeça. Tenho de aproveitar enquanto sou jovem.

— Enquanto somos jovens aproveitamos o tempo para estudar e preparar o nosso futuro. Todavia, como isso não lhe interessa, já conversei com seu tio Luís, o marido da tia Clara, e a partir de segunda-feira você vai trabalhar na firma dele.

Marcos ficou furioso.

— Eu não quero trabalhar com ninguém! Quero ter um tempo para mim, já disse.

— Acontece que só tem catorze anos, está sob minha responsabilidade, e se quiser comer terá de trabalhar. Não receberá mais um tostão de mesada, e com o dinheiro do seu trabalho vai pagar pelo que comer.

— Não é justo o que estão fazendo comigo.

João tentou dar serenidade à fisionomia.

— Injusto é você desperdiçar o dinheiro que ganho sem aproveitar a escola e ainda gastar a mesada em coisa errada. Você mesmo disse que não quer nada que venha de mim, porém vive às minhas custas. Então, seguindo a sua sugestão, não lhe dou mais nada.

Marcos se deitou, com a cabeça coberta para que o pai não visse as emoções que lhe iam na alma.

— Você disse que é responsável por mim porque ainda sou menor; portanto, é sua obrigação me manter.

— Sua única obrigação era estudar, o que anda lhe causando muitos dissabores. Todos têm obrigações a cumprir, por isso quem não estuda trabalha e ganha o próprio sustento. Se não for trabalhar, vai apenas comer o necessário, do mesmo jeito que eu comia quando tinha a sua idade. Outra coisa: já que gosta de viver trancado, a porta ficará fechada pelo lado de fora e só sairá com um de nós. Se preciso for, vou contratar um segurança para ficar o tempo todo com você.

Terminada a retirada dos objetos do quarto, João saiu trancando a porta por fora. Marcos nunca tinha visto o pai tão bravo como naquela noite. De repente percebeu que a sua rebeldia estava lhe custando tudo de que mais gostava na vida. O quarto agora escuro só tinha a mobília; perdera toda a diversão que lhe oferecia. Sentia-se prisioneiro da própria família e pela primeira vez seu coração achou um motivo concreto para odiar o pai.

Glória não conseguia parar de chorar. Temia que tivessem sido excessivamente duros com o filho e que as coisas tomassem um rumo ainda pior. Míriam procurava consolar a mãe.

— Era necessário tomar uma atitude severa. Marcos não conhece limites. Talvez assim papai consiga impor algumas normas.

Antônio Carlos, quando percebeu que a mãe chorava, correu para abraçá-la.

— Mamãe, você está doente?

— Não, filho, só estou muito triste com o seu irmão.

O menino beijou-lhe o rosto muitas vezes.

— Não chore. Vou pedir ao Marcos que volte para a escola, e prometo que nunca vou tirar uma nota baixa, para a senhora ficar contente! Mamãe, se chorar, eu também vou ficar muito triste!

Glória procurou dar um sorriso.

— Ainda bem que tenho você, meu filho, que alegra minha vida. Mamãe não vai mais chorar. Eu quero que você venha jantar, já está ficando tarde.

— Posso levar o prato para o Marcos? Ele deve estar com fome.

Glória olhou para Míriam.

— Claro, meu querido, a mamãe vai fazer o prato e você leva para seu irmão.

A irmã abriu a porta e Antônio Carlos entrou, acendendo a luz.

— Marquito, trouxe comida para você.

O outro escondeu a cabeça com o lençol.

— Eu não quero essa comida ruim!

O garoto retirou o guardanapo que a cobria.

— Veja, tem tudo de que você gosta: arroz, feijão, salada de batatas e um bife.

Marcos esticou o olhar.

— Acho que vou comer só um pouquinho — pegou o prato das mãos do irmão.

— Marquito, por que não volta para a escola? A mamãe está na sala chorando por sua causa; e além de tudo, se você voltar tudo vai ficar como antes; a televisão vai voltar aqui para o seu quarto e nós vamos poder jogar *videogame*.

— O que está acontecendo é por culpa do João. Foi ele quem tirou tudo daqui e ainda quer que eu vá trabalhar. Eu odeio aquele homem.

— Você está falando do papai? Por que fala assim? Foi ele quem comprou essas coisas na loja.

— Ele não é meu pai; veja como sou diferente de você e da Míriam.

Antônio Carlos ficou confuso.

— Isso quer dizer que não é nosso irmão? Mas eu vi fotografia de quando você estava na barriga da mamãe, e o papai e a Míriam estavam junto.

Marcos deu uma risada.

— Esqueça tudo o que eu falei, maninho.

Antônio Carlos sorriu com a ingenuidade própria da sua idade.

— Por que não faz as pazes com o papai e a mamãe? Eu não gosto de vê-la chorando pelos cantos, e ele calado e triste. Acho que se você pedir desculpas a televisão vai voltar para nosso quarto, e eu vou poder dormir aqui de novo. Marcos, de mim você gosta, né?

O rapazinho fez uma careta.

— Só de você e da Míriam. Aliás, você é o único que não me traiu.

— Marcos, seja bonzinho e tudo ficará como era antes. Volte pra escola, faça o gosto da mamãe, ela é muito bacana.

— Vou pensar; talvez até valha a pena, para eles esquecerem um pouco de mim!

Antônio Carlos saiu do quarto. A mãe, no canto da sala, tricotava de cabeça baixa.

— Mamãe, não quero que fique triste. Já falei com o Marcos e ele disse que vai pensar se fica bonzinho e volta para a escola.

Glória sorriu, pegando a mão do filho.

— Você é o lindo da mamãe; vive preocupado comigo e com o seu pai. Meu coração só consegue ficar feliz por causa de você e de sua irmã. Deus colocou dois anjos na minha vida. Tenho certeza de que juntos vamos ajudar Marcos a achar o caminho. Venha aqui ganhar um beijo e um abraço, e depois vá escovar os dentes para dormir.

O menino dobrou o corpo, abraçando a mamãe.

— Mãezinha, não quero que chore mais. Se o Marcos não quer estudar, eu quero. Você e o papai vão ficar muito orgulhosos com as minhas notas.

Glória deu um sorriso que lhe iluminou o semblante.

— Não precisa ficar triste, a mamãe não vai mais chorar. Agora vá, para não dormir muito tarde.

O menino correu para o banheiro, obedecendo a mãe.

Capítulo

37

Dores do resgate

O dia amanhecera esplendoroso. Os primeiros raios de sol já batiam forte na janela do quarto de Marcos. O rapaz despertou sonolento, levantou-se e vestiu o uniforme da escola. Notando que a porta estava aberta, espreitou o movimento do apartamento. A mãe e o pai conversavam na cozinha enquanto ela preparava o café. Foi na ponta dos pés tentar ouvir o que falavam. O assunto era o calor que deveriam ter naquele dia. Apareceu para surpreender os dois, como se nada houvesse acontecido no dia anterior.

— Mamãe, o café já está pronto? Não quero perder a primeira aula.

João e Glória se entreolharam, surpresos. O pai falou:

— Você disse que não iria mais à escola! Aliás, não é novidade; no último mês foi lá muito pouco.

Marcos fez cara de desentendido.

— Mas esta noite eu pensei melhor e resolvi voltar. Acho que quero terminar o primeiro grau.

Glória deu um sorriso e esboçou um gesto para abraçar o filho. Foi contida pelo marido.

— Eu conheço você, Marcos, e de hoje em diante não vai nos impor suas regras. Se quer seguir estudando, eu acho ótimo. Iremos juntos para conversar com a diretora e o acompanharemos bem de perto para que não burle a nossa confiança. Hoje à tarde sua mãe o levará à psicóloga.

Diante das palavras do pai, o rapazinho sentiu o sangue ferver. Antes que explodisse, João não deixou que ele o interrompesse.

— Eu não aceito mais suas chantagens emocionais. Estou farto de ouvir o quanto é infeliz por ser branco e ter um pai negro! Ou você se entrosa com a família que Deus lhe deu ou vamos tomar medidas mais drásticas em relação à sua conduta. O meu maior erro foi ceder aos seus caprichos de menino mimado e egoísta, achando que estava fazendo um bem. Essa fase já acabou. Não lhe faltaram afeto e atenção, nem teve as privações pelas quais muitos garotos passam neste país. Agora tome o seu café e vamos andando!

No instante em que João saiu da cozinha e caminhou a largos passos na direção de seu quarto, Marcos sentou-se à mesa ameaçando chorar. Glória segurou-se para não abraçar o filho.

— Marcos, você foi longe demais em querer nos desafiar. O que tem ocorrido com você é muito sério, por isso precisamos dar um novo rumo à sua vida. Todos nós o amamos muito e queremos o seu bem. Você vai receber o nosso apoio, porém dentro das condições que o seu pai já expôs ontem.

Os olhos do rapaz brilharam de forma estranha.

— Eu já disse que estou disposto a voltar para a escola. Não sei qual outro sacrifício vocês vão querer me impor. Vou também à psicóloga. Só não me obriguem a ir ao centro espírita; eu detesto aquele lugar.

Glória encarou o filho, abismada com a sua hostilidade. Não parecia ter apenas catorze anos. Ela percebeu duas entidades escuras e sorridentes atrás do garoto. Nada respondeu, apenas fez uma oração em silêncio para que Jesus iluminasse seu filho, que parecia tão conturbado a ponto de se aliar a tais criaturas.

João retornou apressado, chamando Marcos para irem embora. O rapaz levantou-se com ar carrancudo. Foram calados até a escola, que ficava a uns quinze minutos. João estacionou o carro e se dirigiram à secretaria, pedindo para falar com a diretora. Ela os atendeu solícita; na sua sala, pai e filho se sentaram de frente para a mulher simpática e sorridente.

— Fico contente que João Marcos tenha decidido voltar para a escola. Embora a sua situação esteja muito difícil, com esforço é capaz de recuperar o ano letivo. As provas começarão dentro de quinze dias.

— Senhora diretora, estou pensando em arrumar aulas particulares para auxiliar na recuperação do meu filho.

— Acho uma boa alternativa, mas precisamos saber o que pensa João Marcos.

O rapaz retorceu o corpo na cadeira.

— Eu concordo, acho que não tem outro jeito. Sou muito capaz de conseguir tirar as notas de que preciso, se quiser.

— Está bem, rapaz; então vá para a sala, a fim de não perder mais aula.

Marcos saiu sem olhar para trás e sem se despedir do pai.

— Doutor João, seu filho é muito indisciplinado, bastante diferente dos irmãos. Estive com a pedagoga e com a nossa psicóloga, discutindo alguns casos de alunos complicados, e seu filho estava entre eles. Ele tem como amigos os piores alunos desta escola. Os demais garotos têm muitos problemas familiares, pais separados e ausentes, pais alcoólatras, lares onde cada um vive por si; por outro lado, conhecemos a estrutura familiar que tem o Marcos e não conseguimos detectar qualquer problema. Chegamos à conclusão de que as falhas de caráter que estão se apresentando no seu filho são inerentes à sua personalidade, já nasceram com ele. Talvez pela genética se encontre explicação. Seja como for, o fato de ser muito jovem pode ajudar a corrigi-las enquanto é tempo.

João baixou a cabeça, sem saber o que responder para aquela mulher tão educada.

— Não quero deixá-lo constrangido. Como já lhe disse, sei da estrutura familiar de sua casa, conheço muito bem sua esposa e mais ainda Míriam e Antônio Carlos, que são alunos exemplares. Entretanto, estou sendo sincera; penso que vocês vão perder tempo e dinheiro tentando recuperar as notas de seu filho. Quem não se interessou pelos estudos o ano inteiro não vai despertar nos últimos dias.

João levantou a cabeça, esboçando uma reação:

— Mantenho a esperança de poder despertar meu filho, e não vamos medir esforços.

A mulher deu um sorriso benevolente:

— Louvo a sua iniciativa. É por isso que até hoje não expulsamos o seu filho desta escola, apesar de termos inúmeros motivos para tal. Na metade deste ano um grupo de pais queria que mandássemos o Marcos embora. Achavam que os filhos estavam sendo prejudicados por ele e por mais dois alunos. Fizemos uma reunião e deliberamos dar mais uma chance ao rapaz, já que tem uma família à qual podíamos pedir colaboração. Ultimamente ficamos sabendo que está envolvido com rapazes de fora da escola e, se não deixar tais companhias, não poderemos segurá-lo aqui. Outros pais provavelmente exigirão a saída dele. Sinto muito; precisamos pensar na escola como um todo, e uma fruta podre estraga todas as outras.

João ainda expôs seu entendimento:

— Dona Matilde, se meu filho for convidado a se retirar da sua escola, a senhora sabe que será muito difícil que outra o aceite. Seria muito importante para mim que ele tivesse uma chance e, caso houvesse outra reunião, gostaria de estar presente para poder defender meu filho.

A diretora se sentia penalizada diante do drama daquele pai.

— Doutor João, existem escolas que aceitam alunos problemas; talvez descubra alguma que tenha outro método ao qual o Marcos se adapte. Não é má vontade nossa, temos procurado muitos meios para ajustar seu filho ao sistema da escola. Se não fôssemos benevolentes, há muito ele já teria sido convidado a se retirar. Eu não posso deixar que outros sejam prejudicados por ele. De qualquer forma, prometo que se ele conseguir tirar as notas de que precisa, e se comportar melhor, tentaremos mantê-lo conosco; teremos um forte argumento para isso.

João saiu, agradecendo a atenção e a gentileza com que fora recebido. Comprometeu-se a telefonar todos os dias a dona Matilde, para saber do comportamento do filho. A diretora ficou pensativa, enquanto observava a saída daquele homem cabisbaixo. Fazia mais de dez anos que conhecia Glória e João. Quando Glória trouxera a pequena Míriam para o jardim da infância, Marcos era um bebê, chorava muito e exigia cuidados constantes da mãe.

Dona Matilde tinha quarenta anos de trabalho em direção de escolas. Antes fora professora, para depois formar a sua própria escola que, a princípio, apenas acolhia crianças pequenas. Pouco a pouco as instalações foram se ampliando e recebendo novos alunos, até chegar à capacidade atual e ao gabarito de uma das melhores da cidade.

Por lá haviam passado muitos alunos problemas, porém Marcos a deixava intrigada. Procurava falhas na educação que recebia dos pais, sem encontrar. Por que não vinha dando certo o que funcionava tão bem com Míriam e Antônio Carlos? Glória era mãe dedicada e presente, sempre carinhosa. A diretora arriscava uma dedução: por ter Marcos um temperamento difícil, talvez João e Glória houvessem cedido muito para o filho do meio. No fundo, com ou sem explicação, o que realmente ela sentia era pena daqueles pais que estavam sofrendo tanto!

João caminhou até o carro e abriu a porta, sentando-se ao volante. Colocou a pasta no banco do passageiro, com os olhos fixos no parabrisa. Não olhava para lugar algum. Abraçou o volante, inclinou a cabeça e chorou convulsivamente. Depois de vinte minutos, lembrou-se de que a esposa devia estar preocupada e ligou para ela. Gloria percebeu o abatimento do marido.

— Glória, estou aqui em frente à escola; tenho medo de sair e Marcos ir procurar aqueles maus elementos. Não sei o que faço! Estou perdido nos meus pensamentos e não sei como agir.

Glória ficou calada por alguns segundos, e então ele voltou a ouvir sua voz:

— João, tenha calma. Peça ao mestre Jesus que nos ajude nesses momentos tão difíceis de nossas vidas. Nossos amigos mentores não nos desamparam quando precisamos de lucidez e compreensão para tomarmos decisões adequadas.

João deu um suspiro e avisou:

— Eu vou ficar no carro, acho que esperarei terminarem as aulas. Não se inquiete, meu bem, tenha a certeza de que estou em boa companhia.

Glória percebeu que João não estava bem, por mais que se esforçasse para isso. Assim que se despediu dele, ligou para Manuel; queria que o pai fosse com ela até a escola.

João voltou para o carro, com dor de cabeça. Mergulhado em imensa tristeza, parecia não notar nada à sua volta; seus olhos permaneciam fixos no portão principal da escola. Tomou um analgésico que estava na sua pasta. Achou que seu estado geral ficaria melhor se a dor de cabeça passasse.

Debruçou-se sobre o volante. Sentiu um leve torpor e a impressão de sonhar. Como se andasse na praia, escutava o barulho do mar, as ondas quebrando na areia. Ao longe via Glória, trazendo Marcos pela mão. Gritava, acenando e caminhando em direção a eles; quanto mais andava, mais Marcos se afastava. Ele já não via Glória, somente o filho, mais e mais distante. Quando conseguiu aproximar-se um pouco, constatou que Marcos se transformara. Suas roupas antigas estavam rotas e sujas, o rosto alterado pelos sinais de ódio. A barba crescida escurecia ainda mais o semblante. No sonho, João gritou:

— Marcos, meu filho, deixe-me alcançá-lo! Quero levá-lo para casa.

A despeito da aparência, reconhecia Marcos naquela criatura. Aquele homem horrível se afastou ainda mais, gritando:

— Não sou seu filho! Eu o odeio! Eu o odeio!

João acordou assustado, com a mão de Manuel no seu ombro.

— Filho, o que tem? Está passando mal?

Glória, temerosa, queria tirar o marido do carro para levá-lo ao hospital.

João procurou tranquilizá-los.

— Só estou com dor de cabeça, acho que dormi e tive um pesadelo.

— Vamos, meu filho, até um lugar onde haja sombra e esteja mais fresco.

João fez um gesto afirmativo, apoiando-se no braço do sogro. Glória correu atrás de água fresca para o marido tomar. Apoiado numa árvore, ele sorveu alguns goles.

— Meu filho, tire o paletó — disse Manuel, ajudando-o. — Está muito quente!

Aos poucos João foi se recuperando.

— Glória, minha cabeça está doendo muito!

A moça tirou um analgésico da bolsa.

— Tome este comprimido que a dor vai ceder.

Manuel olhava o genro com expressão de carinho. Tinha o rosto marcado pelo tempo, os cabelos haviam embranquecido e ganhara alguns quilos. Não obstante a aparência cansada, os olhos conservavam o mesmo brilho que denotava a alma generosa e amiga que aquele corpo abrigava.

— Minha filha, acho que deve levar João para casa. Eu ficarei aqui a esperar que meu neto saia da escola.

— O senhor tem razão — ela consentiu. — Estou muito preocupada com o João e se for preciso o levarei ao médico. Mas ele só vai sair daqui se alguém ficar esperando o Marcos.

— Sente-se melhor, meu filho? — indagou Manuel, colocando a mão no ombro do genro.

João mexeu a cabeça em sinal afirmativo.

— Glória vai levá-lo para casa e eu vou esperar o meu neto sair da escola; depois o levo para o apartamento.

— Não, eu quero esperá-lo.

— Querido, você não está bem — Glória interferiu. — Olhe suas roupas, estão molhadas de suor. Estamos muito preocupados com sua saúde. E você sabe como Marcos gosta do avô, vai ser bom que o encontre na saída. Não seja teimoso, João!

Ela deu um beijo no pai e pegou a mão do marido, levando-o até o carro. Manuel os acompanhou.

— Papai, nos vemos em casa. Até mais.

Manuel ficou olhando o carro até que virasse a esquina. Voltou para onde estacionara seu táxi e olhou para a escola com ar de preocupação. Ficou de olhos fixos no portão, sem coragem para movê-los. Duas lágrimas correram pela face cansada.

Manuel se perguntava o porquê de Marcos ser assim revoltado, sempre malcriado, particularmente com o pai. Glória e João eram tão corretos com todos, distribuindo o que tinham de melhor, sobretudo para os filhos. Nunca deixavam de ser afetuosos e amigos. Não mereciam tanto sofrimento.

Ao chegarem no apartamento, Glória fez João tomar um banho e colocar uma roupa mais leve. Preparou um chá para o marido e em seguida ele se deitou, na tentativa de aliviar a tensão e a dor de cabeça.

Antônio Carlos estranhou a presença do pai em casa àquela hora do dia, e acompanhou todos os gestos da mãe. Finalmente pôde perguntar:

— Mamãe, o papai está doente?

— Apenas com dor de cabeça — disse a mãe.

— Mas ele nunca veio para casa no horário do trabalho!

Glória passou a mão nos cabelos do filho, tentando tranquilizá-lo.

— Ele está muito nervoso e sua cabeça dói; vamos ficar bem quietos para que possa repousar um pouco.

O menino concordou com um gesto.

Enquanto Glória ia até a cozinha, Carlos foi ao quarto do pai na ponta do pés, para não fazer barulho. Sentou-se no chão, observando. João, de olhos fechados, não percebeu a presença do filho. Com o correr do tempo a dor passou e ele foi se acalmando. Carlos continuava na mesma posição.

Glória chegou à porta; notou a presença imóvel do garoto, deu um sorriso e voltou para a cozinha. Quando João abriu os olhos viu o filho debruçado sobre a cama. Os olhinhos aflitos fitavam o pai, sem piscar.

— Papai, sarou da dor de cabeça?

João pôs os braços ao redor do corpo do filho, trazendo-o para mais perto, e lhe deu um beijo.

— Sim, meu querido, estou me sentindo melhor.

O garoto deu um suspiro.

— Que bom, papai! Estava pedindo aos nossos amigos espirituais que não deixassem o senhor ficar doente nem morrer. Nós não iríamos conseguir viver sem você.

João deu um sorriso, deixando que sua expressão se desanuviasse.

— Eu não estou doente; era apenas dor de cabeça e já passou, graças às suas orações, meu filho!

O menino, contente, encostou o rosto no do pai.

— Papai, eu e Míriam amamos muito você e mamãe, mas acho que isso não tem importância. Nos últimos tempos só sabem se importar com o Marcos, querer saber o que ele faz, sempre estão tristes e preocupados. A mamãe vive chorando e não vai mais até a praia passear comigo, como antes. Você está doente e faltando no serviço! O amor de Míriam e o meu deveriam deixar vocês felizes. Nós vamos bem na escola e eu até decidi ser também advogado, para poder trabalhar junto com você!

João lhe deu um abraço forte.

— Não diga isso, meu filho. Nós amamos os três com intensidade igual. Acontece que filhos são como os dedos de nossa mão: quando um se machuca, dói, não conseguimos ficar bem porque a dor incomoda, nos traz mal-estar; precisamos parar para tratar daquele dedo doente, senão todo o organismo adoece e podemos até morrer. Nós não estamos dando mais atenção ao Marcos; é que ele está com a alma doente, necessitando da atenção de todos nós. Você entendeu?

— Entendi, sim. Mas, papai, não fique doente por causa do Marcos. Quando o dedo apodrece é preciso cortá-lo para não matar os outros dedos e o corpo.

João olhou admirado e pensou: como um garoto de dez anos podia argumentar em assunto tão delicado com tanta lógica?

— É isso que não queremos, que o dedo apodreça; desejamos tratá-lo para que se cure.

Carlos abanou a cabeça, dando um sorriso. Glória entrou com uma bandeja em que trazia uma xícara de chá.

— Carlos, já está na hora do banho; você precisa se preparar para ir à escola.

O menino fez uma careta.

— Eu e meu pai estávamos conversando sobre assuntos muito sérios. Não é, papai?

— Você não imagina a seriedade de nosso assunto. Acho que deveríamos ouvir mais o nosso Carlos.

— O assunto mais serio é a escola — falou a mãe, sorrindo –, por isso vá tomar banho!

— Tá bom, mãe, já estou indo!

Glória sentou-se na cama com a xícara de chá.

— Vamos, tome, vai se sentir muito bem. Fiz uma sopa para você almoçar!

João pegou a xícara e tomou o chá aos goles.

— Vou me levantar, tomar um outro banho e depois do almoço voltar para o trabalho. Tenho uma audiência a que não posso faltar.

— Não, João, hoje você vai se dar o luxo de ficar e descansar. Gustavo pode muito bem substituí-lo.

João devolveu a xícara vazia e ficou em pé.

— Não pode, porque fui eu quem acompanhou todo o processo. É um caso muito complexo. E além disso já estou me sentindo melhor.

— Você é teimoso demais, nunca consigo fazê-lo mudar de ideia.

Ele puxou a esposa, dando-lhe um beijo e um abraço.

— Ao contrário, eu sempre faço o que você quer, minha princesa!

— Fazia muito tempo que não me chamava assim!

João deu um sorriso e fez uma reverência com o corpo.

— Na verdade você não é minha princesa; agora é minha rainha e eu, seu súdito fiel. Seus desejos são ordens!

— João, pare de brincar! — Glória ria enquanto falava.

Carlos entrou no quarto gritando de alegria.

— Papai, eu também quero brincar!

Glória o pegou pelo braço.

— Agora vou lhe servir o almoço para você não se atrasar na escola.

Contrariado, o menino seguiu a mãe. Logo chegou Miriam, que correu para a cozinha.

— Mamãe, está pronto o almoço? Estou morrendo de fome!

Quando João entrou para almoçar, a moça estranhou a presença do pai.

— Papai, o senhor está doente?

João puxou a cadeira, sentando-se ao seu lado.

— Estava com dor de cabeça, que já passou, e agora vou trabalhar; tenho uma audiência importante. Quando voltar comentaremos o assunto.

CAPÍTULO

38

À PROCURA DE SOLUÇÕES

Defronte ao portão da escola, Manuel examinava atento a saída dos alunos. Não demorou a ver o neto sair e ir em direção oposta à sua. Apressou-se a alcançá-lo.

— Marcos! — chamou, correndo atrás do garoto.

Ele ficou surpreso ao deparar com o avô.

— Oi, vovô, aconteceu alguma coisa?

— Não. Senti saudade e vim buscá-lo. Quantas vezes já estive aqui na frente desta escola?

— Muitas! Mas eu tenho condições de voltar sozinho, pois já estou crescido; o senhor não acha?

— Tenho a impressão de que você não gostou de ver o seu avô. Se no corpo está crescido, parece que de cabeça e de sentimentos encolheu!

Marcos deu um abraço no avô.

— Eu não quero ofendê-lo, apenas acho desnecessária tanta atenção comigo. Aposto que foi a minha mãe que pediu para o senhor vir me vigiar.

— Não pediu nada. O seu pai estava passando mal e não podia dirigir, portanto nós viemos socorrê-lo. Daí eu resolvi esperar você.

Manuel percebeu que o neto não quis saber o que sucedera com o pai.

— Então vamos embora, tenho horário na psicóloga.

— Não vai perguntar o que houve com seu pai?

Marcos fez uma careta, entrando no carro.

— Garanto que nada que me interesse ou me afete.

Manuel ficou triste com a atitude do neto.

— Por que não gosta de seu pai?

— Digamos que não temos nada em comum. Ele vive pegando no meu pé. Quer que sejamos iguais a ele, está sempre fazendo sermão. O que é bom para ele pode não ser para mim. Por isso queria poder decidir a minha vida. Não gosto de estudar.

Manuel ligou o carro e saiu.

— Quando somos crianças, nossos pais são responsáveis por nós e cabe a eles tomar decisões em nosso lugar. Eles nos amam e fazem os maiores sacrifícios para sermos felizes.

— Já estou crescido e sei o que quero da vida. Não quero mais que meu pai decida por mim.

Manuel estacionou o carro perto do prédio onde morava a filha.

— Você pode até achar que cresceu, porém aos olhos de seus pais é ainda um menino carente de orientação e amor. Deveria ouvir o que eles têm a opinar e procurar conversar para mostrar o que quer da vida. Existem regras que todos devemos seguir para podermos viver em sociedade. Cabe a cada um dar sua parcela para que o mundo não se transforme em caos. Temos de ser responsáveis por nossos atos, porque quando plantamos ventos colhemos tempestades. Quem não quer estudar não pode querer ficar sem nenhuma atividade, vagando neste mundo de Deus.

Agarrado à revolta que dirigia sua vida, o rapazinho ouvia sem conseguir refletir nas palavras sábias do avô.

— Meu filho, você gostaria de viver um tempo no meu apartamento? Eu e sua avó estamos sozinhos e nos será uma boa companhia.

A proposta o fez abrir um sorriso.

— Achei muito legal, vovô! Eu gostaria muito de ficar com o senhor.

— Então vou falar já com os seus pais; se eles concordarem, amanhã mesmo levaremos suas coisas.

Marcos entrou animado no condomínio. Finalmente poderia ficar livre do assédio do pai. Encontraram a família almoçando na cozinha. Miriam levantou-se, beijando o avô.

— Vovô, que surpresa agradável! Fazia muito tempo que o senhor não vinha aqui no meio da semana; e, melhor ainda, para almoçar com a gente!

Carlos também abraçou o avô com grande alegria. Todos notaram que Marcos parecia mais descontraído. Terminado o almoço, Glória foi pegar o elevador com seu caçula, que ia para a escola. Manuel chamou João para uma conversa no quarto do casal.

— João, você sabe mais do que ninguém que quando era pequeno eu gostaria de o ter levado para minha casa. Sabe que durante toda a minha vida um forte sentimento de culpa atormentou-me por não ter enfrentado sua madrinha, assumindo-o legalmente como filho, já que o amo como tal.

O genro deu um sorriso, segurando-lhe a mão.

— O senhor sempre foi meu pai, desde o primeiro dia. Não conheci outro pai, e lhe devo tudo o que sou. Hoje sei que era necessário passar pelas provas que enfrentei, e foi a misericórdia de Deus que o colocou na minha vida para amenizar meu sofrimento. Meu querido padrinho, o senhor foi uma luz no túnel escuro em que eu vivia; deu-me esperança, iluminou o meu caminho e me orientou quanto ao rumo que eu deveria tomar. Nunca nas minhas orações deixo de agradecer e pedir bênçãos pelo fato de estar na minha vida.

Ele beijou a mão de Manuel, que, emocionado, deixou que lágrimas rolassem pela face que o tempo marcara.

— Meu filho, acho que fez mais por mim do que eu por você. Quero pedir-lhe um favor: Marcos precisa muito da minha ajuda neste momento. Ele é um espírito rebelde, inconformado com as regras desta casa. Peço que me permita levá-lo para ficar comigo durante um tempo. Sabe que sua sogra também lhe imporá uma disciplina mais dura do que a daqui, mas acredito que vai ser muito bom para que faça uma nova avaliação, e aí espero que prevaleça o bom senso. Terá novas amizades, e eu disponho de mais tempo para dedicar a ele.

João ficou pensativo por alguns instantes, até afirmar:

— Novamente o senhor vem acender uma luz no fim do túnel. Desta vez não só para o meu caminho, como para o de meu filho, que está desorientado. Por certo o seu amor de avô e o seu bom senso diante da vida poderão auxiliar meu filho a se encontrar, como tanto desejamos.

Abraçou o padrinho e sogro, em sinal de agradecimento. Voltaram para a sala, Marcos, sabedor do assunto, aguardava ansioso na sala pelo resultado da conversa.

João iniciou o assunto:

— Marcos, seu avô quer levá-lo para morar um tempo com ele. Você sabe o quanto sua avó e ele gostam de nós, principalmente de você, por ser o primeiro neto. Acho que a companhia deles e a mudança de ambiente lhe trarão grandes benefícios, outros amigos e novos rumos. Você quer ir?

O rapaz não disfarçou o entusiasmo.

— Se quero! Quando vou para lá?

Manuel respondeu com um sorriso:

— Arrume suas coisas que amanhã, depois do almoço, virei apanhá-lo. Temos dois quartos vagos, terá bastante espaço.

— Hoje começam as sessões com a psicóloga, e quando voltar arrumarei tudo.

João foi até o quarto, pegando sua maleta de trabalho.

— Agora preciso sair. Tenho uma audiência daqui a pouco.

— Eu também estou saindo, tenho de trabalhar — disse Manuel, dirigindo-se para a porta. O elevador parou e Glória saiu.

— Papai, o senhor já vai? Fique mais um pouco.

— Preciso trabalhar um pouco agora à tarde — o pai justificou.

João abraçou Glória, explicando a decisão tomada em relação a Marcos. Comovida, a moça agradeceu.

— Obrigada, papai. Estamos passando por momentos muito delicados e seu apoio nos vem na melhor hora.

Chegou o elevador. Manuel e João foram embora.

Mais tarde, ao regressar do trabalho, João se preparou para ir ao centro espírita, junto com Glória. Míriam iria ao cursinho pré-vestibular e os dois meninos ficariam sozinhos.

Chegando ao centro o casal se encaminhou para a sala da diretoria. Agenor já os aguardava, sentado com um livro nas mãos.

— Olá, amigo, boa noite! — cumprimentou João.

Agenor se levantou e lhe deu um abraço.

— Boa noite! Estou preocupado com você. Gustavo me telefonou dizendo que não esteve hoje no escritório e que ninguém sabia por quê. Você nunca se ausenta.

Já sentado, João esclareceu:

— Hoje de manhã fui levar Marcos até a escola e conversar com a diretora. Foi uma conversa penosa e na saída não me senti bem. Depois consegui melhorar e trabalhar à tarde, assim como vir ao centro, o que me deixa feliz.

— Por falar em Marcos, os mentores nos alertaram que o rapazinho está sendo assediado por entidades ligadas a um grupo da espiritualidade que se liga a viciados em drogas na matéria. Os chefes do grupo usam entidades que desencarnaram por uso exagerado de entorpecentes.

João indagou em tom preocupado:

— Meu filho tem feito sintonia com esse grupo por afinidade?

Agenor fez um sinal afirmativo com a cabeça.

— Marcos tem ligações com esse grupo desde antes do reencarne. No entanto, o interesse maior não é desestabilizar o seu filho, e sim derrubar o centro espírita, que muitas vezes tem anulado a ação maléfica do grupo. Você, como diretor desta casa, é o principal alvo e Marcos é a porta de entrada no seu lar para que eles possam agir.

— Quando nos alistamos no trabalho de Jesus, temos de confiar na proteção que vem do Alto.

— Tem razão, meu amigo. De toda forma, é necessário orar e vigiar muito quando o inimigo está alojado dentro de nossa casa. Não podemos deixar que a casa espírita sofra qualquer abalo. Nossos amigos espirituais fazem sua parte, e é preciso que façamos a nossa. Vamos iniciar um trabalho especial com o Marcos, afastando as duas entidades que o influenciam e pedindo uma cúpula de proteção. Ainda que não venha para tomar passes, trabalharemos em favor dele.

— Meu sogro vai levá-lo amanhã para o apartamento dele. Acredito que em um ambiente neutro e com o tratamento espiritual ele consiga sair da perturbação em que se encontra.

Agenor inclinou a cabeça, com os olhos cheios de lágrimas.

— Confiemos na misericórdia de Deus, meu amigo. Nunca devemos perder a fé, por mais árdua que seja a nossa prova.

Igualmente de cabeça baixa, João tentava esconder a tristeza que lhe habitava a alma. Outros trabalhadores se apresentavam na casa; era necessário iniciar os trabalhos.

Quando Agenor citou o nome e o endereço de Marcos, irmão Tibúrcio, o dirigente espiritual dos trabalhos das terças-feiras, enviou seus assistentes Mário e Gumercindo para junto do garoto, com a tarefa de retirar as entidades que o vinham influenciando. Através dos médiuns videntes, o mentor informou aos dirigentes encarnados que era vital ficarem atentos ao grupo das trevas comandado por Luando. Eles se sentiam prejudicados e planejavam um ataque no intuito de destruir a casa espírita. Seria preciso protegê-la contra o grupo que há muitos séculos vinha agindo nas trevas.

João, como coordenador dos trabalhos, alertou os médiuns para a necessidade de muita concentração e integração com os mentores presentes, pois as fraternidades de mentores iriam até a região do plano espiritual onde se reunia o grupo das trevas, para libertar entidades ali aprisionadas e trazer seu chefe.

Algumas entidades sombrias que rodeavam o centro, encarregadas de colher informações para seu líder, foram as primeiras a serem recolhidas.

A equipe rumou para onde estava Luando. Médiuns de desdobramento e videntes conseguiam acompanhar todo o desempenho da espiritualidade. Muitos jovens desencarnados em consequência do uso de drogas, presos como animais enjaulados, eram socorridos em macas. Por fim, os emissários do Alto alcançaram a sala principal do casarão. Luando não ofereceu resistência, seguindo-os até a casa espírita. Todos foram retirados.

Outra fraternidade cercou o local, erguendo uma bandeira branca. Ali seria implantado no futuro um posto de socorro para jovens desencarnados vítimas de drogas. Muitos entoavam cantos de louvor a Deus porque a luz tomara o espaço onde só havia trevas. Uma chuva brilhante caía no solo, dissolvendo todo o fluido escuro. A misericórdia divina brindava o trabalho de nossos irmãos maiores da espiritualidade.

Os servidores encarnados, também emocionados, recebiam uma profusão de fluidos luminosos que lhes caíam sobre as cabeças. João deixou que as lágrimas lhe deslizassem pela face, ao perceber que os trabalhos haviam sido coroados de êxito.

Irmão Tibúrcio, em oração, agradecia a Deus por mais uma oportunidade de trabalho aproveitada com sucesso.

Foram feitas as orações finais e os encarnados voltaram para suas casas. Todavia, os trabalhos no centro espírita prosseguiam. O mentor esperava pela chegada de Luando.

Capítulo

39

A presença da luz

Com ar altivo, Luando não baixava o olhar carregado de ódio. Irmão Tibúrcio, nunca abandonando a postura humilde, adotava um tom enérgico na conversa com a entidade perversa.

— Irmão Luando, foi trazido aqui para termos uma conversa indispensável.

Fechando ainda mais o semblante, a entidade falou:

— Não tenho nada a tratar com os senhores, enviados por Jesus. Respondo a outros chefes, tão poderosos quanto ele.

— Meu caro Luando — disse o mentor com suavidade –, não existe ninguém mais magnânimo do que Deus, nosso Pai, e Jesus, seu filho dileto. Você sabe que nada acontece sem a permissão divina, e o lugar de trevas onde mantinha muitos prisioneiros e escravos foi destruído porque era tempo de reverter aquela situação. Tudo no Universo é transformação. Esta é a hora de fazer outros planos rumo è sua evolução. O rancor e o ódio são sentimentos passageiros, frutos de nossa inferioridade espiritual. Mais cedo ou mais tarde, temos de aliar nossa vontade à vontade do Criador.

Luando ficou de cócoras, uivando como um animal.

— Eu sou o chefe, sou eu quem decide o que fazer da minha vida e da de muitos outros. Não me submeterei a criaturas como vocês. Tenho minha força, e atrás de mim há criaturas poderosas que não me deixarão preso aqui, à mercê de um bando de idiotas ligados ao crucificado.

Com a voz serena, irmão Tibúrcio continuou:

— Se tem tanto poder, saia! E onde estão as tais criaturas das trevas que se igualam a Deus? Nenhuma treva, por mais densa que seja, resiste à luz, porque diante dela se desfaz. Luando, todos somos filhos do mesmo Pai e às suas leis sábias estamos submetidos. Por mais que mergulhemos na densidade das paixões, somos chamados à reconciliação com as leis harmônicas do Criador. Quanto mais desafiamos essas leis, mais pedregoso se torna o caminho do regresso. Erga-se e proceda como um homem; não nos assusta seu procedimento animalesco.

Luando colocou-se de pé. Olhando firmemente para ele, o dirigente espiritual informou:

— Precisamos conduzi-lo a um lugar não muito distante daqui, onde uma pessoa nos aguarda.

Luando olhou ao redor, desconfiado. Um grupo era formado pelos colaboradores Mário, Gumercindo e duas irmãs, Teresa e Vitória, além de alguns médiuns da casa desdobrados pelo sono do corpo físico; Agenor, Lívia e Morais acompanhariam irmão Tibúrcio e Luando.

Após fazer uma oração com o grupo, o mentor enfatizou a necessidade do empenho de todos, especialmente dos encarnados, em permanecer ligados ao plano maior para o melhor êxito dos trabalhos que se realizariam naquela noite. Ressaltou ele que os alistados nas fileiras de Jesus nada devem temer se sentirem a felicidade de poder ajudar ao próximo. Partiram unidos e envolvidos em luzes.

O lugar que buscavam era escuro. Nas vielas viam-se muitas entidades abraçadas a encarnados desdobrados pelo sono. Passavam pelo grupo sem o notar. Em um barraco imundo dormiam uma mulher e três crianças vestidas de trapos. No ar sentiam-se os vapores entorpecentes do álcool. A mulher adormecida no canto, alcoolizada, tinha inclusive o espírito sob o efeito da droga. Irmão Tibúrcio se aproximou dela, enquanto o grupo se acomodava no barraco.

— Luando, você reconhece esta mulher? — perguntou Tibúrcio.

Ele fez um gesto negativo. O mentor aplicou um passe na mulher, diminuindo os sinais do álcool, e como se levasse um choque o espírito se afastou do corpo adormecido. Luando ficou horrorizado ao perceber quem habitava aquele corpo.

— Anélia, minha Anélia!

Confusa, a mulher procurava o dono da voz que a chamara.

Irmão Tibúrcio retirava fluidos dos médiuns ali presentes para fortalecer aquela criatura tão fragilizada. E aplicava recursos magnéticos nos centros coronário e cerebral de Zenilda (nome que usava na atual encarnação), de modo a acordar o passado adormecido nas telas de sua memória.

Ela, agora mais lúcida, percebeu a presença de Luando, cuja figura grotesca a princípio lhe causou pavor. A entidade se aproximou com cautela.

— Anélia, não tenha medo, sou eu.

A mulher, com os olhos arregalados, não o reconheceu de imediato.

À medida que Luando a chamava, sua memória despertava e seu perispírito se transformava. Assumindo as formas antigas de uma jovem branca com características do povo português, Zenilda recobrou a lembrança do tempo em que nas vestes físicas vivera o drama de Anélia.

— Luando, por que desapareceu, deixando-me à mercê dos carrascos? Por que não veio em meu socorro? Por você sacrifiquei minha vida, meu destino. Por que me abandonou sozinha?

Tocado nas fibras mais íntimas do coração, ele se ajoelhou com as mãos postas, num choro incontrolável.

— Perdão, meu amor, quando cheguei já era tarde. Não pude salvar nada, estava tudo destruído. Procurei por você, perguntei, e ninguém sabia dar informações. Tenho buscado ao longo de séculos, e nunca mais consegui saber de você.

Anélia se abaixou, pegando nas mãos de Luando.

— A revolta e o ódio me levaram a muitos lugares infelizes, não tinha paz. Os gritos de meu pai me amaldiçoando e o desespero de minha mãe pareciam soar sem interrupção dentro da minha cabeça. Sentia-me traída por você, que me abandonara na hora em que mais precisava de sua ajuda. Agora carrego este fardo que me faz padecer infinitas penas.

Anélia se referia ao corpo físico de Zenilda. Sensibilizada por Tibúrcio, narrou experiências vividas por ela e Luando que haviam culminado em ódio e desespero. Filha de imigrantes portugueses, nascera no Brasil, numa fazenda de cana-de-açúcar na Bahia. Os pais ricos e prósperos tinham numerosos escravos trazidos da África. Muito jovem, com apenas quinze anos apaixonara-se por um negro belo e forte que vivia na senzala, Luando, paixão que era correspondida pelo orgulhoso rapaz. Ele jamais se curvava. Dizia ser príncipe na tribo onde vivia na África; seu pai, rei poderoso, lhe deixaria o trono de herança quando morresse. Para sua desgraça, caíra prisioneiro de uma tribo inimiga e fora trazido para o Brasil como escravo, condição à qual nunca se sujeitara.

A paixão que via nos olhos de Anélia fazia vibrar de orgulho seu coração. Se de início a ideia de vingança o levava a querer manter aceso o fogo da paixão da moça, com o passar do tempo ele também acabou se rendendo a esse amor.

Muitas vezes a jovem saía às escondidas para encontrar o amado. Luando planejava fugir, ajudado por ela. Combinado o dia da fuga, um grupo de negros sairia da fazenda e levaria Anélia. Só parcialmente os planos deram certo: eles conseguiram fugir, mas a moça ficou e foi descoberta pelos pais.

O pai, homem severo e movido pelos exageros da época, não perdoou a traição cometida pela filha; trancou-a no quarto, presa a correntes e alimentada a pão e água. A mãe, muito submissa, nunca tentou aliviar a prova dolorosa que lhe fora imposta.

Para piorar ainda mais a situação, Anélia estava grávida de três meses. Quando nasceu o menino, mulato, foi entregue para negras da senzala o criarem na escravidão. Anélia enlouqueceu de tanta dor. Sua única esperança era que Luando viesse buscá-la conforme prometera. Desencarnou tão revoltada que era incapaz de se afastar de Alfredo, o pai, agora alvo de seu ódio; um dia, atormentado, ele ateara fogo na casa grande, destruindo-a e morrendo em desespero.

Quando voltou para buscar a jovem, Luando foi atraído para uma cilada e morto no tronco da fazenda em que vivera seu grande amor. A partir daí, aqueles dois espíritos vítimas das próprias paixões se perderam nos labirintos da vingança e do ódio.

Anélia, agora Zenilda, vivia em pobreza extrema; viúva, com três filhos pequenos, lavava roupas para fora tentando sobreviver; não bastasse tudo isso, contraíra uma doença grave que a levaria ao desencarne. Sem recursos para comprar remédios, nos últimos dias vinha ingerindo álcool para aliviar a dor física. Duas entidades se aproveitavam da pobre criatura, levando-a a aumentar o uso da droga para poderem usufruir as emanações etílicas.

Luando, ao verificar a situação, ameaçou tais entidades como se ainda tivesse poder para aprisioná-las. Foi aí que Tibúrcio interferiu amorosamente:

— Estamos aqui para ajudar nossa irmã Anélia. Sabemos o quanto ela é cara ao seu coração, por isso acalme-se.

Luando chorava descontroladamente.

— Como poderei ajudá-la se só tenho ódio e desejo de vingança no coração? Sou devedor perante a justiça de Deus.

Tibúrcio falou olhando nos olhos de Luando.

— Deus é misericordioso e justo. Se lhes foi dada a oportunidade deste encontro, é para que haja novamente o reajuste por amor.

Anélia pegou nas mãos de Luando.

— Tenho sofrido muito, sem alimentar revolta no coração. O que mais me dói é deixar meus filhos sem amparo; são ainda pequenos e ficarão órfãos. Preciso muito de sua ajuda. Por favor, pelo amor de Deus, não negue!

Luando beijou-lhe as mãos.

— Sim, minha querida, mas não sei como auxiliá-la. Nos últimos tempos só tenho promovido ódios, desgraças, vinganças, pensando que assim saciava a fome de minha alma. Quanto engano! Se tivesse tomado outro rumo, poderia agora colaborar com quem mais amo. É por toda essa revolta que vivo há tanto tempo afastado de você, único bem que realmente possuo.

Ele chorava muito. Ajoelhado, beijou os pés da amada. Tibúrcio o fez levantar-se.

— Meu irmão, Anélia tem sofrido muito, e na presente encarnação conseguiu redimir-se com resignação e confiança em Deus. Precisamos ajudá-la a encaminhar os filhinhos nos seus últimos dias e aguardar o seu retorno. Nas suas reminiscências, nunca deixou de amá-lo e por isso espera ardentemente pelo reencontro. Luando, é preciso preparar-se para isso. Você sabe que sua caminhada será difícil, mas Anélia cooperará para que siga a rota do perdão e do amor.

Dominado pela emoção, Luando chorava e murmurava:

— Perdão, meu Deus. Perdão e misericórdia para um sofredor que abusou de suas leis, que escravizou, humilhou, degradou ainda mais a humanidade, pisoteou os sentimentos alheios sem nenhum remorso.

Luando abraçou Anélia, prometendo ajuda. Sabia que Tibúrcio e seus auxiliares não a desamparariam. Ele, que sempre perseguira a casa espírita, agora reconhecia a importância da contribuição que recebia para aliviar as dores de sua amada.

Todos voltaram para o centro. Anélia retomou o corpo físico com a sensação de que alguma coisa mudara em sua vida. Os médiuns também estavam de regresso ao corpo; o sol despontava no horizonte e logo teriam de tratar das suas atividades rotineiras.

Lívia acordara com o despertador. Ainda sonolenta, sentia uma forte impressão de que tinha deixado algo por fazer. Correu para preparar o café do marido e dos filhos, que sairiam para trabalhar.

Agenor, com ar circunspecto, sentou-se à mesa para a primeira refeição.

O que foi, querido? Parece preocupado esta manhã!

— Tive um sonho inquietante. Estávamos fazendo um atendimento, num lugar muito pobre, e uma mulher ainda jovem chorava muito, pedindo socorro para os filhos pequenos.

Lívia sentou-se junto do marido.

— Eu também tive um sonho, não tão nítido. Só consigo lembrar que alguém pedia ajuda. Estou com uma sensação esquisita no peito, uma tristeza de mãe.

-Tristeza de mãe é diferente das outras? — Agenor riu.

Lívia passou a mão no rosto do marido.

— As mães têm uma sensibilidade maior com seus filhos, por isso a sua tristeza de saber que eles passam por problemas sérios é a maior deste mundo. Existe uma mãe, em algum lugar, precisando muito de nossa ajuda.

— Eu sei, minha querida; e pode ter a certeza de que Deus e nossos queridos mentores nos encaminharão até ela.

CAPÍTULO 40

A SERVIÇO DO BEM

No último sábado de cada mês eram distribuídas cestas básicas de alimentos para muitas famílias carentes cadastradas da região. Naquele dia, Lívia estava encarregada de palestrar com os presentes sobre a necessidade do "Evangelho no lar". Depois da distribuição das cestas, uma senhora humilde aproximou-se dela com certo acanhamento.

— Dona Lívia, preciso lhe falar com urgência sobre minha vizinha. Ela está muito doente e não mais tem podido lavar roupas para sustentar três crianças pequenas.

Lívia recordou a conversa que tivera com o marido há mais de quinze dias e não teve dúvida de que era a mãe que pedira ajuda naquela noite.

— Dona Marilda, dê-me o nome e o endereço dessa senhora que iremos fazer-lhe uma visita, se possível ainda hoje.

— Ela mora na favela aqui perto; se a senhora quiser posso vir buscá-la para irmos até lá.

— Dona Marilda, vou achar o meu marido e já resolveremos.

Lívia procurou Agenor, que conversava com algumas pessoas no fundo do salão. Contou-lhe o caso, e ele imediatamente se lembrou do sonho.

— Precisamos ir lá agora, vamos pegar o carro.

Lívia apanhou uma sacola, na qual colocou alguns alimentos, e saíram os três em direção ao barraco de Zenilda. Ao chegar sentiram-se constrangidos. Dois meninos e uma menina, aparentando cinco, quatro e dois anos, vestidos de trapos e sentados num canto do barraco, choravam por ver a mãe na cama a se contorcer de dor.

Marilda bateu na porta e entrou.

— Zenilda, trouxe aquelas pessoas boas lá da creche, que doam alimentos para a gente; vieram visitá-la.

Lívia achegou-se, pegando a mão da mulher.

— O que está doendo tanto, Zenilda?

Entre gemidos ela respondeu.

— É o meu estômago, dói muito. Não tenho dinheiro para ir ao hospital e nem mesmo comprar remédios. Quem vai cuidar dos meus filhos?

Lívia olhou para Agenor.

— Dona Marilda vai fazer o favor de ficar um pouco com eles. Estamos de carro aí embaixo, na entrada da favela, e vamos levá-la ao hospital.

A vizinha interferiu na conversa:

— Vá sim, Zenilda, não se preocupe. Trouxemos comida, vou preparar e dar para eles e para meus filhos.

Lívia ajudou Zenilda a se levantar, calçando os chinelos nos seus pés. Ela e o marido a conduziram até o carro. A mulher estava tão enfraquecida que era incapaz de caminhar sozinha. Além da dor insuportável, já não conseguia se alimentar. Chegou ao hospital aos gritos, sendo logo atendida pelos plantonistas. Lívia e Agenor aguardaram o parecer dos médicos. Um jovem alto e simpático perguntou na sala de espera quem acompanhava Zenilda. Com ar apreensivo e a ficha da mulher na mão, ele comunicou:

— Dona Zenilda está desnutrida, as dores no estômago, bom como outros sintomas sugerem que talvez haja um tumor. Vamos interná-la para tentar reverter seu quadro de desnutrição e aliviar a dor intensa; terá de fazer exames para confirmar nosso diagnóstico. Vocês são seus parentes?

— Não — respondeu Agenor –, somos conhecidos e ficamos sabendo do problema. Ela é viúva, parece não ter parentes aqui no Rio, e tem três crianças pequenas para cuidar.

O médico demonstrou preocupação:

— O caso dela é grave. Acho que vocês deveriam tentar localizar algum parente; de qualquer forma, terão de assinar a ficha de internação.

De volta para a favela Lívia comentou com o marido:

— Desde que cheguei naquele barraco, fiquei com a impressão de já ter estado lá.

— Eu sei que esteve, tal como eu. Voltamos ao sonho que tive há quinze dias e de que você também tinha lembranças: pois é, naquela noite nossos mentores fizeram atendimento espiritual no barraco de Zenilda, e nós estávamos junto. Fomos encaminhados pela espiritualidade para auxiliar essa pobre mulher.

Os dois trabalhadores do bem retornaram à favela para informar Marilda sobre a situação de sua vizinha.

— Eu só poderei ficar com as crianças amanhã. Na segunda tenho de trabalhar, e deixo meus filhos na creche. Pelo que parece, Zenilda vai ficar muito tempo internada.

— Acredito que sim — Agenor admitiu –, pois seu problema é muito grave; temos de localizar seus familiares.

— A família da Zenilda mora na Bahia — respondeu a vizinha. — Desde que ela veio de lá com o marido, há seis anos, perdeu o contato com todos. O pai dela não gostava do Zé, o marido, que já era alcoólatra e morreu faz um ano, por causa da bebida.

— Talvez Zenilda saiba o endereço e assim possamos avisá-los — conjeturou Lívia. — Acredito que quando souberem da situação dela e das crianças não ficarão indiferentes.

A expressão de Marilda foi de incredulidade.

— Tenho minhas dúvidas. Não sei o que vai ser dessas crianças; perderam o pai e agora ficam sem a mãe. Eu já tenho os meus, que crio com muitas dificuldades, por isso não posso assumir esse compromisso.

Lívia e Agenor foram até o barraco de Zenilda. Ali havia só uma cama com um colchão velho, alguns colchões jogados no chão onde dormiam as crianças, um fogão velho e poucos utensílios domésticos. O teto furado denunciava que em dia de chuva não existia abrigo dentro do barraco.

Lívia falou com tristeza:

— Quando Zenilda sair do hospital, como poderá voltar para cá? Ela vive numa condição subumana.

— Vamos precisar de muita ajuda para podermos ajudá-la — ponderou o marido. — Teremos de nos mobilizar, levar o problema para a diretoria do centro... Com um pouco de boa vontade será possível fazer algo.

Agenor e Lívia percorreram em silêncio o trajeto para casa. Mesmo acostumados a conviver de certa forma com a miséria, a situação da Zenilda e das crianças os deixara chocados. Zefa notou a tristeza dos dois e Lívia narrou todos os fatos ocorridos naquele dia.

— Pobre mulher, gostaria muito de ir junto com vocês ao hospital no próximo dia de visitas.

Lívia deu um beijo na amiga.

— Vamos precisar muito de você. Amanhã teremos de trazer as três crianças para cá. Enquanto não localizarmos os parentes, vamos cuidar delas. Precisamos providenciar roupas, calçados e até colchões para acomodá-las.

— Lívia, como faremos com o trabalho na creche e as nossas reuniões do centro?

— Tudo se pode ajeitar. Durante o dia ficarão na creche e arrumaremos alguém que possa cuidar delas nas noites de reunião. São crianças desnutridas. Como o doutor Maurício vai passar na creche na quinta-feira, pediremos que faça uma avaliação do estado de saúde dos pequenos.

— Minha querida, você e Agenor têm coração de ouro — Zefa reafirmou com um sorriso. — Nunca me esqueço de agradecer a Deus porque os colocou no meu caminho. Se hoje tenho uma visão melhor da vida, devo a vocês.

Lívia pegou na mão da amiga com todo o carinho.

— A nós, não deve nada. Na realidade, sou eu quem deve agradecer pela amiga e mãe que a senhora tem sido todos estes anos.

Capítulo

41

Tocando os corações

Tibúrcio designou Gumercindo para a tarefa de acompanhar Luando, enquanto ficassem estacionados no lar de Agenor. Seria essencial essa estada para o seu aprendizado de amor.

Luando, que se comovera profundamente com o sofrimento de Zenilda, observava todos os detalhes da movimentação de Lívia e Agenor para ajudarem a moça. Esteve presente na reunião da diretoria do centro e, quando o assunto de sua amada foi exposto, testemunhou como todos os participantes se sensibilizaram com o drama da moça e das crianças.

Foram divididas as tarefas. Glória se encarregaria de localizar a família na Bahia, já que Zenilda dera o nome da cidade de onde viera e o nome completo de seus pais. Visto que o senhor Luís estava desmanchando um galpão no fundo de sua casa, os tijolos, telhas, janelas e portas em bom estado de conservação seriam utilizados para construir um cômodo no lugar do barraco de tábuas; assim, convocariam alguns trabalhadores da casa para participar de um mutirão. Zefa arrecadou algumas roupas com as vizinhas, e Glória também. Carlinhos, tocado pela história dos pequenos, arrumou brinquedos com os amigos da escola. Luando constatou que muitos que nem conheciam sua amada aderiam àquele mutirão de solidariedade.

No sábado, subiram o morro com o material para transformar o humilde barraco, que em dia de chuva não deixava nenhum morador dormir. Cumpridos dois fins de semana de trabalho intensivo, aquele cômodo tinha luz, água e um banheiro.

Glória obteve o número do telefone da prefeitura da pequena cidade do interior da Bahia onde viviam os pais de Zenilda. De posse dos nomes completos e com o coração cheio de esperança, ligou. Foi atendida por um homem, a quem explicou que precisava localizar urgentemente dois moradores da cidade. O homem lhe pediu que aguardasse um instante.

— Dorcina, uma senhora aqui ao telefone acaba de me perguntar por seus pais. Diz que é da parte de Zenilda.

A moça estremeceu.

— Santo Deus! Zenilda saiu de casa há mais de seis anos e nunca deu notícias, para desgosto de minha mãe, que vive pelos cantos chorando sua falta. Deixe que eu falo com ela, Raimundo.

— Senhora, meu nome é Dorcina, e tenho grandes motivos para saber das pessoas que estão sendo procuradas.

Glória se identificou e repetiu os nomes, dizendo ser muito importante localizá-los, já que a filha deles, Zenilda, estava muito doente.

— Eu sou irmã de Zenilda e trabalho aqui na prefeitura. Faz seis anos que não temos notícia dela.

— Sua irmã ficou viúva há mais de um ano. Tem três filhos pequenos e está muito doente; não mais os procurou por vergonha. Arrependeu-se muito do que fez e achou que nunca seria perdoada. Ela está internada num hospital aqui no Rio de Janeiro. Eu pediria que seus pais viessem vê-la o mais rápido possível, pois seu estado é muito delicado.

Dorcina, emocionada, chorava ao telefone.

— Não temos condições para pagar as passagens, meus pais são muito pobres.

— Nós vamos enviar as passagens pelo correio; só preciso do endereço.

Dorcina deu o endereço da prefeitura e Glória combinou a viagem para dali a dez dias.Dorcina era mais nova que Zenilda. Casada com Dirceu há cinco anos, o casal não tinha filhos. A moça trabalhava na prefeitura e o marido tinha um pequeno sítio onde criavam algumas vacas e viviam do leite que produziam. Filha amorosa, apesar de ter seis irmãos, levara os pais para morar com ela e o marido; haviam construído para eles uma pequena casa junto da sua.

Terminado o expediente, Dorcina voltou aflita com o comunicado que ouvira de Glória. Pensava em como iria contar aos pais o que soubera.

A mãe notou logo o desassossego da filha.

— O que foi, Dorcina? Aconteceu alguma coisa hoje no serviço?

— Não, mãe, só estou cansada.

Com a chegada do marido, longe da mãe, ela falou sobre o telefonema que recebera do Rio de Janeiro, pelo qual intuía que a irmã não teria muito tempo de vida. Mas como contar isso à mãe e ao pai?

— Eles não precisam saber que sua irmã está tão doente; basta dizer que precisa de ajuda, já que tem filhos pequenos. Eu acho que você deveria ir com eles.

— E como vamos arranjar o dinheiro da minha passagem? As dos meus pais eles vão mandar.

Dirceu ficou pensativo até vir com a solução:

— Temos um bezerro que já está bem crescidinho; vamos vendê-lo e aí teremos o dinheiro. Tina, já pensou nas crianças? Como seu pai e sua mãe poderão trazê-las sozinhos? Sua mãe vai precisar muito do seu apoio.

Dorcina assistiu agradecida à manifestação de bondade do marido.

— Às vezes eu me pergunto se merecia um marido tão bom como você, sempre me dando tanta felicidade!

— Eu só acho que essa é a maneira correta de fazer as coisas — ele falou com simplicidade. — Quando colocamos a cabeça no travesseiro para dormir, estamos em paz conosco mesmos.

— Você tem razão. Vou agora mesmo à casa deles.

Na pequena varanda, o pai fumava um cigarro de corda enquanto a mãe, sentada no chão, olhava o sol se pôr no horizonte. Dorcina sentou-se perto dela e foi direto ao assunto.

— Hoje recebi um telefonema com informações sobre Zenilda.

A mãe levantou-se espantada, com olhar interrogativo.

— Calma, mãe, não é nada de ruim. O Zé morreu há mais de um ano, a Zenilda tem três crianças pequenas e anda passando necessidade. Precisa de nossa ajuda.

O pai deu uma baforada no cigarro, resmungando:

— Aquela filha ingrata nos deixou enquanto dormíamos, nunca mais deu noticia. Sua mãe vive pelos cantos chorando por causa dela. Eu não vou tirar os pés daqui.

A senhora começou a chorar. Dorcina se aproximou do pai.

— Zenilda está doente e precisa de nós. Seus netos estão sem ninguém para cuidar deles. A pessoa que me ligou não sabe quando ela sai do hospital, e vai mandar as passagens. Acho que minha irmã já pagou pelo seu erro e por tudo o que fez o senhor e a mãe sofrerem. As crianças não têm culpa se os pais agem errado.

Maria ficou desesperada ao ouvir que a filha estava doente e internada.

— Miguel, se você não quer ir, deixe que eu e a Tina irmos ver a Zenilda. Tenho de ver minha filha, ou meu coração não vai aguentar de tanta saudade.

Em tom de irritação, Miguel respondeu:

— Mulher, você sabe que eu não gosto de sair de minha casa. Mesmo assim, vou com vocês e quando a Zenilda sair do hospital vamos trazê-la para cá.

— Temos tempo para arrumar nossas coisas — a filha sorria. — Vamos viajar no próximo sábado; teremos de pegar um ônibus até Vitória da Conquista e, de lá, outro para o Rio de Janeiro. A viagem é muito cansativa, mas necessária. Não consigo parar de pensar na Zenilda, nos seus filhos desamparados. Eles são nosso sangue!

— Eu vou pelas crianças e por sua mãe, que está sofrendo demais.

No hospital sob efeito de analgésicos, Zenilda parecia melhor. Concluídos os exames, os médicos estavam incertos quanto a operar o tumor encontrado no estômago. Seu estado era tão delicado que temiam que ela não suportasse a cirurgia.

Glória e Lívia iam a todas as visitas, e a paciente já sabia que a irmã e os pais estariam no Rio em alguns dias.

— Tenho muita vergonha dos meus pais pelo que fiz, e sei que preciso pedir perdão. Ao mesmo tempo, tenho medo de que eles o neguem.

Lívia respondeu afetuosa:

— Glória tem conversado por telefone com sua irmã Dorcina. Embora o seu pai tenha relutado um pouco, fique tranquila que ele também está com saudade e desejoso de abraçá-la. Os pais sempre têm o perdão para os filhos.

— Dona Lívia, como meus pais vão ficar naquele barraco sem a mínima condição? Não tenho nada, nem cama.

Lívia olhou para Glória e as duas sorriram.

— Nós íamos fazer uma surpresa, mas já que você falou é melhor contar. Derrubamos o barraco e construímos um cômodo e um banheiro de tijolos, até rebocado e com porta e janela. Ganhamos os móveis, que serão levados no fim de semana. Embora usados, estão em bom estado e vão acomodar seus pais e sua irmã.

Zenilda chorou de emoção.

— Houve dias em que meu desespero chegou ao auge, não tinha mais forças nem para procurar Deus. Uma noite a dor era tanta que meu vizinho disse que pinga aliviaria. Depois de ingerir mais de um copo de uma vez, a mente ficou entorpecida; só que o estômago doía como se uma bomba tivesse estourado nas minhas entranhas. Quando acordei de manhã, senti que alguém cuidava de mim e de meus filhos; parecia que um anjo tinha descido do céu. Eu me senti mais encorajada, mais confiante, e por fim Deus enviou vocês, que são anjos em forma de gente aqui na terra.

Glória aproximou-se, pegando a mão de Zenilda, que continuava a chorar.

— Ainda estamos muito longe de ser anjos. Somos apenas pessoas que, cheias de débitos para com a vida, tentam amenizar um pouco a situação difícil em que ainda se vive neste mundo. Somos aprendizes do Evangelho de Jesus.

Luando presenciava a cena e tudo o que via começava a fazer eco em seu coração. Atento, não lhe passava despercebida a tristeza nos olhos de Glória.

Ao notar que ele se indagava o porquê de tanta tristeza naqueles olhos lúcidos, Gumercindo colocou a mão em seu ombro e então, olhando para a jovem senhora, falou:

— A tristeza dos olhos e do coração desta senhora é pelo filho que se tem envolvido com más companhias, apesar de toda a orientação dos pais.

Como Luando o encarasse com ar de interrogação, prosseguiu:

— Nossos amigos encarnados, mesmo quando encontram o caminho da libertação, em geral carregam pesados fardos do passado dos quais se despojam gradativamente. Não se esqueça de que a Terra é um planeta de expiações e provas, e de que todos estamos sujeitos a leis imutáveis, entre elas a de causa e efeito.

Olhando para Glória, Luando viu a bondade com que tratava Zenilda. A enferma era envolvida pelas palavras carinhosas que saíam de sua boca e pelos fachos de luz que emanavam do seu coração.

— O filho não tem aproveitado seus bons exemplos? — indagou.

Gumercindo deu um sorriso.

— Marcos é seu velho conhecido. Foi perseguidor implacável do pai, João, e você o conhece como dom Avelino; no passado, orientou-o sobre como perseguir o inimigo e obsediá-lo para que se perdesse. Glória e João deram a ele oportunidade de renascer, mas o sentimento de ódio, reforçado por seus comparsas, ressurgiu em seu íntimo, impedindo-o de aproveitar o ensejo bendito de reconciliação. Para João e Glória a experiência tem sido muitíssimo proveitosa; quanto a Marcos, acumula mais dívidas, comprometendo o futuro com muitos sofrimentos.

Luando olhava fixamente para Glória, que por um instante captou o olhar insistente da entidade, sentindo ligeiro arrepio. Vieram-lhe à memória os dias em que João estivera preso e sem saber por que associou a lembrança à imagem do filho Marcos. Lágrimas rolaram furtivas por sua face.

Lívia, por intuição, registrou o que lhe ia na mente. Com ternura no olhar, envolveu a amiga num fluido amoroso. Seu rosto já apresentava as marcas do tempo, os cabelos começavam a branquear. A expressão doce e serena, que a maturidade acentuara, suavizava seu semblante, dando-lhe uma beleza calma.

Luando se ligara a ela como um filho e suas emanações carinhosas o vinham beneficiando muito. Criatura comprometida com a espiritualidade menor, carregava no perispírito deformações decorrentes de séculos de iniquidade e desvios das leis de Deus. O lar cristão e equilibrado de Lívia e Agenor, as preces e a leitura da casa espírita vinham abrindo aquele coração endurecido para verdades antes desconhecidas. O arrependimento brotava em seu coração, e muitas vezes chorava pedindo perdão por seus desatinos.

Tibúrcio, bondoso e amigo, orava para que as bênçãos do Alto caíssem sobre aquele coração sofrido. Luzes cintilavam sobre Luando, atenuando seu sofrimento.

Dorcina e seus pais chegaram ao Rio numa terça-feira de muita chuva. Na rodoviária, Glória e Lívia os aguardavam ansiosas. Depois dos cumprimentos, os cinco rumaram para o hospital onde estava Zenilda.

Dorcina foi a primeira a entrar no quarto. Ficou desolada com o aspecto da irmã, que não era nem sombra da moça forte e bonita que deixara a Bahia em busca da felicidade. Abraçadas, as duas não encontravam palavras para definir a sensação que as dominava.

— Zenilda, nossos pais estão aí fora. Sei que a emoção vai ser muito forte e nossa mãe não está com muita saúde, por isso peço que lhe dê o mínimo de desgosto.

Miguel e Maria entraram. O impacto de verem a filha magra e doente foi maior do que esperavam. Nem o pai, habituado a esconder as emoções, pôde evitar o pranto. Foi um momento difícil para todos. O sofrimento estampado no rosto de Zenilda fez desaparecerem todas as mágoas contidas naqueles corações. Entre lágrimas ela contou tudo o que passara nos últimos anos e pediu perdão por todas as dores que lhes causara. Arrependera-se muito por não ter ouvido o conselho dos pais. O marido se transformara depois de alguns meses, bebia demais e lhe aplicava maus-tratos; era obrigada a trabalhar para sustentar a família, que vivia muito necessitada.

Glória e Dorcina foram procurar o médico que tratava de Zenilda, para saber como ia seu tratamento. Homem de meia idade e seguro de si, explicou calmamente que não iriam fazer a cirurgia, pois o tumor estava em fase muito adiantada. Seria submetida a sessões de radioterapia, porém não criam que a cura fosse possível.

— Doutor, somos da Bahia, a viagem é muito longa — falou Dorcina. — O senhor acha que devemos levá-la de volta?

— Lá não existem muitos recursos, não é?

— Temos um hospital pequeno na cidade onde moro. — respondeu ela.

O médico usou de sinceridade com a moça.

— Depois da radioterapia, não temos mais nada a fazer por ela. Esse hospital terá condições para controlar as dores, que serão muito fortes. Mandaremos receitas e indicações dos remédios. Estou certo de que ela ficará melhor junto da família; lá se sentirá amparada. Começaremos a radioterapia amanhã; serão dez sessões, depois vocês poderão ir embora.

Dorcina ficou vários minutos chorando no corredor. Não queria que os pais nem a irmã soubessem da dura realidade. Ao entrar de novo no quarto, procurou mostrar alegria aos olhos de todos.

— Tenho uma grande notícia: amanhã a Zenilda vai começar um tratamento de aplicações, que serão dez; depois disso receberá alta e poderemos levá-la para a Bahia.

Maria abraçou a filha, contente.

— Que bom, iremos todos juntos! Dorcina tem um pedaço de chão onde cria vacas — explicou a Lívia e Glória. — Eu e Miguel temos nossa casa. Somos pobres, mas lá não falta o que comer, nem espaço para as crianças.

Lívia acercou-se da família, feliz por ter encontrado uma solução para aquele triste caso.

— Agora devemos ir, terminou o horário da visita. Hoje eles permitiram que entrássemos todos e que passássemos da hora.

— Eu estou muito cansado, quero esticar as pernas — disse Miguel –; os dias de viagem e tantas emoções me deixaram esgotado.

Zenilda olhou para Lívia, que pegou carinhosamente sua mão.

— Não se preocupe, minha amiga, a sua casa tem acomodações para todos. Sua vizinha, dona Marilda, irá preparar uma boa refeição para sua família.

A moça sorriu agradecida.

— Só Deus pode pagar tudo o que vocês têm feito por mim e pelos meus filhos.

Lívia deu-lhe um beijo de despedida.

— Fique em paz, minha querida; descanse e se recupere para poder viajar daqui a alguns dias.

Todos se despediram. Glória foi buscar o carro para conduzi-los até a favela onde os filhos de Zenilda esperavam pelos parentes. Marilda já trouxera as crianças da creche. De banho tomado e roupas limpas, agora bem alimentadas, não pareciam as crianças encontradas por Lívia e Agenor naquele barraco imundo.

Zefa, que ajudara na arrumação, colocara um vasinho de flores sobre a pequena mesa e, na janela, uma cortina simples confeccionada por ela mesma. Ansiosa, aguardava o grupo com a pequena Andreia nos braços. A menina se apegara muito a ela nos últimos dias. Carente e desnutrida, descobrira em Zefa o amor de avó que nunca tivera. Os meninos, antes arredios, estavam mais expansivos e alegres, já não se ressentiam com a presença de pessoas estranhas. O ambiente animado da creche e o lar amoroso de Lívia lhes fizeram bem para o corpo e o espírito.

A chegada dos avós e da tia foi de muita emoção. Os maiores conseguiam compreender o que acontecia, enquanto a menor se agarrava ao colo de Zefa sem querer sair. Aos poucos a avó e a tia foram ganhando sua confiança.

Servida a refeição, Glória, Lívia e Zefa deixaram a favela, rumando para suas casas com felicidade no coração por terem cumprido a tarefa programada.

Marilda sugeriu que vendessem o cômodo de Zenilda, já que a família estava de partida. Além de custear as passagens de volta, poderia ajudar nas despesas com remédios. Ela concordou, e cinco dias depois de sua saída do hospital a família partiu em direção à Bahia. Todos sentiriam saudade, porém estavam de acordo em que fora adotada a melhor solução.

A amorosa Dorcina e seu marido Dirceu iam assumir as três crianças como filhos, já que ela não podia tê-los naturalmente. Luando esperaria pelo regresso de Zenilda à espiritualidade, para traçarem planos de uma vida juntos. Ele tinha a exata dimensão de seus desatinos, estava cônscio de seu comprometimento com as leis sábias de Deus e, arrependido, queria submeter-se a elas.

Glória entrou em casa ansiosa para partilhar as novas com o marido e os filhos. O assunto no jantar foi a família de Zenilda. Todos, de certa forma, haviam colaborado para que se chegasse a um final quase feliz. Depois da refeição a família fez o culto do "Evangelho no lar", sem esquecer de agradecer pelos benefícios recebidos por Zenilda e seus filhos.

Zefa, Agenor e Lívia estavam igualmente felizes por saberem que aquelas crianças enfim teriam um lar e receberiam o que há de mais importante na vida: amor.

Capítulo 42

Necessidades evolutivas

Já fazia uns dias que Marcos estava na casa do avô. Não deixava de comparecer às sessões da psicóloga Célia, que conseguira ganhar-lhe a confiança. Ela pedira a Glória que comparecesse ao consultório para ser informada sobre as conclusões de seu relatório. Marcos fizera todas as provas na escola e aguardava os resultados. No horário combinado, Glória já estava presente.

Com uma pasta na mão, a mulher foi logo ao assunto:

— Estou com todos os testes de Marcos. Você sabe a estima que temos por você e João; por isso, além da posição profissional, quero dar uma avaliação como amiga. Pedi ao meu marido, que é psiquiatra, que me ajudasse nesse trabalho.

Glória sentiu um estremecimento diante da maneira séria com que era abordado o assunto.

— Aplicamos um teste de QI e, para nossa surpresa, Marcos está abaixo da média dos garotos de sua idade. Aí começaram todos os seus problemas. Ele tem enorme dificuldade de raciocínio e não consegue acompanhar o ritmo que a escola lhe impõe.

Glória ficou pálida.

— Nós achávamos que ele tivesse uma inteligência normal e que seu problema fosse preguiça. Sempre teve má vontade para estudar ou realizar qualquer tarefa. Exigíamos dele o que entendemos que todos os pais devem exigir: que se dedicasse aos estudos. Não queríamos que fosse o melhor, apenas que estudasse para aprender o mais possível e ser aprovado; ele, ao contrário, só queria brincar ou passar horas na frente da televisão.

— Meu marido chegou à conclusão de que o Marcos é portador do que chamamos TDAH, transtorno do déficit de atenção e hiperatividade. É um transtorno psiquiátrico que se caracteriza por grande inquietação, hiperatividade, comportamento impulsivo e dificuldade de atenção. De diagnóstico complexo, o TDAH precisa ser tratado com base em três vertentes: medicação, psicoterapia e orientação aos pais. O remédio atenuará os sintomas, a terapia ajudará a criança a recuperar a autoestima e a segurança, e a orientação fará que toda a família aprenda a lidar com o portador.

A psicóloga se interrompeu por segundos, como para que sua explicação fosse assimilada, e continuou:

— Glória, é muito comum os pais chegarem ao psiquiatra depois de terem vivido uma história de peregrinação, insucessos e confusões de diagnósticos. Geralmente crianças como o Marcos são tidas como alunos problemáticos, donos da antipatia de professores e rejeitados pelos colegas. Em casa, o relacionamento com os pais quase sempre se limita a repreensões. Por isso os portadores de TDAH começam a se sentir desmoralizados e desenvolvem uma autoimagem negativa; acreditam-se incompreendidos por todos. Eles acabam sendo punidos por atitudes que não têm como controlar. Os problemas tendem a piorar na adolescência, redundando em depressão, abuso de álcool e drogas, além de envolvimento em atos agressivos e delinquências.

Célia abriu o relatório, mostrando os testes.

— Marcos tem falhas de raciocínio, principalmente quando se trata de raciocínios lógicos e abstratos como os da matemática. A escola que frequenta visa à formação de futuros doutores e não é adequada para alunos com tais problemas. Ele precisa de uma escola menos exigente, com alunos que tenham o mesmo nível que ele.

— Meu filho está na mesma escola desde a pré-escola, e sempre teve problemas. Diziam que era lento, distraído e indisciplinado, e que era imprescindível haver maior empenho dele e, de nossa parte, mais disciplina para com ele. Nunca se levantou qualquer possibilidade de seus problemas serem físicos. Ele teve uma repetência no primeiro ano e esta é a terceira vez que repete a quinta série.

— É como lhe expliquei: o TDAH é uma síndrome de difícil diagnóstico. O mais relevante é diagnosticar precocemente a síndrome, cujas repercussões ocasionam consequências negativas na vida das crianças e de suas famílias. Entretanto, é o psiquiatra que pode fazer uma avaliação precisa.

Célia seguia mostrando os testes.

— Se vocês não o mudarem de escola, ele não conseguirá passar para a sexta. Marcos está com a autoestima muito baixa. Glória, eu sei que você e João têm feito muito por ele, sempre quiseram que os três frequentassem uma das melhores escolas da cidade. Sua filha Míriam foi desde o início uma aluna brilhante, elogiada na escola e em casa. O Carlinhos parece seguir a mesma linha de comportamento, tendo o pai como ídolo. E o pobre do Marcos não tem desempenho igual; ainda que se esforce muito, ele é diferente: sempre traz preocupações, nunca vocês ficam orgulhosos de suas realizações, já que não as tem.

Depois de mais uma curta pausa, Célia deu sequência à análise:

— Glória, seu filho se sente deslocado em casa, no prédio e na escola. Todos lhe cobram o que não pode realizar. Sem autoestima, sem perspectiva, o caminho é a fuga. Não assistir às aulas é fugir dos problemas que é incapaz de resolver; conviver com os piores alunos é procurar iguais a ele. Os amigos da praia, como ele chama, falam a mesma linguagem, e a droga consegue a princípio dar certo alívio à tensão.

Glória deixou as lágrimas descerem pela face. A psicóloga prosseguiu:

— Minha amiga, Marcos ainda não está viciado; apenas experimentou, o que representa um perigo. Em nossas conversas sinceras percebi que não existe intenção de voltar a conviver com os "amigos da praia". O fato de estar morando com o avô o tem ajudado, melhorou muito a sua autoestima. E todo o tratamento que será feito o ajudará a controlar a doença.

Novo intervalo breve se fez, e então a psicóloga acrescentou:

— Seu pai o tem acompanhado a todas as sessões. Por ser uma pessoa simples e amorosa, consegue falar a mesma linguagem de seu filho. Na sua casa, Glória, vocês têm um ambiente intelectualizado, na maneira de ver de Marcos. Por ter grande dificuldade de acompanhá-los, sente-se inferiorizado, diferente dos irmãos. Sei que vocês não fazem distinção e o amam muito, porém é assim que ele se sente por seu orgulho ferido. Acabou se isolando, com vergonha de si próprio e inveja por não ter inteligência igual à dos irmãos e menos ainda do pai, que é visto por todos com admiração e respeito.

Glória enxugou as lágrimas que caíam abundantes.

— O que queremos é o melhor para nosso filho. Nós o mantínhamos naquela escola porque não queríamos que se sentisse inferior aos irmãos. Pensamos muitas vezes em tirá-lo de lá, e desistíamos porque nos doía o coração, como se estivéssemos fazendo diferença entre eles. Nunca tomamos atitudes que o humilhassem, sempre que lhe chamávamos a atenção não era na frente dos irmãos, nunca fizemos nenhuma comparação entre sua má atuação e o desempenho brilhante deles. Não podíamos ofuscar o brilho da Míriam, que é como um sol; não podíamos pedir que os professores e amigos deixassem de elogiá-la, quase perfeita que é em tudo o que faz. É uma irmã amiga e amorosa, sempre disposta a apoiá-lo. Tanto ela como Carlinhos o adoram e são capazes de fazer qualquer sacrifício por ele. Sentem falta, telefonam todos os dias para a casa de meu pai para saber do irmão e sempre que podem vão até lá para vê-lo. João também telefona todos os dias, apesar do modo grosseiro com que Marcos o trata.

— Você não precisa nem dizer. Seja quando fala, seja nos testes, ele demonstra que seu maior problema dentro de casa é com o pai. João é inacessível para Marcos, a inteligência dele chega a ofuscá-lo, seu jeito paciente o irrita. Ele sente que não tem nada em comum com o pai, no físico, no intelecto, na religiosidade e até em relação ao time de futebol, que é rival. Quando geramos um filho, sabemos que o corpo vem de nós, ao passo que o espírito pode ser de um inimigo.

— Isso nós já sabemos — disse Gloria de cabeça baixa. — Percebemos que Marcos sente uma aversão muito forte pelo pai.

Célia fechou a pasta do relatório.

— Eu tirei uma cópia para que você e João tivessem conhecimento detalhado sobre o assunto. Meu marido sugeriu que Marcos faça mais alguns exames e passe por seu consultório. É necessário começar imediatamente com os remédios.

Glória chorava, sem condição de falar.

— Minha amiga, com um bom tratamento físico e psicológico seu filho poderá ter uma significativa melhora. Vocês poderão não ter em casa mais um doutor, e sim um bom motorista de táxi como o avô, capaz de constituir uma família e cuidar dela como fez o senhor Manuel. O fundamental é conhecer as limitações de seu filho e com muito amor poder ajudá-lo. Ele vai aprender a controlar sua agressividade, seu temperamento ciumento; e, melhorando a autoestima, poderá desenvolver suas habilidades. Agora, enxugue essas lágrimas; logo ele estará aí e espero que tenha seu melhor sorriso para recebê-lo.

Manuel e Marcos entraram na sala sorridentes. Glória notou que o rapazinho estava com boa aparência física, descontraído e bem disposto.

— Oi, mãe! Não sabia que iria encontrá-la aqui.

Glória levantou-se, beijando o filho.

— Bom dia, meu querido; vim para conversar com a Célia.

— Ela também fez reclamações de mim?

Célia passou o braço ao redor das costas do garoto.

— Não tenho nenhum motivo para reclamações, você tem procurado cooperar; é que o nosso tratamento se faz em conjunto com toda a família. Acima de qualquer coisa, lembre-se: o que eu quero é ajudá-lo a resolver os seus problemas.

— Todos temos problemas e conversando conseguiremos solucioná-los — afirmou Glória –, principalmente com amor. Nós todos estamos com muita saudade de você.

Em seguida ela segurou carinhosamente o braço de Manuel.

— Que tal irmos almoçar lá em casa, quando terminar a consulta com a Célia? Passaremos para pegar a mamãe.

— Achei uma ótima ideia — Manuel falou com um sorriso. — Vou ligar e avisá-la.

Marcos ficou com a psicóloga e Manuel ligou para Fátima, combinando o horário do almoço. Glória sentou-se na sala de espera, e o pai se acomodou junto dela.

— Papai, não tenho como agradecer ao senhor e à mamãe pelo que têm feito pelo Marcos. Parece que vocês descobriram a porta de entrada para chegar até ele.

— Você sabe, minha filha, que eu e sua mãe quase não temos instrução. Não obstante, o que tenho percebido é que o garoto tem uma forte rejeição a tudo, notadamente ao pai, e isso dificulta qualquer diálogo que se queira ter. Inicialmente ele era fechado, e aos poucos foi saindo da casca; parece que conseguimos ganhar-lhe a confiança. Mesmo a sua mãe, que é rígida, apesar de lhe impor disciplina tem certa flexibilidade para com ele. Fátima adora Marcos, por ser o primeiro neto, e deixa bem clara sua preferência. Faz-lhe as comidas de que mais gosta, lava e passa as roupas dele com capricho, e se desmancha em elogios toda vez que ele se mostra carinhoso. Ele fez amizade com um garoto, filho do zelador, que tem a mesma idade. Como Marcos o está ensinando a nadar, passam grande parte do dia na piscina.

Glória ficou feliz com as notícias.

— Será ótimo almoçarmos na sua casa hoje, filha. Quero pedir permissão ao João para matricularmos Marcos na mesma escola do amigo. Já fui lá verificar as condições; é uma escola municipal, e ele ficou entusiasmado com a ideia.

— Será que tem boa qualidade de ensino? E quanto à frequência? — questionou a filha.

— Muitos garotos do prédio estudam lá, Marcos poderá ir a pé. Andei tirando informações com os pais que moram no prédio e todos estão satisfeitos.

— Acho que um pai e avô como o senhor não se encontra em lugar algum deste mundo.

— Minha família é minha alegria de viver. E o que eu iria fazer com meu tempo livre? Sabe que não gosto de jogar conversa fora com outros velhos na beira da praia.

Marcos saiu da sala de Célia. Os três se despediram e foram buscar Fátima para almoçar.

Passados alguns dias, Glória foi até a escola pegar o resultado das provas. Marcos havia sido novamente reprovado. Ela se dirigiu à secretaria, pedir que fossem providenciados os documentos para a transferência do filho. Vendo-a, a diretora a chamou em sua sala.

— Infelizmente, como havíamos previsto, Marcos não obteve as notas de que precisava; não podemos mais aceitar sua matricula.

— Eu vim pedir os documentos de meu filho para matriculá-lo em outra escola, onde inclusive já reservei matrícula. Nós estamos levando Marcos a uma psicóloga, que nos encaminhou também para um psiquiatra. Ele é portador do TDAH, transtorno do déficit de atenção e hiperatividade;

está fazendo tratamento com remédios, além da psicoterapia, e já começa a apresentar melhora.

— Nunca notamos que o garoto tinha algum problema físico — disse a diretora.

Glória não respondeu nada; retirou-se, desejando uma boa tarde.

Capítulo 43

Planos de trabalho

Uma noite, após os trabalhos do centro, Glória e João resolveram passar na casa de Agenor para ver Zefa, que estava adoentada e não comparecera à reunião. Ela deixou a cama quando ouviu as vozes do filho e da nora.

— Mãe, não precisava se levantar, íamos até o quarto. Viemos visitá-la.

Durante a troca de abraços, Zefa comentou:

— Apenas peguei uma gripe muito forte; a febre já foi embora, estou me sentindo melhor.

Lívia foi até a cozinha com Glória para preparar um café. Ouviu-se um barulho de carro; era Míriam que chegava com Gustavo. Os dois jovens entraram gritando de alegria. Míriam correu para abraçar o pai.

— Papai, consegui passar no vestibular! Não me classifiquei entre os primeiros, mas consegui uma vaga. Vamos poder realizar algumas metas que planejamos.

Todos abraçavam a jovem com muita alegria. Glória e Lívia saíram da cozinha para fazer o mesmo. Lívia falou, animada:

— Já que vou ter uma nora médica, vamos fazer um brinde com café.

Todos ergueram as xícaras. Zefa chorava de emoção. Míriam se aproximou, enlaçando a avó.

— Vovó Zefa, por que está chorando?

A mulher enxugou as lágrimas.

— É de emoção! Imagine, minha filha, sou uma ex-favelada que não tinha nenhuma ilusão na vida. Deus me deu um filho maravilhoso que conseguiu ultrapassar muitas barreiras, e agora vejo meus netos tomando o mesmo rumo. Nunca pensei que teria tantas coisas boas na vida depois de tanto sofrimento.

Míriam lhe deu um beijo.

— Passamos pelo que é necessário para nossa evolução. Tenho certeza de que a senhora soube aproveitar tudo o que a vida lhe ensinou. E se tem um filho maravilhoso é porque merece.

Míriam voltou para casa com João e Glória. Todos estavam felizes com o seu sucesso no vestibular. A moça, entusiasmada, falava dos seus projetos para o futuro como médica. Os pais a ouviam com admiração. A despeito da pouca idade, já revelava sua maturidade espiritual. João olhava para a filha tendo nos olhos um brilho que demonstrava a felicidade que lhe ia na alma.

— Papai, venho pensando muito e acho que precisamos conversar. Tenho um projeto de construir uma clínica de recuperação para viciados em drogas e álcool, usando a terapia espírita. Como sei que nada nasce de um dia para outro, gostaria de começar agora. Quando me formar já estará em andamento.

João e Glória riram da maneira pela qual a jovem colocava as coisas.

— Minha querida, você acaba de ser aprovada no vestibular e tem alguns anos de estudo pela frente! Deve se formar primeiro, e aí podemos conversar.

Míriam ficou séria.

— Não, papai, a questão é prioridade. Droga se espalha como epidemia, é urgente tomarmos providências. Existem pais que não sabem o que fazer, jovens que procuram uma saída e não têm dinheiro para clínicas particulares. A ciência e a Doutrina Espírita, aliadas, poderão auxiliar a muitos. Temos de incentivar nossos amigos para, unidos, implantarmos esse novo projeto. Eu e o Gustavo estamos muito animados com a ideia, mas sem sua cooperação vamos ficar muito tempo somente nos sonhos.

João olhou para Glória, que lhe sorriu, dando apoio à filha:

— Acho o projeto maravilhoso. Seu pai pode dar o impulso, como tem dado às obras sociais do centro espírita. Podemos arrumar ainda mais colaboradores. Sabemos que na verdade esses projetos não são nossos, e sim da espiritualidade maior. Nós somos apenas seus instrumentos para a efetivação.

— Com todo esse entusiasmo e adesões tão veementes, só me resta dizer sim — brincou João. — Vamos pensar bem no assunto, conversar com outras pessoas e aguardar o encaminhamento das coisas.

Glória e Míriam se entreolharam sorrindo. Sabiam que quando João assumia um compromisso conseguia realizá-lo com sucesso. Ele era dinâmico e se dedicava de corpo e alma.

Ao chegarem em casa, Antônio Carlos já estava dormindo no sofá da sala. Glória desligou a tevê e o chamou para ir dormir no quarto. O garoto despertou, abraçando-a.

— Mãe, vocês demoraram e eu fiquei com sono.

— Depois da reunião do centro fomos visitar vovó Zefa, que está com uma gripe forte — a mãe falou e lhe deu um beijo.

O menino esfregou os olhos.

— Estou com saudade da vovó Zefa... E do Marcos.

A referência ao outro filho apagou o brilho dos olhos de Glória.

— A mamãe também está com saudade do Marcos. Amanhã vamos até a casa do vovô e depois iremos tomar sorvete juntos. Agora é hora de ir para a cama.

Míriam aproximou-se, beijando o irmão.

— Carlinhos, eu consegui uma vaga no curso de medicina.

O garoto abraçou a irmã com alegria.

— Que bom, Míriam! Quando eu ficar doente não terei mais de ir ao médico, você vai cuidar de mim.

Todos riram e Antônio Carlos foi para o quarto.

Passaram-se os meses. O curso de medicina era difícil, exigindo tempo integral e muita dedicação de Míriam. Aluna aplicada, procurava aproveitar o máximo do que aprendia nas aulas. O projeto da clínica para recuperação de usuários de drogas ganhava muitos adeptos. João obtivera de uma grande empresa a doação de um terreno no mesmo bairro do centro. Entusiasmado, um arquiteto que frequentava as reuniões fez o projeto, com a aprovação de Míriam, que já o tinha desenhado na mente. Agora precisariam de fundos para erguer o edifício.

João e Agenor abriram um trabalho novo no centro espírita, para atender usuários de drogas e álcool. Ambos ficavam felizes por seus filhos terem abraçado os compromissos com a Doutrina Espírita e com Jesus. Agenor costumava até se emocionar.

— Sabe, João? Quando nos conhecemos eu o sentia como um irmão e sua mãe como minha mãe, mas o que me deixa mais feliz é ver nossos filhos dando continuidade ao nosso trabalho. Míriam e Gustavo parecem almas gêmeas, unidos numa tarefa evolutiva, e o André está igualmente tão engajado na nossa luta! Todas as noites agradeço a Deus por isso.

João falou com sinceridade:

— Você e Lívia merecem os filhos que têm, porque os criaram com amor a Jesus. Eu também não posso me queixar; a única coisa que me falta é conquistar o amor de meu filho Marcos.

Agenor notou a nuvem de tristeza nos olhos do amigo.

— Como ele está?

João procurou colocar um tom otimista na resposta.

— Está bem. Parece mais calmo, não tem mais acessos agressivos. Segue morando com os pais de Glória e estudando em uma escola próxima ao apartamento do meu sogro. No entanto, não quer nem nos visitar; somos nós que temos de ir vê-lo. Continua distante, principalmente de mim; impõe barreiras que parecem intransponíveis. Célia continua tratando dele e nos aconselhou a evitar precipitações. Quando Marcos descobrir o quanto o amamos, poderá superar a rejeição que sente.

— Ele ficou muito tempo estacionado em zonas menos felizes, quando desencarnado — considerou Agenor. — Os fortes sentimentos destrutivos, aliados à atmosfera inferior, sobrecarregaram seu perispírito de fluido denso. Em consequência, o corpo foi gerado produzindo desequilíbrios psiquiátricos e neurológicos. Como é de regra, o corpo apresenta os efeitos das doenças que estão localizadas na alma. É uma pena que não possamos trazer Marcos para o centro; sua alma precisa aprender a perdoar.

— Você sabe, Agenor, que meu filho Antônio Carlos também estacionara em zonas inferiores e era subjugado por Marcos. Até agora não tem apresentado problemas; ao contrário, sempre nos demonstra amor e gratidão.

— Antônio Carlos era conduzido, e quando recebeu esclarecimentos perdoou e abriu seu coração para o amor; descobriu quanto tempo perdera e tomou a resolução de recuperá-lo. Ainda que não tivesse sentimentos profundos de vingança e ódio, deixava-se controlar pela personalidade forte do outro. E, graças à misericórdia de Deus, hoje se converteu de inimigo em aliado. Espero que ele assuma sua tarefa aqui no centro.

— Ele anda envolvido com os projetos de Míriam, que tem boa influência sobre ele. Carlinhos está sempre interessado nas explicações e procura seguir seu exemplo. Míriam tinha muito acesso a Marcos, que se afastou inclusive dela. Seu temperamento ciumento e invejoso o mantém distante dos irmãos.

Agenor abanou a cabeça.

— Para Deus nada é impossível. Devemos continuar a colocar o nome dele para tratamento espiritual e precisamos fazer muita oração em seu favor. Todos nós estamos fadados a evoluir, essa é a lei de Deus. Uns caminham à frente, outros vêm mais atrás, mas todos um dia chegaremos lá. Temos a eternidade.

— Esse é o Agenor que eu conheço, sempre muito bom e sensato. Quando converso com você, tudo parece mais simples; você fala e a vida parece melhor, menos complicada.

— Meu amigo, são os seus bons olhos que me veem assim.

Os meses passavam e João e seu grupo, comprometidos com o trabalho espírita, conseguiam aos poucos erguer a clínica de recuperação.

Marcos continuava morando com os avós, quase sem interesse pela família.

Joana, a irmã caçula de Glória, morava em São Paulo e, como se aproximava o dia do nascimento de seu terceiro filho, pediu aos pais que fossem ficar na casa dela, para ajudá-la com as outras duas crianças. Assim, Fátima e Manuel teriam de se ausentar do Rio.

Marcos, chateado, reclamava:

— Vovó, só faltam quinze dias para terminar o ano letivo. Espere esse tempo para ir para São Paulo, assim poderei ir junto.

A avó respondeu arrumando a mala:

— Meu filho, sua tia vai ter bebê na próxima semana. Precisamos cuidar de seus priminhos. Terminando as aulas sua mãe vai levá-lo até São Paulo e conhecer a nova sobrinha. Marcos, são somente duas semanas. Qual o problema de ficar com seus pais e seus irmãos? Eles gostam tanto de você, meu filho!

O rapaz fez uma expressão de desagrado.

— Mas eu gosto é de ficar aqui, lá não me sinto bem.

Fátima fechou a mala.

— Deve fazer um esforço. Faz tanto tempo que não vai lá, talvez tudo esteja diferente e não queira mais voltar para cá.

Marcos deu uma risada irônica.

— Aquela gente nem parece meus parentes, gosto de manter distância.

Fátima parou o que fazia, observando o rapaz.

— Aquela gente é sua família, tem o seu sangue e o meu também. Sua mãe, tão carinhosa com você, é minha filha. Está cometendo uma grande injustiça.

O garoto virou as costas, saindo do quarto.

— Deixe pra lá, não quero brigar com a senhora; vou arrumar minha mochila. Logo minha mãe estará aí para levá-los à rodoviária.

Fátima ficou pensativa. Tinha pena da filha e do genro pela ingratidão do neto. Glória não demorou a chegar com Carlinhos, que correu para abraçar o irmão.

— Vamos, Marcos, já está tudo arrumado no nosso quarto, esperando sua volta.

Marcos não compartilhava a alegria do irmão.

— Eu não estou voltando para morar com vocês, apenas vou ficar duas semanas. Depois irei encontrar nossos avós em São Paulo.

Glória não ouviu as palavras do filho. Ajudando a mãe com a bagagem, não percebeu a indiferença de Marcos com o irmão. Estava contente, via a possibilidade do retorno definitivo do filho para casa. Fátima intuiu o que ia no íntimo da filha. Depois da conversa que acabara de ter com o neto, baixou os olhos para que Glória não notasse sua tristeza.

Quando já haviam embarcado, Fátima comentou o assunto com o marido. O rosto de Manuel expressou decepção.

— Sabe, minha velha? Estava com a mesma esperança que a nossa Glória; diante do que acaba de me contar, acho que aquele garoto nunca vai querer voltar a morar com os pais.

Fátima abanou a cabeça, virando o rosto para contemplar a paisagem.

— É, a felicidade é muito difícil de se alcançar. Sempre parece que temos uma pedra em nosso caminho. Marcos é a cruz da Glória e do João.

Manuel deixou que as lágrimas corressem pela face onde os sinais do tempo se aprofundavam. Encostou a cabeça no banco, fechando os olhos e querendo apagar a tristeza que o assunto trazia ao seu coração.

Glória e Carlinhos, alegres, faziam mil planos para a estada de Marcos em casa. Carlinhos contava, com animação, que o pai comprara um *videogame* novo para que os dois pudessem jogar juntos nas horas de folga.

— Marcos, você precisa ver que jogo de futebol legal! Eu vou ser Flamengo e você o Vasco.

O rapaz olhava pela janela, sem responder ao irmão.

— Você está preocupado? — perguntou a mãe.

— Não. Estou muito ocupado com as provas finais, por isso vou ter de estudar; não vai dar para sairmos juntos como vocês planejaram.

— É uma pena — lamentou Glória –, Carlinhos está tão contente com a sua volta! Mas vai sobrar um tempo para vocês brincarem juntos no *videogame* novo.

Marcos não deu resposta, concentrando o olhar na paisagem.

João e Míriam estavam ausentes quando eles chegaram ao apartamento. Logo que Glória abriu a porta, Marcos entrou olhando tudo e dando um suspiro.

— Aqui estamos, meu filho! Seja bem-vindo!

O rapaz ignorou a saudação.

— Vou colocar as minhas coisas no quarto.

Carlinhos o acompanhou, exibindo todas as novidades.

— Sabe que temos um cachorrinho? Papai comprou para a Miriam, que adora animais. Ele é uma gracinha, bem peludinho, e está na lavanderia. Quer que eu vá buscá-lo?

— Agora não, estou cansado. Vou descansar e depois estudar um pouco. Quando sair, feche a porta pra mim.

Carlinhos perdeu o ar alegre.

— Está bem, eu posso mostrar o Tobi mais tarde.

O menino saiu, fechando a porta, e foi procurar a mãe na cozinha. Glória deu um sorriso e indagou:

— Onde está o Marcos? Você já deixou seu irmão sozinho?

— Não — respondeu o menino. — O Marcos é muito chato, eu tinha esquecido; prefiro meu amigo Fábio, ele é mais legal.

— Só que o Fábio não é o seu irmão. O Marcos precisa que a gente lhe dê uma chance. Insista, seja gentil!

Carlinhos fez um gesto que indicava decepção.

— Eu vou brincar com o Tobi, ele é o cachorrinho mais amigo deste mundo.

Glória voltou ao fogão para preparar o jantar.

Capítulo

44

Sacrifício de amor

Nos dias que se sucediam, Marcos continuava isolado. Com a desculpa de estudar, permanecia no quarto quando não estava na escola.

Uma amiga do prédio dos avós ia completar quinze anos e o convidou para comporem par na valsa. Glória providenciara a roupa. Outro rapazinho, morador do andar de baixo, também participaria da festa. Como os garotos não poderiam ir e voltar sozinhos, Glória combinou com a mãe do Hélio: uma os levaria e a outra iria buscá-los.

Marcos parecia mais velho de terno preto. Olhava-se no espelho com orgulho. Vinha ganhando altura nos últimos meses; sua figura esguia e a fisionomia orgulhosa acentuavam as linhas másculas do rosto.

Glória entrou no quarto, elogiando o filho.

— Você está muito bonito, vai fazer grande sucesso com as meninas da festa!

Marcos continuava a se examinar no espelho, com ar de satisfação.

— Gostei da roupa, parece que fiquei mais alto e mais forte.

— Agora chega de vaidade! — gracejou a mãe. — Dona Soledade e o Hélio estão lá embaixo à sua espera. Às duas horas estaremos aguardando vocês no ponto de táxi ao lado do salão.

Marcos saiu sem se despedir, deixando Glória apreensiva. Já não se levantara bem, e sentia o coração apertar à medida que o dia avançava. Com a chegada de João, comentou os seus pressentimentos.

— Isso não é nada! Vamos até o nosso quarto, fazer uma oração, e se sentirá melhor.

Angustiada, Glória acompanhou o marido. As orações aliviaram o coração oprimido, eram como brisa fresca vindo ao encontro do seu corpo e aliviando as tensões.

Os dois se dirigiram à cozinha para jantar.

— João, combinei com a mãe do Hélio que iríamos buscar os meninos às duas, ao término da festa.

— Isso quer dizer que eu posso dar uma descansada?

Glória sorriu.

— Com certeza, e amanhã, como é domingo, o senhor vai poder dormir um pouco mais.

— Não vou, não. Combinei de ir com o engenheiro verificar o andamento das obras da clínica às sete da manhã.

— Por que não marcou para mais tarde?

João se esticou no sofá.

— Sabe que eu não consigo dormir muito; nem bem amanheceu o dia, já gosto de me levantar.

Míriam chegou procurando comida na cozinha.

— Eu vou com vocês buscar os meninos.

— Não precisa, filha, deve estar cansada.

— Não estou, mãe; acho bom fazermos companhia ao papai.

Na hora marcada o grupo saiu em direção ao local acertado. A noite estava quente e abafada, uma brisa leve vinha do mar e provocava uma sensação de bem-estar. João respirou fundo, absorvendo o oxigênio com satisfação.

— Dá vontade de ficar sentado na beira da praia até o dia amanhecer.

— Eu tive a mesma ideia — disse Glória. — Moramos tão perto e nunca tiramos algumas horas para andar na areia ou tomar um banho de mar.

João fez um ar conformado.

— Sabemos que não estamos neste mundo de férias.

— Papai, ninguém é de ferro — disse Miriam, sorrindo –, e tirar uma hora para relaxar na praia, lazer de que o senhor tanto gosta, não é perda de tempo.

João olhou na direção da praia; várias pessoas praticavam esportes na areia, umas em grupo, outras sozinhas.

A curta distância do destino, João estacionou o carro numa travessa ao lado do salão de festas. Glória observava as pessoas que saíam. João, com os olhos fixos no ponto de táxi, viu o filho e o amigo parados.

— Eles estão ali, já saíram.

— Onde? — perguntou Glória.

— No ponto de táxi.

Algumas pessoas tomavam os táxis, ao saírem da festa. João ligou o carro, encostando fora do ponto. Os dois garotos não os viram. João saiu do carro indo na direção deles.

Naquele momento, dois pivetes se aproximaram dos rapazes para os assaltar. O que ficou na frente de Marcos tinha a mão no bolso, insinuando estar com um revólver apontado para ele.

— Bacana, passe toda a grana, relógio e celular.

Marcos ergueu as mãos, dizendo:

— Nós saímos de uma festa, não temos dinheiro.

— Eu quero o relógio e o celular — gritou o pivete, intimando-os e se achegando ainda mais.

— Nós estamos sem relógio, sem celular... Estávamos numa festa, não temos nada — reiterou Hélio.

O pivete que estava atrás sacou o revólver do bolso, apontando para a cabeça de Marcos.

— Seu desgraçado! Se não tem nada, vamos levar a sua vida!

Foi aí que João notou que os meninos estavam sendo assaltados, e percebeu que havia uma arma perto da cabeça do filho, pronta a alvejá-lo. Gritou, colocando-se na frente. O pivete acionou o gatilho e João foi atingido no peito. Miriam e Glória ouviram o disparo. Ao sair do carro viram que o tumulto ocorria junto de Marcos. Os assaltantes atiraram ainda mais duas vezes; uma bala atingiu um carro estacionado e a outra passou de raspão no braço de Marcos, que dobrou o corpo com o impacto.

João cambaleou, levando a mão ao peito. Sentiu como se um ferro em brasa o perfurasse. Marcos apoiou o pai, que caía na calçada. Sentado no chão, com a cabeça de João no peito, perguntou:

— Pai, por que o senhor salvou a minha vida?

João respondeu ofegante.

— Porque se tivesse mil vidas eu as daria por você, meu filho.

Glória chegou com Míriam e deparou com a cena tétrica: o filho e o marido no chão, baleados. Seus gritos atraíram as pessoas que saíam da festa. Míriam arrancou a jaqueta que usava, amarrando-a no peito do pai. Glória amparava a cabeça de João, enquanto Míriam examinava o ferimento do irmão. Um senhor que saía da festa telefonou pedindo uma ambulância. João, com dificuldade para respirar, perdera os sentidos. Colocados na maca, pai e filho foram socorridos na mesma ambulância. Em cinco minutos João deu entrada no pronto-socorro. Um conhecido da família conduziu o carro até o hospital, levando Míriam, Glória e Hélio.

Passados dez minutos, veio um médico informando que João teria de passar por uma cirurgia de emergência. Seu estado era gravíssimo: a bala perfurara o pulmão esquerdo e estava com hemorragia interna. Uma assistente social veio conversar com as duas, tentando orientá-las. Glória estava em choque.

— Vocês querem comunicar o fato a alguém? Teremos de registrar ocorrência policial, há um plantão aqui mesmo no hospital.

Míriam respirou fundo e respondeu:

— Vou telefonar para meu tio Agenor. Nós saímos para buscar meu irmão numa festa de aniversário, eu e minha mãe estamos sem documentos, assim como meu irmão, que também foi baleado no assalto.

— Depois se verifica isso. Vamos telefonar para seu tio, vocês precisam de ajuda.

Míriam ligou e o telefone tocou várias vezes, até que André ouvisse e atendesse.

— Alô, quem fala?

— André, aqui é a Míriam.

O rapaz ficou assustado com o tom de voz da moça.

— Aconteceu alguma coisa?

— Fomos assaltados, meu pai levou um tiro no peito e está numa cirurgia.

A voz saiu trêmula e embargada pelo choro. Míriam deu as indicações do local e do andar em que estavam.

— Nós estamos indo para aí.

— André, por favor, não acorde minha avó. Quando o pior passar, aí sim, vamos contar.

A moça desligou o aparelho.

Agenor, que também se levantara para atender, estava parado na porta da sala. André se virou para o pai com ar abalado; falou baixinho para não acordar os demais.

— Eles foram assaltados e o tio João levou um tiro no peito; está passando por uma cirurgia.

Agenor ficou pálido. Permaneceu imóvel por alguns segundos, rogando a Deus pelo amigo João.

— Não podemos fazer barulho, a vovó Zefa não deve saber!

Agenor caminhou até seu quarto, acordando Lívia. Ela se levantou imediatamente, vestindo-se para sair.

— Míriam disse a André se é grave?

Agenor abanou a cabeça.

— Eu tenho um pressentimento de que é muito grave. Acho que devemos chamar Gustavo e o André deve ficar. Se dona Zefa se levantar e não estivermos aqui, vai ficar desconfiada.

André e Gustavo apareceram, já prontos para sair.

— Vamos, imaginem o desespero da tia Glória e da Míriam.

— Sua mãe acha que você deve ficar, André, para que Zefa não suspeite de nada.

— Eu vou, e volto antes da seis horas. Quando ela acordar já estarei por aqui; só teremos de arrumar uma boa desculpa para justificar a ausência de vocês.

Os quatro saíram em direção ao hospital. Já eram quase três horas da madrugada de domingo.

Glória, em estado de choque, não falava, não chorava, apenas mantinha o olhar vago. A filha, ao seu lado, segurava-lhe a mão.

Glória só conseguiu chorar com o abraço da amiga.

— Lívia, é como se tivessem arrancado o meu coração. João parecia morto!

— Calma, Glória, confiemos na misericórdia de Deus; só ele sabe o que é melhor para nós.Vamos serenar o coração e orar, você se sentirá melhor!

A vibração amorosa de Lívia, abraçada a Glória, fez com que ela se sentisse mais revigorada.

Míriam esclareceu os acontecimentos ao grupo que a ouvia atento e preocupado. A jovem e Gustavo foram procurar o policial de plantão, relatando os fatos.

A mãe do amigo de Marcos também chegou. Hélio havia telefonado contando o ocorrido. Abraçado à mãe, o rapazinho chorava.

Marcos saiu depois de fazer curativo no braço. Foi ao encontro da mãe, abraçando-a.

— Filho, você está bem?

O garoto fez cara de choro.

— Estou, foi só um arranhão. Mas o meu pai por minha causa está muito mal, não é, mãe?

Glória abraçou o filho, em pranto.

— A bala perfurou o pulmão e provocou uma hemorragia. Temos de aguardar e contar com a misericórdia de Deus.

— Mãe, ele não pode morrer. Era eu que ia levar o tiro, ele acabou arriscando a vida por mim. Não deve existir outra pessoa no mundo como meu pai.

Agenor assistia à cena, emocionado. Percebia que finalmente o ato de amor de João tocara o coração do filho para o tão desejado perdão. Seu amigo conseguira redimir-se perante a justiça de Deus e diante de seu maior inimigo. O amor tinha vencido.

Marcos continuava abraçado à mãe, chorando muito.

— Mãe, eu não quero que meu pai morra. Deus não pode levá-lo agora, no momento em que eu consegui descobrir o quanto ele é bom e o quanto nos ama — até a mim que não tenho sido bom filho, nunca aceitei um agrado, uma manifestação de carinho. Agora que descobri que meu pai me ama e que também o amo, não quero que Deus o tire de nós. Preciso muito pedir perdão ao meu pai.

Glória chorava junto, e pensava em como gostaria que João pudesse ouvir as palavras do filho. Quanto ele desejara esse momento, em que Marcos vencesse a barreira que os separava! O preço do perdão tinha sido muito alto.

Gustavo aproximou-se do garoto, colocando a mão no seu ombro.

— Marcos, você está cansado, com o braço ferido. Vamos, levaremos você para casa!

O rapaz recusou soltar a mãe.

— Não, eu quero esperar o término da cirurgia para poder ver meu pai. Quero conversar com ele.

— Vai demorar — disse Gustavo –, às vezes leva horas. E quando ele sair estará sob efeito de anestesia. Vai dar tempo de você dormir e voltar para vê-lo.

Glória fez um gesto afirmativo.

— Vá, meu filho, você precisa descansar.

A mãe de Hélio se ofereceu para levá-lo.

— Vamos, Marcos, o seu irmão Carlinhos está sozinho e quando acordar vai ficar muito assustado. Eu farei companhia a vocês.

Por insistência de Glória, o garoto concordou em ir embora, com a promessa de que logo cedo estaria de volta.

A espera foi longa, o dia amanheceu e não se tinha notícia. João continuava lutando para manter o corpo físico vivo.

CAPÍTULO

45

O IMPERATIVO DA EVOLUÇÃO

Deitado na mesa de cirurgia, João ouvia conversarem à sua volta. Seu perispírito desdobrado do corpo físico o via deitado de bruços, com as costas abertas. Sentiu um tremor, observou o ambiente e percebeu irmão Tibúrcio a seu lado. Emocionou-se ao encontrar o mentor amigo, que o abraçou com carinho. Um leve torpor o fez adormecer.

Quando acordou estava deitado numa maca, sobre a relva verde e macia. Sentia o corpo espiritual estremecer e com os olhos rasos d'água perguntou:

— Irmão Tibúrcio, eu desencarnei?

Com um sorriso benevolente o amigo espiritual respondeu:

— Não, o estado de seu corpo físico é gravíssimo, mas por ser vigoroso suportou a bala que perfurou o pulmão. Você está recebendo ajuda espiritual para manter-se vivo.

João olhou com ar de interrogação, e a resposta do mentor veio sem delongas:

— Desde o retorno à matéria estava previsto seu regresso para cá através de morte violenta. Isso era necessário por débitos do passado. Seu tempo previsto se esgotou, porém tivemos ordem do plano superior para conservá-lo mais alguns anos em sua tarefa evolutiva. A clínica de recuperação de viciados em entorpecentes e álcool está ligada à nossa, aqui na espiritualidade, e o trabalho de socorro desenvolvido no centro espírita tem conexão com o nosso posto de atendimento, num esforço conjunto de encarnados e desencarnados.

Tibúrcio fez uma pausa nas explicações, observando João, que muito atento ouvia cada palavra.

— Infelizmente a juventude se encaminha cada dia mais em direção às drogas, antecipando o retorno ao nosso plano de maneira dolorosa e triste. Temos nos empenhado no socorro a essas criaturas desavisadas, que sofrem as consequências dos abusos que cometem. Míriam ainda é muito nova para assumir a condução das obras que você começou. Ela não conseguirá, neste momento da vida, dar a continuidade necessária; sem você não poderá sequer terminar seu curso. Gustavo e André, apesar da boa vontade, não têm sua persistência e sua determinação. Por isto precisamos de você encarnado: para dar sequência ao trabalho que foi iniciado. Vamos revigorar seu corpo físico com energia vital para que prossiga em sua tarefa evolutiva. Permaneceremos ao seu lado e ao lado dos trabalhadores do centro espírita como soldados de Jesus, levando a luz de nosso mestre a todos os aflitos e carentes, encarnados e desencarnados.

João, emocionado, sentiu o abraço fraterno do mentor amigo.

— Prometo dedicar-me ainda mais a essa tarefa, e que Deus misericordioso me ampare para que eu consiga terminá-la.

João ficou dez horas na mesa de cirurgia. Após a conclusão os médicos comentavam entre si a vitalidade do corpo do paciente, pois muitos morriam por bem menos. Agora passaria algumas horas na CTI, ainda com o risco de não sobreviver.

O médico chamou a família. Todos ansiavam por notícias.

— A cirurgia do senhor João foi bem-sucedida, mas seu estado continua muito grave. Tem excelente resistência física, por isso ainda está vivo. Vamos ter de aguardar as próximas 48 horas para avaliar a situação dele.

Míriam questionou o médico, queria detalhes.

— Seu pai teve o pulmão esquerdo perfurado por uma bala que felizmente não se alojou na coluna. Ele sofreu hemorragia interna, tivemos de retirar um quarto do pulmão, o que não o impedirá de continuar com boa saúde.

O médico se despediu, voltando para as salas internas.

Glória, que até então contivera o pranto, desabafou abraçada à filha:

— Meu coração está confiante. Seu pai irá sobreviver, nós todos precisamos muito dele. João ainda não terminou a tarefa a que se entregou para que muitos alcancem um pouco de dignidade.

Zefa só ficou sabendo no dia seguinte, quando o filho recuperou os sentidos e ela pôde ir visitá-lo. Ao receber a notícia, seu sofrimento sensibilizou todos ao seu redor. Os companheiros do centro oravam unidos pela saúde dele. Marcos observava, surpreso, a solidariedade e o carinho das pessoas por seu pai e por toda a sua família. Seu coração, agora aberto para bons sentimentos, se emocionava com tantos atos de afeição. Ele quis ser o primeiro a visitar o pai. Segurando sua mão, carinhoso, pediu perdão por não ter sido um bom filho e prometeu que iria recompensá-lo daquele momento para a frente.

Comovido e ainda muito enfraquecido, João sentiu dificuldade para manter um diálogo, apenas pronunciou algumas palavras:

— Eu amo você, filho, e faria tudo igual se fosse necessário.

Marcos beijou o pai e saiu com lágrimas nos olhos. Naquele momento estava solidificada uma grande amizade. João encontraria no filho um parceiro inseparável, para sua felicidade.

Poucos dias depois ele saiu do hospital. Ainda convalescente, precisaria de mais algum tempo para repor seu vigor físico.

Magro e pálido, João voltou aos trabalhos do centro espírita. Estava fortalecido espiritualmente, e emocionou-se à entrada do prédio. Apoiado no braço da esposa, com um sorriso nos lábios, caminhava a passos lentos.

Os companheiros sentiam o júbilo de seu retorno. Agenor, agradecido a Deus e à espiritualidade maior, saudava a presença do amigo querido. Sabia que sem a liderança de João seria muito mais difícil dar continuidade ao trabalho da clínica.

— João, estamos todos felizes com o seu retorno. Como iríamos prosseguir sem você?

João respondeu com um sorriso:

— O mais importante é a presença de nossos amigos mentores; sem eles nada somos. Eu sou apenas um pequeno servidor de Jesus, tenho certeza de que muitos poderiam me substituir. Porém, não era minha hora de desencarnar. Ainda tenho de trabalhar bastante, por isso vamos em frente, meu amigo. Quanta gente, no salão, espera por uma palavra de conforto e pelo passe que alivia seus males! Vamos começar nosso trabalho, porque há muito a espiritualidade maior já está em serviço.

Agenor deu o braço ao amigo, seguindo com ele até o fim do salão. Médiuns videntes percebiam toda a luminosidade do ambiente, moças com pequenos cestos de flores luzentes e perfumadas enfeitavam toda a seara. Uma chuva de fluidos em forma de pétalas de rosas brancas caía do teto, deixando ainda mais iluminado o ambiente. Todos, visivelmente comovidos, agradeciam a Deus pela volta do querido companheiro de trabalho.

Marcos, na primeira fila, aguardava ansioso pelas orações e pela leitura do Evangelho. Não deixara mais de frequentar o centro e se submetia ao tratamento de passes. João contemplou o filho na primeira fila. Cheio de emoção, cerrou os olhos e fez a prece de abertura.

Tibúrcio, também muito emocionado, agradecia a Jesus e a Deus por mais essa oportunidade de, juntos, encarnados e desencarnados trabalharem mais uma vez na seara do amor. O ambiente de preces e a luz que jorrava fartamente do Alto beneficiavam a todos que se achegavam à casa do Senhor, a casa onde se pratica a verdadeira caridade.

FIM

GRUPO ESPÍRITA CASA DO CAMINHO

O Grupo Espírita Casa do Caminho é uma entidade sem fins lucrativos situada no bairro do Tatuapé. Fundada em 11 de abril de 1972, tem por objetivo a divulgação da Doutrina Espírita, dedicando-se ao estudo e à prática do Espiritismo e difundindo-o no seu tríplice aspecto – científico, filosófico e religioso –, com base nas obras codificadas por Allan Kardec. Para estimular a vivência do Evangelho de Jesus Cristo pelos homens, de maneira voluntária, consciente e permanente, desenvolve intensivo e abrangente trabalho, que inclui escola para adultos, jovens e crianças, assistência espiritual e coral, entre outras atividades.

Venha Participar com a gente.
Grupo Espirita Casa do Caminho
Rua Francisco Bueno, 204 – Tatuapé – São Paulo – SP
Cep: 03077-020

Cinzas do Passado

ROMANCE MEDIÚNICO
14 x 21cm • 352 páginas

pelo espírito Lucius

psicografia de
Sandra Carneiro

Por que algumas relações familiares são tão difíceis, permeadas por tanta dor e até por ódios inexplicáveis?
Através deste romance, o autor espiritual Lucius nos ajuda a compreender melhor os bastidores espirituais dessas relações e os caminhos para superar estes conflitos.
Somente o perdão e o amor podem nos libertar das cinzas do passado trazendo-nos paz e renovação, permitindo-nos seguir em frente e sermos felizes.

Renascer da Esperança

ROMANCE MEDIÚNICO
14 x 21cm • 472 páginas

pelo espírito Lucius

psicografia de
Sandra Carneiro

A esperança é uma das mais extraordinárias forças que vibram no interior do homem. É ela que confere ânimo e faz brotar no ser humano a coragem para avançar em seu caminho de evolução. O autor espiritual Lucius nos convida através deste romance, a testemunhar a experiência de homens e mulheres que enfrentaram seu destino e viram a esperança renascer em seus corações, vivendo momento histórico em que novo alento chegava à Terra: a revelação espírita acontecia por todo o mundo.

Pelos Caminhos da Vida

ROMANCE MEDIÚNICO
14 X 21cm • 278 páginas

pelo espírito Estevão

Romance psicografado
por Nailton J. Tenório

A trajetória, os bastidores, as superações e as alegrias de quem buscou alcançar o ponto mais alto.
Uma história sensível e contundente, que ressalta a procura do ser humano por compreender e viver sua missão na Terra sob a luz do cristianismo.

Retorno ao Princípio

ROMANCE MEDIÚNICO
14 X 21cm • 264 páginas

pelo espírito Lucius

Romance psicografado
por Lucimara Breve

Na época em que Jesus esteve encarnado entre nós, bastava sua simples presença, ainda que à distância, para que milagres acontecessem.
Retorno ao Princípio, cujo desenrolar ocorre neste momento único, conta as experiências de Marcus – general romano detentor de reconhecida e respeitada carreira na defesa dos interesses de Roma e do Imperador – que se defronta com a maior de todas as suas batalhas...
O autor espiritual Lucius nos convida através deste romance, a conviver ao lado dos primeiros cristãos e suas enriquecedoras experiências diante das palavras do Mestre.

Este livro foi impresso na
LIS GRÁFICA E EDITORA LTDA.
Rua Felício Antônio Alves, 370 – Bonsucesso
CEP 07175-450 – Guarulhos – SP
Fone: (11) 3382-0777 – Fax: (11) 3382-0778
lisgrafica@lisgrafica.com.br – www.lisgrafica.com.br